杜成宪

王伦信———

著

中国幼儿教育史

上海教育出版社
SHANGHAI EDUCATIONAL
PUBLISHING HOUSE

目 录

绪　论

第一节　中国幼儿教育史的学科性质和内容体系

一、中国幼儿教育史的学科性质

中国幼儿教育史是中国教育史的一个分支学科，而中国教育史既是教育科学领域的一门基础学科，也是历史学领域的一门专史，因此具有双重性质。中国教育史学科的这种双重性质也就决定了中国幼儿教育史学科的双重性。

首先，中国幼儿教育史是一门历史学科，它与研究幼儿教育问题的其他大多数学科都有所不同，即其不以现实的、正在不断发生变化的幼儿教育为研究对象，而是以已经过去的、不再发生变化的幼儿教育为研究对象。具体说来，中国幼儿教育史是研究中华民族自古至今历史上对幼儿实施教育和培养的方法、内容、课程、教材、机构、制度，以及与此直接相关的文化观念和风俗习惯的一门学科。既然这是一门历史学科，这就决定了这门学科的诸多特点和在学习研究过程中的一些方法论问题。例如，中国幼儿教育史研究幼儿教育，不像其他研究幼儿教育的学科是对幼儿教育某一方面的理论或实践问题作平面的展开，而是对中国幼儿教育整体的发展过程作纵向的描述，因此在幼儿教育研究领域，中国幼儿教育史学科相对地具有综合的性质。

其次，中国幼儿教育史是一门基础学科，其不是以现实的幼儿教育的实践和应用性问题为研究对象，而是以已经实践过的幼儿教育为研究对象。因此，中国幼儿教育史研究和总结的是过去的幼儿教育的问题和经验，从中无法获取能够对现实的幼儿教育实践直接产生指导作用的对策，而只能在对历史过程的研究和总结中得出经验、发现规律，以为今天的幼儿教育实践提供借鉴。既如此，中国幼儿教育史不是一门实践性和应用性很强的学科，如果想要立竿见影地从中寻找到解决当下面临的幼儿教育问题的良策，那就是一种苛求。作为基础学科，中国幼儿教育史与幼儿教育研究领域的其他理论性学科一样，给人的是学科意识的培养、学科理论的熏陶以及学科历史感的养成，以为更自觉地从事幼儿教育奠定专业素养的基础。

此外，中国幼儿教育史还是一门年轻的学科。中国虽有着悠久的幼儿教育的历史，但中国自有近现代意义上的幼儿教育迄今仅约一个世纪，中国探索符合自己国情和民族特点的幼儿教育也不过数十年，而建设有中国特色的社会主义幼儿教育更是近几十年的事，因此，中国的幼儿教育本身就很年轻，对这种教育实践活动的理论和历史的探讨自然就更加稚嫩。相比较而言，在幼儿教育研究领域，中国幼儿教育史更是一门后起的学科。在 20 世纪 80 年代之前，还未曾见过对中国幼儿教育历史的系统研究。在改革开放的新时期里，人们在大量引进西方现代幼儿教育理论之后，愈益清楚地认识到，先进的教育理论如欲"化中国"，必先"中国化"。这种认识将人们的目光引向本民族的教育和文化传统，对中国幼儿教育历史发展过程的研究就这样放到了学者们的案头。人们筚路蓝缕，到了 20 世纪 80 年代末 90 年代初，出现了为数不多的几种中国幼儿教育史著述，中国幼儿教育史学科得以建立。中国幼儿教育史学科因其年轻，所以还不很成熟；也因其年轻，所以还大有探索和发展的余地，本书也就积极地加入探索者的行列中。

二、中国幼儿教育史的内容体系

本书所展现的中国幼儿教育史起于远古时期，而迄于中华人民共和国建立。新中国成立后的中国幼儿教育历史，一则限于篇幅，再则幼儿教育领域的各门相关课程几乎都予以反映，因此暂不列入本书的范围。本书所欲展示的是中国从远古至 1949 年幼儿教育的实践、制度、风俗和思想。中国古代的幼儿教育长期以来是在相对封闭的政治、经济和文化环境中自行发展的，而中国近现代幼儿教育则在西方的影响之下逐步被纳入世界教育发展的轨道。中国古代和近现代的幼儿教育有着很大的不同。为了反映这种不同，本书的编写事实上是分为古代和近现代两部分加以区别对待的。

数千年中国古代幼儿教育虽也处在不断发展变化之中，但相对而言，变化不是很大。19 世纪前半期的中国幼儿教育，其中不少思想观念和实践做法早在三四千年前的周朝就已基本成形。而中国近现代的幼儿教育则可谓日新月异。从 20 世纪初年起，中国仿照西方开始建立全新的幼儿教育制度，此后，几乎每过一二十年就有一个飞跃，快速地建立起了现代幼儿教育制度。这就决定了本书的编排特点。

本书的古代部分分若干专题介绍中国幼儿教育在古代社会的发展演变情况，具体分为"古代的慈幼观念、政令与礼俗""古代的优生胎教思想""古代幼儿的家庭教育""古代的蒙养教育""古代的宫廷幼儿教育"和"古代的幼儿游戏"等章。这几章分别剖取中国古代幼儿教育的某一个方面加以展现，而综合所有这些方面，则可以较为完整地展示中国古代幼儿教育的发展全貌。

本书的近现代部分基本上按中国幼儿教育的发展时期划分章节，具体分为"中国幼儿教育的近代转折""北洋政府时期的幼儿教育""南京国民政府时期的幼儿教育""幼儿教育家的幼儿教育思想与实践"和"中国共产党领导下的革命根据地的幼儿教育"等章。前三章完全按年代发展顺序展现中国近代从引进西方幼儿教育思想和实践，到幼儿教育制度的建立，再到幼儿教育中国化的探索过程。另一章展现伴随幼儿教育实践过程的思想进程。最后一章则表现在一种全新的政权之下幼儿教育所呈现的新面貌。因此本书的近现代部分基本上是阶段性地再现了幼儿教育在中国近现代社会的变革过程。

因此，学习中国幼儿教育史要注意把握古代和近现代的差异，这也是本书内容体系编排上的一个特点。

第二节　学习中国幼儿教育史的目的、意义和要求

一、学习中国幼儿教育史的目的

"历史有什么用？"这是我们在谈论学习中国幼儿教育史的目的时首先会遇到的问题。

历史研究的最终目的显然在于增进人类自身的利益，更具体地说，学习中国幼儿教育史的目的是为我国当前的幼儿教育实践和科学研究服务。但是，历史研究无法提供解燃眉之急的锦囊妙计，也不是包医百病的灵丹妙药。那么历史究竟有什么用？这又牵涉到历史学发生作用的方式。

学科研究对象决定学科性质。既然中国幼儿教育史是一门历史学科，这就表明，在学习和研究过程中会产生一对矛盾，即认识主体和认识对

象的矛盾：认识主体是 21 世纪的活生生的人，而研究对象则是已经过去了的不再发生变化的教育。这对矛盾也就是历史与现实的矛盾，造成这对矛盾的是时距。认识主体和认识对象能否隔着漫长的时距取得联系和统一？联系和统一的实现，要靠对历史过程的展示与描绘，尤其是对历史发展规律的揭示与把握。通过具体的过去来体现和把握人类精神生活的一般过程，历史就具备了普遍的意义，它对后世人们的实践和思考就具有了永恒的价值。

具体地说，学习和研究中国幼儿教育史的目的在于：通过对中国幼儿教育发展过程的展示和描绘、对幼儿教育规律的揭示和把握，即揭示出中国历史上各个社会发展阶段幼儿教育的特殊规律和共同规律，为现实中国的幼儿教育实践活动和理论研究提供历史的材料和启示。

二、学习中国幼儿教育史的意义

任何事物和活动的意义都在于其有益性。学习中国幼儿教育史又会给人以什么样的益处？

（一）有益于提高当代幼儿教育工作者的专业素养

人类是有历史的动物，人类的历史是人类最宝贵的财富。有历史知识和历史观念是人最为重要的素养，有了这一素养，人就能更自觉、更主动地行动。学习中国幼儿教育史有助于专业工作者获得相关的历史知识，形成历史观念。"幼儿教育"是个历史范畴，它至少可以上溯到人类能够进行有意识的活动时。不论当前的幼儿教育已经达到了怎样高的认识水平、实践水准和发达程度，它都是从最原始的状态、最简单的形式发展而来，并且曲折坎坷，有成功的经验，也有失败的教训。学习幼儿教育史，就可以使人明白"幼儿教育"这个范畴所包含的内容中，哪些是历史的，哪些是现代的，哪些是可以借鉴的，哪些是应当抛弃的，学会历史地看问题，有行动的自觉性。

同时，中国传统幼儿教育源远流长，展读历代积累下来的丰富的思想和实践材料，真有令人如行走在山阴道上目不暇接之感。我们的先人重视教育，孜孜不倦地探索育儿之道的精神，使后人深受教益；中国近现代幼儿教育的发展过程步履维艰，披阅近百年来现代幼儿教育筚路蓝缕，从无到有、从有而渐至于善的过程，令人感受到时代的巨变和教育的巨变。我们的前辈发奋图强、百折不回地求索科学的中国化的育儿之道，以使中华民族早日腾飞的精神，使我们深受感奋。因此，学习中国幼儿教育史将有助于我们继承前人的教育精神，树立为提高我们民族下一代身心素质，实现中华民族伟大复兴而奋斗的信念。

（二）有益于提高幼儿教育工作者对幼儿教育在社会发展中作用的认识

幼儿教育有什么作用？幼儿教育是如何对中国社会的发展产生作用的？答案可以从中国幼儿教育的发展历史中去找寻。

就中国古代社会而言，中国古代学校教育历史悠久，但它对中国社会的发展影响有限，因为这是一种"养士"教育，即为了培养未来官僚的教育。既如此，受教育者也就十分有限，占人口最大多数的平民百姓被排除在学校教育之外。在塑造整个中华民族的民族性格和为社会经济、文化的发展培养后继人员这些方面，学校教育的作用远远不及家庭教育和社会教化，而这两种教育的相当部分内容都可以包容于幼儿教育。从历史上的人才培养情况看，人才成才的基础都是在家庭教育或他们幼年所受的各种教育中奠定的。如孔子、孟子、孔融、颜氏家族、司马光、岳飞……无不得益于幼儿时期的良好教育。从历史上的教育发展情况看，历代各种官办私办学校常因战争动乱、自然灾害、朝代更替而遭到废弛或中断，而此时，家庭教育（包括幼儿教育）等一些非主流、非正规教育形式就充当了传播文化、养育人才的重要角色。

就中国近现代社会而言，中国教育开始走向与社会政治经济发展互相促进的重建的道路。作为一种有社会组织机构并在国家教育制度中获得法律地位的教育，中国近现代幼儿教育的产生与发展，正与社会生产的发展相辅相成。19 世纪末 20 世纪初，随着中国民族资本主义经济的迅速崛起，广大劳动妇女渐次加入工业生产的行列，势必要求建立社会化的幼儿教育机构，以真正将妇女从家庭中解放出来；同时，在普及民众教育思想的推动之下，进入 20 世纪未久，国家颁布了具有法律效力的学校教育制度。既然年届学龄的儿童都必须进入学校接受系统的教育，为使教育更具效果，自然而然要求教育须有前期准备阶段。在制定和颁布的新学制中，同时就包含了以"蒙养院"为名的学前幼儿教育阶段。在以后民国时期颁布的几个学制中，幼儿教育的地位逐渐得以确立。因此，幼儿教育在中国近现代社会的发展中，实起到了解放生产力和促进教育发展的作用。

认识幼儿教育在中国社会发展中的巨大作用，将激发专业工作人员的责任感和工作热情。

（三）有益于为现代幼儿教育科学的发展提供借鉴

现代科学的发展为幼儿教育水平的不断提高提供了充分的根据，也使人们对幼儿教育必要性和可能性的认识日益清晰、深入。但无论现代科学如何进步，我们都难以忽视历史上幼儿教育的宝贵遗产。

中国历史上的幼儿教育思想遗产尽管存在着经验主义的缺陷，甚至夹杂着迷信色彩，但也确有不少合乎科学的内容。如认为："男女同姓，其生不蕃。"（《左传》僖公二十三年）"同姓不婚，恶不殖也。"（《国语·晋语》）在当时社会，同姓意味着血缘的亲近，人们认识到同姓通婚将会造成后代身心发展和繁衍的困难。时至今日，同一姓氏的人群之间血缘已未必相近，"同姓不婚"的禁忌也并不适当，但其中所包含的优生优育思想仍具现代意义。

又如《易传·蒙·象》指出："蒙以养正，圣功也。"意谓当人幼儿时就当培养其端正的行为习惯和道德品性，这是在做使儿童日后成长为"圣贤"的功夫，一旦错失了良机就难以补救。这种认识也科学地说明了早期教育对于人未来发展的决定性影响。

再如，20世纪二三十年代，陶行知、陈鹤琴等中国教育家在深刻反思中国自引进西方幼儿教育制度近30年的实践状况后，指出了盲目照搬照抄外国经验的缺陷，尖锐地批评这是"在中国的土地上办外国的幼稚园"。这就清楚地告诫人们，引进国外先进的幼儿教育经验和理论施行于中国，必须考虑中国的现实国情和文化传统，不能食洋不化，而应有个中国化的过程。

诸如此类，不胜枚举。这些中国历史上幼儿教育的有益思想和经验，与现代科学精神相一致，事实上已成为现代中国幼儿教育理论的组成部分。

三、学习中国幼儿教育史的要求

中国幼儿教育史是一门基础学科。学习中国幼儿教育史，要求掌握关于中国幼儿教育发生、发展和演变的基本知识，形成一定的历史观念。具体而言有以下三点要求。

(一)知识的要求

要求对中国古代幼儿教育和与之有关的活动、思想、政策、风俗等问题有基本的了解；对中国近现代幼儿教育的建设和完善过程，以及现代中国教育家对幼儿教育中国化的探索有基本的掌握。在此基础上，把握中国的幼儿教育在各个不同历史时期的特殊规律和共同规律。

（二）观点的要求

要求通过学习中国幼儿教育的历史，初步掌握历史唯物主义的方法，并学习运用历史唯物主义认识和分析中国历史上和现实中有关幼儿教育的各种现象，从中得出有益的见解。

（三）材料的要求

历史学科的重要特点之一就是依据事实材料作出判断和建立观点。要求通过学习中国幼儿教育史，理解和掌握有关中国幼儿教育的基本历史材料，并据此对历史事实作出自己的分析和判断。

思考题

1.中国幼儿教育史是一门什么样的学科？

2.学习中国幼儿教育史的意义何在？

第一章　古代的慈幼观念、政令与礼俗

中国是世界上最古老的文明国家之一。从很古远的时代起，中华民族的祖先就已在中华大地上劳动、生息、繁衍。"曾经经过了若干万年的无阶级的原始公社的生活。而从原始公社崩溃，社会生活转入阶级生活那个时代开始，经过奴隶社会、封建社会，直到现在，已有了大约四千年之久。"[1]"所以，中国是世界文明发达最早的国家之一。"[2] 中华民族也是很注重教育的民族。早在原始社会，我们的先人就已开始了教育实践，在此后漫长的年代里，创造了灿烂的文化。中国古代的幼儿教育起源很早，有着悠久的历史。"幼吾幼，以及人之幼"是我们民族的古训，特别重视幼儿教育是我们民族的优良传统，并形成了具有民族特色的慈幼观念、政令与礼俗。

第一节　慈幼观念的产生与发展

慈幼观念是中国古代幼儿教育的特定组成部分。

1　毛泽东.毛泽东选集（第二卷）[M].北京：人民出版社，1991：622.

2　同上：623.

中国幼儿教育史

根据社会生物学原理，动物都有保护和延续自身生物种系的本能，这种本能随动物发展水平的高下而有强弱的不同。动物对自身种系的保护常表现为繁衍、养育和爱抚后代，保护自己的后代不受侵害。人类也具备这种本能。但人类对生育后代的重视，对年幼一代的保护和慈爱，除了是一种本能外，还是一种自觉。因为人类在生物演化的同时，还创造和发展了人类的文化。因此，人类关注自己的后代，进而包含了人类对自身文化的保护和延续的意识。当人们意识到衰老和死亡是不可抗拒的自然规律后，就有意识地将自己从前辈继承下来的和自我创造的文化、知识、经验、生活手段和技术传授给下一代。所以，人类爱抚幼小一代的行为要自觉得多，复杂得多，也高级得多，常常表现为：保护和对下一代的慈爱是全体社会成员的整体意识和共同责任；上一代对下一代（尤其是年幼者）主动施加影响。这就使得人类对下一代的关心、爱护具有教育的意识。中国古代的慈幼观念和行动，体现出强烈的教育意图。

一、慈幼观念的产生

　　我国儒家经典之一《礼记》的《礼运》篇借孔子之口，描绘了一幅"大同世界"的美好图景："大道之行也，天下为公，选贤与能，讲信修睦。故人不独亲其亲，不独子其子，使老有所终，壮有所用，幼有所长，矜寡孤独废疾者皆有所养，男有分，女有归……是谓大同。"这幅原始共产主义的图景掺杂有后世儒家学者的想象和理想，但也折射出中国远古时代氏族公社制度下的一些实际社会生活状况，与幼儿教育有关的情况是：（1）保护和抚养儿童与下一代是氏族成员的共同职责，即所谓"不独子其子"；（2）保证下一代健康成长是氏族成员的共同认识，即所谓"幼有所长"。这就是中国最早的慈幼观念，即在政治经济的"天下为公"状态下的教育公有观念。这种慈幼观念不独早期中华民族有，世界其他古老民族也同样具备。恩格斯在《家庭、私有制和国家的起源》一书中曾畅想公有制社会中教育的民主和平等："孩子的抚养和教育成为公共的事情；社会同等地关怀一切儿童，无论是婚生的还是非婚生的。"[1]

慈幼观念也得到了我国考古发掘的证实。在西安半坡村发掘的仰韶文化遗址中，夭折的儿童是被"罐葬"的，但装有未成年儿童尸体的陶罐并未被埋葬在居住区外较远的氏族公墓中，而是被安放在居室近旁。这种特殊的处置表明了人们对儿童的亲情，甚至连死去的儿童也不被认为是不吉祥的。在儿童墓葬中还发现了为数不少的石球、陶球，这些经过打磨或烧制的小球被认为是儿童生前的玩具。类似的现象不仅在半坡村，在其他一些文化遗址中均有发现。在必须为生存奔忙而难有闲暇，在烧陶还不是件易事而必须首先解决日用器具的生产力低水平状态中，人们却不惜为儿童制作了玩具，可见人们的慈幼情感。

原始社会的慈幼情感反映了人们的生命意识和人类延续意识，也反映了在恶劣的生存环境中，老一代对年幼一代同时也是对自己的未来所寄托的期望。在汉字中，"好"字从女从子，"好"字中"女"与"子"构成的关系通常被认为是主谓关系，意为"女有子"或"女产子"，所以是以有子为好。在中国的古文化遗址中，还发现有陶制的男性生殖器——"陶祖"，这是古人重视子嗣、祈求生育的观念在葬俗和原始宗教领域的反映，同时也反映了原始社会普遍存在的慈幼情感和观念。[2]这里，既有人们的生命延续意识，也很实际地表现了老一代对年轻一代的期待和依赖，因为生育意味着人丁兴旺，氏族有后，老一代日后有保障。所以，我们在中国古代的文献典籍中经常可以找到对年轻一代的称颂之辞，如《易经》中"蒙"卦六五爻的爻辞为："童蒙，吉。"《老子》中有："柔弱

1　马克思，恩格斯.马克思恩格斯全集（第二十八卷）[M].北京：人民出版社，2018：94.

2　乔卫平，程培杰.中国古代幼儿教育史[M].合肥：安徽教育出版社，1989：13.

胜刚强。"后世的"焉知来者之不如昔也""后生可畏也"等观念，也是可以从远古的慈幼观念中找到思想渊源的。

二、慈幼与学校的产生

人类社会的产生与教育的起源是同一个过程，而在起源阶段的教育中，幼儿教育是其中的一个极重要的方面。近代学者康有为在他的《教学通议》中关于教育起源问题曾有一个解释："教学不知所自始也？人类之生，其性善辨，其性善思，惟其智也。禽兽顀顀冥愚，不辨不思。人之所以异于禽兽者在斯。""老者传之幼者，能者告其不能者，此教之始也。幼者学于长者，不能者学于能者，此学之始也。"[1]不论这种解释是否完全反映当时的事实，有一点可以相信，即老一代向幼小一代传授生产和生活经验的需要，是教育得以产生的动力之一，而这种传授也是原始教育的极重要内容。

我国学校是如何产生的？学校的最初形态和作用又是如何的？这些问题还有待于考古发掘材料的证实和科学研究的深入探讨，但根据现有的历史材料和认识能力，可以作出这样的判断：早期学校是沿着几条路线形成的，其中有一条线索是与慈幼活动有关的。

据文献记载，中国最早的学校名称有"米廪""庠"等。《礼记·明堂位》记载："米廪，有虞氏之庠也。"汉代郑玄解释说，米廪是"藏养人之物"，也就是氏族储存公共粮食的场所。《礼记·王制》也说："有虞氏养国老于上庠，养庶老于下庠。"孟子说："庠者，养也。"据《说文解字》，"广"指房屋；而"羊"，以为"孔子曰：牛羊之字，以形举也"，本义指羊，后来引申为供养人之物。这些记载和解释表明，当人类社会的生产力有了一定的提高以后，人们的劳动产品有了剩余，氏族中的老

---

1 姜义华，吴根樑.康有为全集（第一集）[M].上海：上海古籍出版社，1987：83.

者不仅不会被遗弃，并且渐渐地不再需要与青壮年一样去参加体力劳动，而被氏族供养起来。但这些老者毕竟还须从事一些力所能及的工作，于是，氏族公共的储粮场所自然就托付给老人看管，而"米廪"也就成为老人聚集的场所，同时也是氏族敬老、养老、行礼之地。当氏族青壮年成员出外劳作时，年幼的孩子也往往留给老人们照管，在此，老人们也会自然而然地将他们的人生经验传授给年幼的一代。这样，养老的场所也兼为教育的场所，在老人们经常活动的养老储物场所——"米廪""庠"，我国最早的学校逐渐萌芽。

需要指出的是，这种学校还很原始，它兼有储物、养老、行礼、慈幼等多种功能，还不具备像今天的学校这样独立而完备的教育职能，教育的内容还很有限，教育的手段还很简单，也谈不上有专门的场所和设施。在更多的时候，尤其是当儿童年龄稍长，老一代对幼小一代的教育往往就是以生产劳动的形式甚至通过生产劳动来进行。如我国东北鄂伦春族，当儿童五六岁时，就由族内的老人们教他们用弓箭、木枪做狩猎游戏，七八岁时练习骑马、驯马，十一二岁时就要随老人到山野去练习射击。从鄂伦春族老人的教幼、抚幼，可以约略地推测中国早期学校教育的情形。但无论怎么说，中国远古学校的产生是与养老与慈幼联系在一起的，养老与慈幼是远古学校的主要职能和当时社会的普遍道德意识，后世中国的学校与教育注重敬老、爱幼的传统，其渊源实可以追溯于此。

三、慈幼观念的发展

中国从夏代起进入阶级社会，也就是《礼记·礼运》所说的"各亲其亲，各子其子"的"天下为家"的时代。在以后的几千年里，在以家庭为单位的自然经济状态中的农业中国，对幼小一代的抚育与教养，主要通过家庭来进行。但是由于文化传统的影响和历代统治者的提倡，社会也形成一些共同的慈幼观念，影响着人们对下一代的态度和养育方式。尽管各个历史时期的慈幼观念有不同的内涵，但有一个明确的发展趋势，即不断深入探讨慈幼所应追求的目的，慈幼观念的教育内涵日显明确。

战国时期，人们开始从母爱和家庭教育的角度认识慈幼的含义，关于慈幼已形成一种较为普遍的认识，即"有教为爱"。孟子母亲"断织教子"的故事就是一个典型的事例。这个故事说明，只有严格教子，勤加督责，才是真正的爱子。最可为代表的是战国末年法家学者韩非的观点。韩非指出，社会上习见的慈母们对幼儿的情感，常常表现为对幼儿的某种期待，即"务致其福"，希望他们从善、成器，日后有好的前途。但她们却不懂得如何正确地教子，因此也就不是真正的爱子。他举例说，常见的现象是："母厚爱处，子多败，推爱也；父薄爱教笞，子多善，用严也。"（《韩非子·六反》）所以说，"父母之爱不足以教子"（《韩非子·五蠹》）。据此，他得出结论："夫严家无悍虏，而慈母有败子，吾以此知威势之可以禁暴，而德厚之不足以止乱也。"（《韩非子·显学》）按照韩非的逻辑，慈爱幼儿意味着严厉的管教，教之愈严，爱之愈真；教之愈严，爱之愈有效。严厉教育孩子，甚至不惜施以棍棒，"犯其所小苦，致其所大利"，才是真正的爱子。韩非的观点虽有些偏激，却反映了对慈幼问题认识的深入，而这种观点事实上成为中国以后历史上一种很有影响的爱子教子观。

汉代以后，中国传统的慈幼观念在两方面得到发展。

其一，强调合理地养育儿童。中国传统向来有一种比较落后的观念，认为妇女生育婴儿有"血光之灾"，是不吉利的"凶"事。因此，每当举行祭祀、庆典等隆重的仪式，处于生产和哺乳期的妇女就须回避，禁止与外界交往，以避"晦气"与"邪恶"。这种陋俗直至20世纪仍有遗留，在巴金的小说《家》《春》《秋》中就有这样的描述。这种观念贻误了不少妇女与儿童。对此，汉代思想家王充在其《论衡·四讳》中批评这是一种违背情理的观念。他认为，妇女生育婴儿，而婴儿秉承了天地间的精华，应被视为吉祥的征兆，因为像草木滋生、牲畜繁殖等自然现象，均被视为可喜的事，人的生育与繁衍也与万物的生长具有相同的意义，为何独独忌讳人类的生育呢？王充的观点是对育儿过程中的迷信观念的批判，也使传统慈幼观念中增加了一些科学的含义。

隋唐时期，育儿的观念有了很大的发展。唐代，中央政府专门设有负责医疗工作的部门——太医署。太医署下设有从事医学教育的机构——医学。医学之下分设诸个专门科，其中有少小科，即今之儿科。可见儿童医学和儿童保健已成为一个专门的研究领域，也表明慈幼观念内涵的丰富。此后各代，涌现出一批儿童医疗和保健方面的医学论著。如宋代的《小儿卫生总微论方》二十卷，被视为我国古代最早的儿科医学保健大全，也被称为"保育之要书"，明代重新刊印时一度改名为《保幼大全》。元代朱震亨所著《格致余论》的《慈幼论》，也对儿童的饮食消化、衣着保暖等保健问题提出了独到的见解。[1] 这些儿童医学与保健著作提出了不少有益的意见。如认为幼儿不宜穿着裘皮，裘皮易使儿童过暖；儿童不宜饮食过频，饮食过频易使儿童过饱，而过暖过饱，乃是"百病之源"。又如认为儿童啼哭并非一概是坏事，儿童啼哭常常是正常的生理现象，有利于体热外泄，俗语所谓"儿啼即儿歌，不哭即偻㑊"。这些育儿见解，不少为今天的儿童保健科学所证实，对今天的儿童保健也具有借鉴意义。

其二，强调合理地教育儿童。汉代以后，"爱而有教"已成为社会普遍认同的慈幼观念，历代名人学者教子持家的佚闻事迹屡见不鲜，另有越来越多的学者与教育家致力于儿童教育，在严教就是爱的传统认识基础上，形成了系统的教子观。如关于慈幼教子的目的，提出了树立远大志向，修学成德的思想。三国时期的政治家诸葛亮在其著名的《诫子书》

1　乔卫平，程培杰.中国古代幼儿教育史［M］.合肥：安徽教育出版社，1989：19.

中告诫自己的子侄："夫君子之行，静以修身，俭以养德。非淡泊无以明志，非宁静无以致远。夫学欲静也，才欲学也。非学无以广才，非静无以成学。"指出只有志向高远，才能终成大业，而业成志遂的途径，则是静心修学养德。又如关于父母与儿童间的关系，提出了对等而不强弱偏胜的思想。宋代学者袁采在其《袁氏世范》中指出，常见的"慈父固多败子"现象，起因于父子之间的情感关系未能妥善调适，存在强弱偏胜，未能互相制衡。他认为，"父严而子知所畏，则不敢为非；父宽则子玩易，而恣其所行"。因此要注意摆脱这种失衡状态，既做到父子情深，也使孩子能接受教诲，形成"父慈而子愈孝，子孝而父愈慈"的良好关系。再如关于对儿童的教育方式，提出了注重直观、注意强化的思想。宋代思想家、教育家朱熹认为，儿童缺乏辨别是非的能力，教育就不宜多讲深奥的道理，只宜让他们知其当然，最初懂得循规而行，久而久之即成自然。因此，朱熹通过格言、故事、"须知"、"学则"等形式灌输给儿童行为规范，以期积久成习，自成方圆。

以上所举的教子思想，表明中国传统的慈幼观念已从"爱而有教"的认识，进一步深化为"爱而会教"的认识，慈幼观念的内涵大大丰富，并反映了一定的幼儿教育规律。这些观念指导着古代人们的教子实践，也成为我国教育遗产中颇具民族特色的部分。

第二节　慈幼政令与机构

慈幼作为一种社会观念，也通过政府法令的形式得到体现。中国古代的历代统治者，一则为了粉饰其施行"德政"的形象，再则为了加快人口繁衍，促进生产力的再生产过程，往往会颁布一些有关慈幼的法律、法令，予儿童以一定的保障。尽管在中国古代严酷的专制统治制度下，加之频繁的灾害、战争和政权更替，一般民众的生存权利尚难得到保障，慈幼的政令也常常落空，但是这些慈幼政令对于社会敬老爱幼风气的形成，仍起到了一定的作用。由于传统中国的幼儿教育职能主要由家庭来承担，农业社会的经济和社会的发展始终没有对社会化的幼儿教育机构的产生提出过需要，因此，在古代中国，始终未能产生现代意义上的社会化的幼儿教育机构。但是，在一定的时期、一定的场合，也曾出现过一些慈幼机构。

一、慈幼政令

据史料记载，中国自西周起就规定主管民政的官员有一项职责即为慈幼。据儒家经典《周礼》，民政官大司徒有六项"保息"民众的职责："一曰慈幼，二曰养老，三曰振穷，四曰恤贫，五曰宽疾，六曰安富。"（《周礼·地官·大司徒》）六项政务中，慈幼居其首。战国文献《墨子·兼爱》中也赞美周文王行德政，让"少失其父母者，有所放依而长"。可见幼小一代的抚育受到政府的重视。

以后的时代，统治者也常仿西周的制度而行，将慈幼作为向人们显示其"仁德"，促进社会美俗的形成和繁衍人口的重要措施。春秋时，齐国专设有"掌幼"官员，负责推行慈幼之政。先秦典籍《管子·入国》记载名相管仲当政后推行"九惠之教"，居首的两项就是"老老"与"慈幼"，而"所谓慈幼者，凡国都皆有掌幼。士民有子，子有幼弱不胜养为累者，有三幼者无妇征，四幼者尽家无征，五幼又予之葆，受二人之食，能事而后止。此之谓慈幼"。这项政令规定了民众家庭如有三个幼儿，这家的妇女劳动力就免于服劳役；如有四个幼儿，则全家劳动力免于劳役；如有五个幼儿，还提供保姆，其中两个孩子还由政府供给口粮，直至他们成人。这样的慈幼政令受到当时不少学者的肯定。如孟子在与齐国统治者讨论治国之道时曾高度概括了敬老、慈幼政令措施对于国家治理的意义："老吾老，以及人之老；幼吾幼，以及人之幼，天下可运于掌。"（《孟子·梁惠王上》）

类似的政令在以后的朝代也常有发布，尤其是在国家需要发展生产，需要补充劳动力的时候。如汉代曾颁布律令，规定人有产子者，免其征税三年。还曾规定，凡怀孕者，赐胎养谷每人三斛，免其丈夫一年徭役；凡婴儿无父母亲属，或有子无力抚养者，政府给予补贴（《后汉书·肃宗孝章帝纪》）。以后的封建王朝，也都有类似的慈幼恤孤政令。

在此，慈幼是政治的一个组成部分，是政治家、思想家实现理想政治的重要手段，客观上也能起到保障儿童成长权利的作用。这也成为我国的一个政治和文化传统。

需要特别提出的是，在生产力水平低下的农业中国，重男轻女是一种长期存在的落后观念，受这种观念的影响，受严酷的生存环境所迫，溺杀女婴是普遍存在的丑恶现象。从《诗经》中"弄璋""弄瓦"之说可见，在周代就已有"男尊女卑"观念。而战国时期，溺杀女婴已很多见。《韩非子·六反》中曾有言："产男则相贺，产女则杀之。此俱出父母之怀衽，然男子受贺，女子杀之者，虑其后便，计之长利也。"说明溺杀女婴实是父母出于实际利益的考虑，而与父母与子女之间的亲情大相违逆。唐宋以后，社会上溺杀女婴的现象尤为普遍。由于妇女是人口生产和物质生产的重要条件，因此历代政府对此也多严加禁绝，屡有禁令发布。如元代曾有禁溺女婴，"诸妇违者议罚"的禁令（郑太和《郑氏规范》）。上述慈幼政令也包含了对溺杀女婴的禁止。清代学者施闰章还编了《戒溺女歌》宣传莫溺女婴："劝君莫溺女，溺女伤天性。男女皆吾儿，贫富有分定。若云养女致家贫，生儿岂必皆怡亲！浪子千金供一掷，良田美宅等埃尘……"宣传生男生女都一样。最后告诫人们切莫溺杀女婴，溺杀女婴等于"杀子""杀妻"和"自杀"，必须破除这一恶俗。可见在古代，无论政府还是民间有识之士，都反对溺杀女婴。但在生产落后的农业中国，重男轻女观念极难改变，表明中国传统慈幼观念中的某些缺陷。

二、慈幼机构

（一）宫廷慈幼机构

中国最早的专门的慈幼机构出现在公元前 11 世纪的西周，当时西周王宫内和各诸侯国的宫廷内都设有婴幼儿养育机构——孺子室，这是专为周王的太子、诸王子、各诸侯的儿子们设立的。《礼记·内则》说：王子出生后，三日，"异为孺子室于宫中，择于诸母与可者，必求其宽裕、慈惠、温良、恭敬、慎而寡言者，使为子师，其次为慈母，其次为保姆，皆居子室"。郑玄注说："诸母，众妾也。可者，传御之属也。子师，教示以善道者。慈母，知其嗜欲者。保姆，安其居处者。"此外，还从士人之妻或大夫之妻妾中择一奶妈。从上述材料可以看出，孺子室的保育人员分为教孩子为善的子师、了解孩子个性好恶而加以引导的慈母、管理孩子饮食起居的保姆和奶妈，分工明确，职责清楚，有一定的组织形式。尽管孺子室这种慈幼机构仅属于贵族所享，但从育儿人员的分工组织形式可以看出当时人们对育儿内涵的理解。

中国第一个具有教育性质的慈幼机构出现在东汉。据《后汉书·皇后纪上》记载，东汉安帝元初六年（119 年），和帝之妻邓太后在宫廷开设邸第，将宫室子女五岁以上者 40 余人，自己近亲子弟 30 余人集中起来，教学经书，并亲自督试。对其中"尚幼者，使置师保，朝夕入宫，抚循诏导，恩爱甚渥"。邓太后办邸第的出发点，一是为了使贵胄及早受教，学会治国安邦之术；二是为了改变贵族子弟温衣美饭、饱食终日、无所用心、不学无术的现象，以免因此招致祸败。严格地说，邸第不是专门的幼儿教育机构，它包含了较大年龄的儿童少年的读经教育，但其中也有对幼小儿童教育的部分，而且这一部分是予以特别对待的。因此，邸第作为慈幼机构就有一定的教育历史价值。但是，邸第的兴办是出于邓太后个人的喜好，教养对象也只局限于皇亲国戚，因此还远谈不上慈幼机构的制度化、社会化，说它是中国历史上最早的幼儿园并不妥当。

（二）社会慈幼机构

从北宋起，中国出现了由中央和地方政府办的社会性质的慈幼机构。北宋学者苏轼在密州任内，曾出公粮收养女婴，即为社会慈幼机构的雏形。宋以后各代，或由朝廷诏令设置，或由地方官员自行设置，各地慈幼机构纷纷出现，为数不少。这些慈幼机构可分为两类。

一是慈幼局，元代京畿各郡都设有慈幼局。元代人郑元祐在其《遂昌杂录》中记载："贫家子多，辄厌之，故不育。乃许其抱至局，书生年、月、日、时，局有乳媪鞠育之。他人家或无子女，却来取于局。岁祲，子女多入慈幼局，故道无抛弃子女，信乎其恩泽之周也。"

一是举子仓或予惠仓。如遇兵灾之年，民不聊生，弃婴往往有之，地方政府每每奏请朝廷批准，由政府拨给钱粮，设立举子仓或予惠仓，收养弃婴。南宋理学家朱熹曾因福建多有弃溺婴儿陋俗，奏请立举子仓，由政府出资收养弃婴。

第二次大规模兴办慈幼机构是在清代。清代，在京师和各地一些大城市中设立了育婴堂，也由政府拨银资助，收养弃婴、孤儿和家庭无力抚养的幼儿。清代慈幼机构的办理较宋代为好，康熙时清政府制定了育婴堂弃儿认养条例，在经费方面予以保证，还经常派官员稽查。清政府还提倡有心于慈善事业的私人兴办慈幼机构。需要指出的是，这些社会慈幼机构仅具有慈善性质，而不具备教育意义，担任机构中保姆职责的也多为一些无家可归的弃妇、寡妇，政府也常以之为负担，管理上存在以慈幼经费中饱私囊的情况，身处其中的儿童不仅谈不上受到良好的养育，不少还命运多舛。

值得一提的是，清代后期，经一些学者和社会贤达的倡导，育婴堂之类的慈幼机构逐渐具有教育功能。由于政府允许他人或本家族人认养弃儿，常有不少幼儿被人冒领用作佣仆，甚至为人贩转手倒卖。为杜绝这种丑恶现象，清道光年间，学者唐鉴上奏请求明令禁止，并亲自在贵州筹款举办及幼堂，不仅收养弃儿，还依据儿童的天资，聪明者教以读书写字，意在培养；粗钝者教以打草绳、编竹器等其他可据以自食其力的一技之长，以为将来谋生做准备。唐鉴及幼堂的兴办是中国幼儿教育史上的一个创举，它使社会慈幼机构具备了教养合一的含义，更接近于一个教育机构，与以往的慈幼机构已有根本的不同。在此后的宣统二年（1910 年），清末名臣盛宣怀也曾在苏州办了孤儿院，也以"教养兼资"为追求。这表明当时社会慈幼事业的发展趋势。

应当说，中国传统的慈幼机构只是一种慈善组织，与中国近代尤其是进入 20 世纪后在学制上得到规定的蒙养院、幼稚园的性质绝不相同，它不具备社会化的幼儿教育和学前教育的功能。在这些慈幼机构存在的同时，幼儿教育仍是由家庭承担的。但在中国近代，随着西风东渐，传统的慈幼机构也在发生一些变化。事实上，中国近代有一些最早的幼儿教育机构——蒙养院，最初也确实是附设在育婴堂之类的慈幼场所中的。因此，了解中国传统社会慈幼机构的发展历史，有助于认识中国幼儿教育的发展历史。

第三节　慈幼礼俗

一定的社会风俗既是教育的结果，同时也形成教育的氛围。中国传统社会中对儿童的教育，相当程度上借助了社会习俗。慈幼习俗既是成人对幼小一代的教育手段，也寄托了成人对下一代的期待。中国地域辽阔，民族众多，风俗各异，但在育儿问题上有着一些共同的习俗。

一、生子

中国古代的生子礼俗，表达了成人对新生命顺利降临人间的祝愿，寄托了成人对新生一代未来的期待。《礼记·内则》记载了王侯贵族的生子礼俗。妇女生产之前，就不得与外界接触，以免干扰。妻子生产时，丈夫必须斋戒沐浴，以示敬重，祈求神灵保佑孩子顺利出生。孩子出生后，是男孩，则在房门左侧挂上弓弧，希望孩子将来健壮勇武；是女孩，则在房门右侧挂上佩巾，希望孩子将来擅长织绣。出生三日，要为孩子举行象征性的仪式，为男孩举行射礼，射天地四方，以示其未来志在四方。同时，举行接子之礼，将婴儿安置于另外的房间，由众妾中品性温良端正者选为子师、慈母、保母，慎加养育。三月之末，选吉日，为婴儿剪发、结发，"男角女羁"，由母亲抱子与父亲行相见之礼。《诗经》中的"弄璋""弄瓦"之说，其意相近。弄璋，即为生男孩，在房门侧挂上玉佩，以表示孩子将来会成为王侯；弄瓦，即为生女孩，在房门侧挂上陶制纺锤，以示孩子将来会心灵手巧。古代的生子礼俗有明显的"男尊女卑"观念，但也具有明确的教育意图，表明对后代发展趋向的愿望。

二、试儿

试儿，又叫试晬、试周、抓周，是我国流行时间很长、流行地域很广的一种慈幼习俗，自魏晋南北朝起在江南一带就很盛行。试儿之法，即在幼儿周岁之际，在男孩面前放上弓矢、纸笔、算秤、经卷、官诰等器具，在女孩面前放上刀剪、针线、脂粉等物品，任其随意抓取。从幼儿最先抓取的物件中，"观其发意所取，以验贪廉愚智"（颜之推《颜氏家训·风操》）。由于封建社会重男轻女思想的影响，人们对男孩未来的期待更多，因此对男孩的试周尤其重视。在那些官宦之家，为希望下一代能承家继业，对抓周试儿甚至到了迷信的地步。古典小说《红楼梦》中描写贾府的上一代为了测试贾宝玉的未来发展意向，让其抓周，贾宝玉于众多物品中偏偏抓取了脂粉，令其父贾政倍感失望，并将此与贾宝玉长大后偏好混身于女儿堆中的行为相联系，恨宝玉不争，哀家业无望。其实，贾宝玉日后的举止与抓周并无必然联系，而是没落的社会与家族促成的反叛行为。不过，试儿风俗具有一定的心理学意义。因为，试儿所呈现的物品都具有一定的形状与色彩，而每个儿童对形状与色彩的感受有所区别，从其所抓物品可以反映其感知觉某方面的敏感性。尤其重要的是，当幼儿抓取了某件物品后，大人们会对此作出一定的评价，这种评价会在儿童日后的成长中经常流露，对儿童产生潜移默化的导向性影响，以致儿童的发展倾向与抓周的结果有某种相合。应当说，儿童的成长是后天教育的结果，但试儿风俗显示了古人力图测试和把握儿童心理发展趋向的朴素意识，至今仍在民间有所流行。值得注意的是，试儿风俗更多的是文化的意义，而不是科学的意义。

三、命名

命名是中国古代慈幼育儿礼俗中具有非同寻常意义的一种。在较为古远的年代，中国人就颇为讲究命名。姓氏名字在远古时是某一个血缘氏族或地域人群的标志，随着家庭和家族观念的形成，人们开始通过命名来寄托自己的期望，名字也就具有了更多的文化意蕴和个体、家庭色彩。汉代许慎的《说文解字》解释"名"说："名，自命也，从口、夕。夕者，冥也。冥不相见，故以口自名。"也就是说，在古人看来，名即是命，人的命，就是冥冥中决定人发展的一种意志力量，因此，命名就是遵循冥冥中神灵的旨意并予以体现的行为，就成为一件须认真慎重对待的事。当婴幼儿长到一定时期，如满月或周岁时，或观相，或占卜，或测字，或据家世，给孩子命名。古代命名有名有字，幼时起名，弱冠（男子20岁）取字。取名时可以有几种方式：以德取名，即以一些反映人的美德的字眼或历史上一些圣贤的名字来取名，如"仁""义""德""信""尧""舜"等，希望孩子长大后具备这些美德或像圣贤一样；以梦兆取名，相信托梦之说，以母亲生孩子时所梦的内容为名，如岳飞母亲生岳飞时梦大鹏止于其屋，故命其名曰"飞"，字"鹏举"；以像取名，即以婴儿某些独特的生理特征为名，如孔子出生后头顶凹凸如丘，故名之曰"丘"；以事物取名，即以孩子出生时所发生的某些事为名，以作纪念，如孔子生子后，鲁国君主特赠鲤鱼一条，孔子遂以其子名"鲤"；以测占取名，即通过测字、占卜取名，如屈原父亲通过占卜为其取名为"平"，字"灵均"。此外，名即是命的观念渗透于民间，变异为取贱名的风俗，如取名为"狗蛋""大牛"之类，认为贱名的孩子容易养大，贱名带来大命。

从上述种种现象中不难发现，有两种普遍的慈幼心态贯穿于命名礼俗：一是期望通过命名来保证和促进新生儿的健康、长命，使其无病无灾；二是通过命名对幼儿今后的成长方向和结果提出期望与要求，愿新生一代长大后或德业有成，或能自食其力。因此，命名虽是一种象征性的行为，但其本身也包含了丰富的教育意义。它表明，古人从年幼一代初生时起，就注重对其提出希望，施行教育，以期健康成长，有所成就。事实上，当儿童逐渐长大，渐知人事，也会从其名字的内涵中领悟到长辈的期待，而有所自励。汉代文献《白虎通·姓名》中曾概括命名的意义为"吐情自纪"。"吐情"即是寄托老一辈对后辈的情感、期望，

"自纪"即指这种情感、期望会在日后成为年轻一代的约束与规范，鞭策其按照老一辈的要求去发展自己、完善自己。抛开"名就是命"的宗教观念与迷信思想不论，命名作为一种慈幼礼俗，是古代社会一种有效的教育手段，也具有一定的心理学意义。即使在现实社会，对新生一代的命名仍普遍受到家长们的重视。从当代儿童的名字中我们可以看出当代成年人的人生观、价值观和育儿观，发现其中的得与失。

思考题

1. 中国古代慈幼观念是如何发展的？

2. 中国古代的慈幼政令主要有哪些内容？

3. 试述中国古代慈幼机构的发展演变过程。

4. 试分析中国传统的慈幼礼俗。

第二章　古代的优生胎教思想

　　中国古代向有凡事注重本源、注重起始的思想，有所谓"正本清源""正其本，万物理。失之毫厘，差之千里"之说。这表明人们认识到，事物的缘起状况将会成为影响事物发展过程与结果的决定性因素，因此，凡事应当慎其初始。用这个观点看教育问题，古人有所谓"教子婴孩"之说。而实际上，古人对"教子婴孩"的理解，并不满足于仅指教育要从人的婴儿状态就开始，更要求将其上溯至人的孕育状态，甚至于父母的婚配状态，即父母婚配时的年龄状况、身体条件、品行情况、家庭关系等。人们认为生命孕育之前父母的上述情况，都将影响儿童未来的教育。因此，中国古代对儿童早期教育的理解，实际上可以分为三个阶段：第一，讲究婚姻之道，形成相应的优生思想；第二，讲究胎育之道，形成相应的胎教思想；第三，讲究早教之道，形成相应的幼儿教育思想。其总的原则是慎始，将对人的教育和影响前推。

第一节　婚姻观念与优生思想

婚姻制度、观念和风俗表面上看似与幼儿教育关系不大，但由于古人对幼儿教育的前推意识，以及它与优生的客观联系，也就具备了颇为重要的教育意义，事实上也就成为研究中国古代幼儿教育首先要解决的问题。

一、婚姻形态的演变

《周易·序卦》曾经这样描述过人类社会的进化过程："有天地然后有万物，有万物然后有男女，有男女然后有夫妇，有夫妇然后有父子，有父子然后有君臣，有君臣然后有上下，有上下然后礼义有所错。"其中谈及男女两性的结合和婚姻关系的产生。人类之初，男女两性的结合与其说是社会现象，还不如说是自然现象，即是出于人类种系延续的自然法则而产生的行为。随着人类认识水平的提高和道德观念的形成，男女两性的结合逐渐形成一定的规范，构成有关婚姻的种种观念、风俗和制度，婚姻也就成为通过某种仪式，经过社会认可，并受社会的观念、风俗和制度制约的男女结合形式。

按照近代人类学家摩尔根（Lewis Henry Morgan）对处于原始生活状态的民族及历史文献的研究，人类社会大体上经历了五种婚姻形态。

其一，杂交群婚。所谓群婚，是指一个女子可以同时与众多男子保持两性关系，男子亦然。群婚的最原始状态是杂交群婚，即没有限制的两性杂婚，既不受血缘（兄弟姐妹）的约束，也不受辈分（父母子女）的限制。

其二，族内婚。又叫血缘群婚，这是群婚制的第二个阶段，即排除了上下辈分之间的两性关系，在同一血缘集团中的成员，按照辈分，同一辈分中的男女互为夫妻，如所有的兄弟姐妹互为夫妻，所有的祖父祖母互为夫妻，等等。

其三，族外婚。又称血缘集团外群婚，这是群婚制的第三个阶段，即排除了血亲男女（兄弟姐妹）之间的两性关系，并且禁止同胞兄弟姐妹的子女、孙子孙女间的婚姻关系，而只允许这一血缘集团的兄弟姐妹与另一血缘集团的姐妹兄弟间互为婚姻关系。这就是摩尔根所说的"普那路亚家庭"。血缘集团外婚姻起初是甲集团与乙集团的同辈男女之间互为婚姻，逐渐发展为甲集团的男子与乙集团的女子、乙集团的男子与丙集团的女子、丙集团的男子与甲集团的女子的交互婚姻，这样，血缘关系就更为疏远。群婚制带来的结果就是"民人但知其母，不知其父"（《白虎通·号》）。但到了族外婚阶段，人类社会实现了一个重要发展，至此，产生了独立的母系氏族血缘单位。族外婚通行于母系氏族社会晚期。

其四，对偶婚，即有相对稳定的婚姻配偶，一个男子在众多妻子中有一个主妻。这种婚制是母系氏族社会晚期向父系氏族社会过渡阶段普遍存在的婚姻形态。

其五，一夫一妻。这是进入父系社会后的主要婚姻形态。

以上五种婚姻形态在中国古代文献和我国西南一些少数民族的婚制中可以找到根据。先秦典籍《吕氏春秋》中的《恃君览》记载，"昔太古尝无君矣，其民聚生群处，知母不知父，无亲戚兄弟夫妻男女之别，无上下长幼之道"。《管子·君臣下》也说："古者未有君臣上下之别，未有夫妇妃匹之合，兽处群居，以力相征。"这是说的群婚制。

族外婚制在中国大约存在于五帝时期，因为此时中国出现了最早的"姓"，如神农姜姓，黄帝姬姓，舜姚姓等。尽管一般而言，中国人的姓氏是群婚制的产物，"姓"字就是从"女"从"生"，但细细推敲起来，姓氏的产生当在外婚制时期。因为，当人类在自身生产中逐渐发现血缘婚配影响了后代体质与智力的正常发育之后，便抛弃了血亲之间的婚配习惯，而只允许不同血缘关系之间的婚姻。这样，就需要某种符号作为这一血缘集团的标志，"姓"这一意识以及姓氏本身就产生了。因此，"姓"是"别婚姻"的需要。此后的夏、商、周时期，则经历了对偶婚到一夫一妻制的发展。周代十分讲究嫁娶之礼，说明了这一过程。

从婚姻形态的发展演变过程中，我们可以看到一个总体趋势，即组成婚姻关系的男女双方之间的血缘关系越来越远。这应当被看成是人们的一种选择，而这种选择又是经历了由不自觉到逐渐自觉的过程。人们为什么要作出这样的选择？其间就表明了人类优生意识的产生。

二、婚姻观念与优生意识

婚姻形态的发展，表明人类婚姻观念的成熟，同时伴随着人类优生意识的形成。因此，婚姻观念不仅是一个有关家庭和社会组织的问题，更是一个很有教育价值的问题。

（一）"同姓不婚"

"同姓不婚"是人类经过长期的婚姻实践而形成的一个基本的婚姻观念，也意味着初步的优生意识的形成。在长时期的群居杂交和族内婚制过程中，人们先是对近亲婚配的恶果有了朴素的认识，即由于交媾双方的血缘关系太近，使生育的后代出现各种残疾或先天发育不良，这种现象反复出现在同一血缘关系人群的婚配中，就引起了人们的注意。如我国西南少数民族纳西族人就朴素地认为，近亲通婚会使后代智力低下。独龙族人也认为，血缘集团内部的通婚，会使所生子女聋哑。与此同时，人们偶然发现，两个不同血缘集团个别男女成员的性交往所产生的后代，显得更聪明、健壮。如同恩格斯引用摩尔根所言，"没有血缘亲属关系的氏族之间的婚姻，生育出在体质上和智力上都更强健的人种"。[1] 经过将族内婚与族外婚的结果进行反复比较，人们的认识逐渐觉醒，形成了"同姓不婚"的观念。《史记》所记载的商族女祖简狄"野合"而生契，周族女祖姜原"野合"而生弃，其中折射出的婚姻内涵就是对"同姓不婚"的肯定。

如前所述，姓在远古是某一母系血缘集团的标志，"同姓不婚"就规定了同一母系氏族单位内的成员禁止互通婚姻。随着社会的发展，父系制社会的建立，尽管以姓为标志的同一血缘集团中的成员在后来的时代中通过婚姻和其他方式已四处迁散，血缘世系的传递情况已难以确知，但由于姓的早期内涵，仍旧存在着同姓者血缘相近的可能，因此，"同姓不婚"依旧被奉为普遍的婚姻准则。宋代郑樵在其《通志二十略·氏族序》中说："三代之前，姓氏分而为二，男子称氏，妇人称姓。氏所以别贵贱，贵者有氏，贱者有名无氏。""姓所以别婚姻，故有同姓、异姓、庶姓之别。氏同姓不同者，婚姻可通；姓同氏不同者，婚姻不可通。至三代之后，姓氏合而为一，皆所以别婚姻，而以地望明贵贱。"就说明了后代人们对以姓别婚姻的坚持。

为什么必须"同姓不婚"？首先，同姓结成的婚姻会造成后代人口质量的退化，包括后代人口的不兴旺和后代的遗传疾病与生理变异。对此，我国古代文献有不少记载。如《左传·僖公二十三年》，"男女同姓，其生不蕃"。《国语·晋语四》："同姓不婚，恶不殖也。"而《左传·昭公元年》记载，同姓相婚，"则相生疾，君子是以恶之"。正因为会造成如此严重的后果，同姓相婚就被看成一种会给家庭和家族带来灾乱的违逆行为，所谓"娶妻避其同姓，畏乱灾也"（《国语·晋语四》）。据此思想推广

1　马克思，恩格斯.马克思恩格斯选集（第四卷）[M].北京：人民出版社，2012：55.

开去，人们认为，同姓相婚是乱伦行为。《白虎通·嫁娶》篇说："不娶同姓者，重人伦，防淫泆，耻与禽兽同也。"

其次，异姓结成的婚姻会有益于后代人口质量的进化。春秋时期就有人从不同类的事物互相配伍组合会产生一个新的更有质量的事物，而相同事物的组合反而不能形成发展优势，归纳出"和实生物，同则不继"的看法，并运用推广于对婚姻的要求，指出："夫和实生物，同则不继。以他平他谓之和，故能丰长而物归之，若以同裨同，尽乃弃矣……于是乎先王聘后于异姓。"（《国语·郑语》）

由此可见，"同姓不婚"的观念排除了近亲结合的行为，具有明显的优生学意义。

如何做到"同姓不婚"？首先，以"礼"的形式，制定出上下辈、同辈男女之间的行为界限，严格限制同族男女间非"礼"的交往，以杜绝乱伦现象的发生。《礼记·曲礼上》说："夫礼者，所以定亲疏，决嫌疑，别同异，明是非也。"也就是通过礼的形式，确定血缘关系的远近，明确男女之间的界限，区别同姓与异姓，以明行为的是非正误。《大戴礼记·哀公问于孔子》也说："非礼无以别男女父子兄弟之亲、婚姻疏数之交也。"因此，《礼记·内则》记载了西周时代严格男女界限的做法："七年（岁），男女不同席，不共食。""女子十年（岁）不出。"

其次，不娶同姓女子为妻。当时有不成文的规定，"娶妻不娶同姓，以厚其别也"。即使是买妾难知其姓，也要请卜筮之官加以推测，决不可在不知其姓的情况下贸然婚媾。所以，《左传·昭公元年》提到："'买妾不知其姓，则卜之。'……男女辨姓，礼之大司也。"

随着人们交往的发展，中国在春秋以后，原有的血缘姓氏间的界限已混淆不清，但"同姓不婚"的观念却一直保存了下来，只是其内涵发生了变化，主要是指同一血缘和血缘相近的男女之间禁止结成婚姻关系，近亲结婚所造成的危害成为人们所共认的意识。

　　　　　　　　　　　　　　　　　中国幼儿教育史

（二）严肃婚礼

做到了"同姓不婚"，进一步的问题就是婚嫁。古代将婚嫁看成是一个关系到家庭稳定和后代健康成长的大问题，因此要求慎重婚嫁，严肃婚礼，要求男女"无媒不交，无币不相见"（《礼记·坊记》）。也就是说婚姻的联结，要讲究媒聘之礼。如果青年男女"不待父母之命、媒妁之言，钻穴隙相窥，逾墙相从"（《孟子·滕文公下》），就会遭到舆论的谴责，家庭和社会的鄙弃。现代的小说、戏曲、电影等传播媒介在展示中国传统婚姻风俗时，常常着力揭露"父母之命、媒妁之言"的专制、黑暗和落后。固然，它与青年男女恋爱、婚姻自由的现代原则大相径庭，但实际上，这种做法在"严男女之大防"的封建时代，却也有着严肃婚礼的一面。

为什么必须严肃婚礼？在古人看来，婚礼是所有礼仪中最重要的一种，因为婚礼是合两姓之好，上继天地祖宗，下开后世子孙的大事。如果婚礼慎重，就可以男女有别，夫妇有义，进而父子有亲，终致君臣有正。这里是将婚姻的严肃作为形成君君、臣臣、父父、子子的封建政治伦理的社会结构的基础，有可以批判的地方，但从家庭教育的角度分析，却也有其合理性。在古人看来，只有婚礼的"敬慎重正"，才会有家庭的和睦亲善。因为婚礼的严肃慎重，对婚配的双方均具有教育和约束作用，既表明未来的父母有着良好的品性，也预示着夫妇之间将建立起良好的夫妻关系，良好的夫妻关系将是未来良好的父（母）子（女）关系的基础，更有利于给后代道德品质的形成以良好的影响。试想，如果青年男女一遇所好，相互了解不深，就或者杂乱交媾，或者私自出奔，不仅将使未来的夫妻关系缺乏相互尊重的基础，而且使孩子出生后缺乏为社会认可的良好环境，父母的所作所为也会对下一代产生潜移默化的不良影响。所以说"昏（婚）礼者，礼之本也"。严肃、端正的婚礼，是形成良好的家风和家庭环境，对下一代进行品德教育的第一步。严肃婚礼同样是对幼儿教育"正本慎始"的重要一环。

严肃婚礼中的极重要内容是为慎重择偶。中国传统社会一般更注重男子对女子的选择，如说："凤凰生而有仁义之意，虎狼生而有贪戾之心。两者不等，各以其母。"（《大戴礼记·保傅》）其中固然有女性歧视的观念，但也反映了人们认识到妇女在抚养与教育下一代过程中的难以替代的作用。

择偶，当然须考虑婚配对方女子的情况，包括品德、容貌、举止、才能等，要求品行端庄、言行得体、温柔贞淑、擅长女红与育儿理家等。但择偶又往往更注重择其家庭。因此，《大戴礼记·本命》中提出择偶娶妻的"五不娶"：一是悖逆之家的女子不娶，因其违法；二是淫乱之家的女子不娶，因其乱伦；三是受刑之家的女子不娶，因其为社会所抛弃；四是世有恶疾之家的女子不娶，因其有遗传疾病；五是早年丧母之家的女子不娶，因其未曾受过母教与闺训。所有这些"不娶"，既有对女子身体健康方面的要求，更多的是对道德品行方面的考虑，而这种要求和考虑，无非是为了后代子孙能有健康的身体条件和良好的品行基础。所以，清人张履祥就曾明确主张："无家教之族，切不可与为婚姻。"（《训子语下·正伦理》）

可见，择偶不仅有对女子本人的要求，更为注重女子家庭乃至家族背景的选择。表面上看，似乎未脱出"门当户对"的观念，其实有着更为复杂的用意。因为在当时社会，女孩子长到一定年龄直到出嫁之前，必须恪守闺训，深居闺阁，不与外界交往，外界就很难直接了解女孩子的具体情况。男方只能从其家庭与家族的环境加以分析、推测和权衡，依据其家族健康和家庭教育情况作出决断。因此，从家世考察女子是否可娶，在当时有一定的合理性，也是受当时的认识条件所限。这种做法既有一定的教育实践依据，也有一定的优生优育的考虑，即使在当代社会也可为人们的婚姻选择做参考。

　　　　　　　　　　　　　　　　　　中国幼儿教育史

应当指出的是，无论从遗传还是从教育的意义上分析，父母对孩子的作用是同等重要的，因此，传统婚姻观中择偶主要表现为男择女是一种有失公正的观念。这是宗法制度下旧中国的一种不良现象：妇女没有选择权，却要承担传宗接代和育儿教子的重大责任。妇女的权利和义务严重错位，造成了社会对妇女的压迫，制造了不少社会悲剧。这点是应当批判的。

（三）提倡晚婚

可以说，古代中国的早婚现象十分普遍，如民间就流传有"早生贵子早得福"的俗语，但古代婚姻观中的一项很有价值的内容是提倡晚婚，这也是中国古代长期存在的一种优生思想。

中国古代早期，人们对青年男女具备生育能力的年龄与可以结婚的年龄不加区分，以为"成丁"即可成婚。如《大戴礼记·本命》认为，男子"二八十六，然后情通，然后其施行"；女子"二七十四，然后其化成"。具有生育能力即意味着可以成婚，生育后代。所以说"男子二十而冠，有为人父之端；女子十五许嫁，有适人之道。于此而往，则有婚矣"（《孔子家语·本命解》）。所以我们看到历史上大量存在着早婚早育的现象，在帝王之家和官宦大族人家尤其严重。如周文王年十五生周武王，而武王之上还有兄长伯邑考。在帝王和官宦之家，早婚早育是为了帝位与家族的延续早有保障。然而在整个封建时代，民间的早婚早育现象也有愈演愈烈之势，甚至出现童婚、"褓褓为婚"乃至"指腹为婚"的现象。究其原因，是宗法制度下农业中国独特的生存环境使然。因为，"不孝有三，无后为大"这一儒家倡导的家庭伦理规范有十分广泛的社会影响，致使婚姻成为传宗接代、延续香火的唯一目的。及早成婚，以绝"无后"之患，是人们的普遍心理。对于农业中国来说，早婚早育还有很现实的社会需要。一则，早婚对男方家庭来说，是平添了一个持家和出工的得力帮手，而早育则更使家庭有了未来的劳动力；早婚对女方家庭来说，是尽早地卸掉了一个生活负担。再则，由于社会的重男轻女，溺杀女婴频有发生，造成社会人口性别比例的失衡，致使男子争夺女性为婚姻对象的竞争愈演愈烈，促使婚期不断提前。

早婚对社会、对家庭、对本人、对下一代的危害都很大。有鉴于此，不少有识之士纷纷提出晚婚主张。人们是从两个方面论述早婚之害的。

其一，早婚不利于父母本人和后代子女的身心健康。当人在十五六岁时，"形体虽具，血气未充，骨力尚嫩"，匆忙婚配，不仅有损青年男女自身的健康，而且容易造成下一代发育不良，疾病丛生，甚至夭折而亡。所以清代学者邓朴庵在其《家范辑要·养身节欲》中指出："幼稚娶早，阴阳强合，斫丧无度，精寒髓冷，皆至无子。且真去假存，纵使得胎，亦必赢弱。其疾病夭亡者，不既多乎？"清楚地说明了：早婚者往往自身发育尚未成熟，因年幼又不懂得节制，导致精气损耗，"精寒髓冷"，以致无子，即使得胎也难免赢弱夭亡。因此，要求无论男女，要在"筋骨坚强"、"肌肤充盈"、身体发育完全的最佳生育年龄结婚生育。

其二，早婚不利于年轻父母承担起家庭的责任。由于早婚，无论男女都大大缩短了受教育的时间，男子则不知礼法，不懂得为子、为夫、为父、为人之道；女子则不通女红，不懂得为女、为妻、为母、为妇之道，"则上无以孝于舅姑（公婆），下无以事夫养子也"（《尚书大传·唐传》）。"未知为人父母之道而有子，是以教化不明而民多夭"（《汉书·王吉传》）。因此，男女即使已到了生育年龄，也不宜立即婚育。在古代，一般认为男子以二十为成年（弱冠），女子以十五为成年（及笄），却不主张成年后立即婚嫁，尚须待以时日，以使"德业"与"妇道"有成。据此，社会从理论上规定了男女的婚配年龄：男"三十而有室"，女"二十而嫁"（《礼记·内则》）。这是因为"男三十筋骨坚强，任为人父，女二十肌肤充盈，任为人母"（《白虎通·嫁娶》）。"男子三十而娶，女子二十而嫁。女二十而通织纴绩纺之事、黼黻文章之美。"（《尚书大传·唐传》）从西周起，中国古代的不少文献典籍和学者教育家都提出过这一主张。

不仅提倡晚婚晚育，古代一些学者还提出了少育和生育要有间隔的主张。如汉代思想家王充认为，子女身体的强弱、生命的寿夭，取决于从父母处所承受的物质条件，即"禀气"，其中包括母亲的身体状况。他说："妇人疏字者子活，数乳者子死，何则？疏而气渥，子坚强；数而气薄，子软弱也。"（《论衡·气寿》）所谓"疏字"，即生育稀疏；所谓"数乳"，即育儿频繁。所以，母亲的生育状况影响到下一代的健壮与否，少育和有间隔地生育也是一种优生措施。

总之，提倡晚婚与晚育，同样是出于"正本慎始"的优生考虑，也具有重要的教育意义。

第二节　胎教思想

中国古代强调"早谕教"，合理的婚姻当然是其中的最先措施，但以下一代为教育对象的主动施教，则自胎儿期始。所谓胎教，是指母亲在怀孕期间，重视自身的身心保健，创设和利用外部环境的各种有益刺激，形成母亲健康的身体和良好的心理状况，给胎儿施加有益影响。胎教的重要理论依据是"外象而内感"，胎教的途径就是：外界通过母亲的耳、眼、口、鼻等感知器官，施加有益刺激，促使胎儿良好发育。中国的胎教思想是中国传统教育思想中独具民族特色的部分，既夹杂着一些封建和迷信内容，也提供了不少为现代医学科学所证实的合理成分。

一、胎教思想的发展

中国古代的胎教实践开始得很早。据史籍记载，早在 3 000 多年前，周文王的母亲太任在妊娠文王期间，"目不视恶色，耳不听淫声，口不出敖言，能以胎教"（《列女传·母仪传》）。之后，周成王的母亲怀成王时，"立而不跛，坐而不差，独处不倨，虽怒不骂，胎教之谓也"（贾谊《新书·胎教》）。意思是，妊成王时，站立时不将身体重心倚在一条腿上，坐着时身子不歪斜，独居时也不放纵懈怠，发怒时也不破口骂人。《韩诗外传》也记载，孟子母亲孕孟子时，"席不正不坐，割不正不食，胎教之也"。"席"即坐席，"割"即切肉，要求起居、饮食都须有所注意。这些是我国最早的胎教活动的记载，其中均为孕妇对自身的严格要求，涉及饮食——"割不正不食"，不食邪味；视听——"目不视恶色，耳不听淫声"，不受不良刺激；言行举止——"口不出敖言""立而不跛，坐而不差""席不正不坐"；思想情绪——"独处不倨，虽怒不骂"。总之，对孕妇的视、听、言、动、思各方面都提出了要求，认为所有这些都足以影响胎儿的生长和发育。这是中国早期的胎教观。

从春秋战国到两汉时期，是我国胎教理论逐步形成的时期，各种书籍中有关胎教的记载十分丰富。成书于春秋时期的《黄帝内经》中有关于"胎病"的记载，尤其以其中的《素问》为多。到了汉代，封建皇权建立，为了维护封建统治的长治久安，学者们纷纷探寻对策，其中涉及教育问题，认为帝王早期胎教与否，关系到国家未来的命运。像上述大量记载胎教问题的《列女传》等文献，都是出现在这一时期，尤其是还第一次出现了像贾谊《新书》中《胎教》这样的胎教问题专论。

贾谊的《胎教》是我国最早的专论胎教问题的论文，其中论及胎教的目的是为"正本慎始"和"慎始敬终"，并通过古代文献所记载的周代后妃和有关官员进行胎教的具体事例，说明胎教的实施。相传西汉戴德所著《大戴礼记》的《保傅》篇则较为系统地记载了周代后妃的胎教之道和幼教保傅制度。西汉末年的刘向则在其《列女传》卷一《母仪传》中，有《周室三母》一章，记叙了西周早期太姜、太任、太姒三位后妃

　　　　　　　　中国幼儿教育史

分别对王季、文王、武王实行胎教的事迹，并提出了"外象内感"的观点，奠定了中国传统胎教理论的基础。东汉王充著有《论衡》一书，其中的《气寿》《命义》《初禀》《本性》等篇中，对胎孕、胎产、胎教等问题作了系统的论述。他从"禀气为性"的观点出发，认为男女交合时的身体、生育和精神、情绪状况，都足以给新生命的孕育带来决定性的影响。他还从饮食、环境、母亲情绪影响等方面论述了胎教的意义与作用。汉代各种胎教理论的一个共同特点就是从政治道德作用的角度论述胎教。

与两汉政治道德化的胎教理论有所不同，魏晋南北朝以后的胎教思想有两个鲜明的趋势：其一，从医学的角度论述胎教；其二，具体阐述胎教如何实施。这使中国传统胎教理论具有一定的科学意味。

隋唐是我国传统医学大发展时期，在胎教方面，表现为更多地从医学角度加以论述，形成我国胎教理论的一大特色。早在北齐时期，名医徐之才在其《胎产书》中就曾提出"逐月看胎法"，叙述胎儿在母腹中逐月发生的形态变化。隋炀帝时的太医博士巢元方等编撰的《诸病源候论·妊娠候》中曾加引用。"逐月看胎法"从妊娠生理学和胚胎学角度，初步奠定了胎教理论的医学基础。之后，唐代名医孙思邈在其医学名著《千金要方》中专辟《养胎》一篇，系统阐述了妊娠脉象、妊娠阻病、妊娠起居饮食与禁忌等胎教问题，突出地强调了"外象内感"的问题。宋人陈自明著成对后世深有影响的妇产科专著《妇人大全良方》，其中有《胎教门》，又分《妊娠总论》《妊子论》《受形篇》《论胎教》等篇，从临床医学角度，系统阐述了看胎、养胎、胎教等诸多问题。元代著名医学家朱震亨在其代表作《格致余论》中有《慈幼论》一章，从胎儿"与母同体"的生理机制出发，提出胎儿与母体凉、热、健、病与共，据此论证胎教的实施。所有这些，依据传统中医学理论知识和实践经验，给胎教思想注入了优生优育的科学内容。

一些学者和上述医家及其医书同时论述了胎教的实施问题。如西晋张华在其记叙异闻趣事、神仙方术的《博物志》中，也论及胎教问题，提出以吟诗咏乐行胎教的观点，较之仅仅从饮食、起居、言行看胎教的实施更为深入了。尤其可贵的是，张华还针对一味强调胎教有效的观点，提出胎教并非万能的认识。他依据历史上舜的父母瞽叟夫妇凶顽、孔子的父母结合不合礼制的事例，提醒人们认识胎教的局限性，使得古代的胎教理论更趋全面。之后，不少医家对胎教实施也都提出过意见。如孙思邈认为，"弹琴瑟，调心神，和情性，节嗜欲，庶事清静"，则有益胎儿生长。

应当指出的是，由于中国传统医学是以经验为基础的，缺乏现代医学的理论和技术，以此为基础的胎教理论也具有经验与直观的特点，不少就显得缺乏科学依据，甚至带有迷信色彩。如从"外象内感"的理论出发，古人认为，生男生女可以自行选择。陈自明以为，"欲生男，宜佩弦执弓矢；欲生女，宜佩韦施环珮"。王充甚至认为，"妊妇食兔，子生缺唇"（《论衡·命义》）。如此等等，反映了传统胎教理论中的缺陷与糟粕。

但是，重视胎教，讲究合理施行胎教，是中国古代胎教思想发展的总体趋势，也确实形成了颇有特色的胎教理论体系。

二、胎教的理论基础

中国传统医学的一大特点就是整体观，不仅将人的各个器官、组织及其功能视为一个整体，而且将人与其所处的外界环境也视为一个整体。反映在胎教理论上，认为胎儿的生长发育与母体及其所处环境息息相关，母体及其所处环境中发生的一切，均会对胎儿产生决定性影响。

（一）"外象内感"说
中国传统胎教思想的重要理论基础就是"外象内感"说。这种观点认为，胎儿通过母体与外界事物始终存在相互感应和交流的过程，外界的刺激通过引发母体身体和心理的变化传导给胎儿，外界和母体对胎儿的作用及影响由此发生。

早在长沙马王堆汉墓出土的帛书《胎产书》中就已出现类似的观点，认为当胚胎处于三月期，"未有定义（仪），见物而化"。马王堆出土的帛书反映的至少是秦汉之际的思想。"外象内感"说的最早概括者是西汉末的刘向。他在《列女传·母仪传》的《周室三母》中依据周初三位后妃的胎教事迹，概括出"外感"说。他认为，"人生而肖（相似于）万物者，皆其母感于物，故形音肖之"，指出胎儿形体、声音与外界事物存在某种相似性，全因母亲对外界刺激的感受。既如此，胎教的要点就是慎重对待母亲对外界的感受，"故妊子之时，必慎所感。感于善则善，感于恶则恶"。此后，各代人们对胎教的论述，几乎都是从"外感"说出发的。不仅未来的孩子是否道德是由于母亲感受的影响是否有益，而且孩子是否有生理缺陷也取决于母亲对外界某些物象的感受，甚至连生男生女也可以从母亲对外界事物的感受中得到主动的选择。

"外象内感"说是一种科学和荒谬同在的医学与胎教理论，它的科学性在于，肯定与强调了胎儿—母亲—外界环境的整体性及其相互之间的影响和信息交流。现代医学也证明了环境、母体对胎儿的巨大作用和对胎儿影响的主动性、可选择性。然而，其对外界对胎儿影响作用的夸大与谬误也显而易见。首先，胎教影响主要表现在对胎儿生长发育方面，又主要是在神经系统，如感官、情绪的发展等。其次，性别的选择是一个遗传学问题。再次，先天缺陷和疾病确与母体的身心状况和外界刺激有关，但更多的是遗传问题。因此，以为外界影响可以形成下一代的德行，以为通过某种做法就可以选择胎儿性别，认为不食兔肉甚至不看兔子就可避免婴儿缺唇，不食不看生姜就可以避免婴儿六指，显为无稽之谈。

（二）"母子同体"说

"母子同体"是传统胎教思想的又一理论基础，它指出了胎儿与母亲同处一个相同的体内环境，母体的生理、心理变化必然会引发胎儿身心的连锁反应，由此产生胎教效果。

元代名医朱震亨在其《格致余论·慈幼论》中指出："儿之在胎，与母同体，得热则俱热，得寒则俱寒，病则俱病，安则俱安。"后人对此补充说，子在母腹，"母呼亦呼，母吸亦吸"，"母饥亦饥，母饱亦饱"。正因为"母子同体"，母亲的生理活动和生理状况直接影响了胎儿的生长发育，所以，"母之饮食起居，尤当慎密"。尤其重要的是，"母子同体"还表现为母体与胎儿在精神、情绪上的通联。古人常用"气"的运行状况来解释人的精神活动，如认为"怒则伤肝而气上，思则伤脾而气郁"等等。既如此，"母气既伤，子气应之，未有不伤者也"（万全《妇人秘科·养胎》）。母体"气"伤所造成的危害较之母体的饥饱冷热所产生的危害更大、更危险，因为子伤而"气"不和，致使胎儿"病斯多矣"，各种残疾随之发生。

"母子同体"一方面说明了母体与胎儿的一体性，另一方面说明了胎儿生存的直接环境，而这个环境又包括生理的和心理的两个方面。这就表明，外界环境的影响是通过引起母体体内环境的变化而作用于胎儿的，母体体内环境对胎儿的影响就具有直接性。因此，胎教的关键在于创造良好的母体环境，胎教的成败取决于母亲的行为。这一观点也是为现代医学遗传学和胎教理论所证实了的。

（三）生长发育说

传统胎教思想有一个明显特点，即讲究胎教时机，认为在胎儿生长发育的某个时机施行胎教，将收到理想效果。这一观点是建立在胎儿生长发育有阶段性这样的认识基础之上的。

隋代太医巢元方在其《诸病源候论·妊娠候》中，引北齐徐之才《胎产书》的"逐月看胎法"，叙述胎儿在母体中逐月生长发育的过程及形态特点："妊娠一月始胚，二月始膏，三月始胎，四月形体形，五月能动，六月筋骨立，七月毛发生，八月脏腑具，九月谷气入胃，十月诸神备，日满即产矣。"巢元方还运用脉象学说和临床经验去诊断胎儿逐月的发育情况及有无疾病。在古人看来，胎儿三个月时是个关键期，不少医家都认为，怀胎三月时施行胎教最为适时。唐人孙思邈在其《千金要方·养胎》中谈到："妊娠三月名始胎，当此之时，未有定仪，见物而化。欲生男者，操弓矢；欲生女者，弄珠玑。欲子美好，数视璧玉；欲子贤良，端坐清虚。是谓外象而内感者也。"宋人陈自明也说："三月名始胎，当此之时，血不流行，形象始化，未有定仪，见物而变。"（《妇人大全良方·妊娠总论》）所有这些看法都认为，胎儿三月时初具形体然而又极易"因感而变"，因此是开始施行胎教的极好时机，任何措施都易收到效果。

从现代医学和胚胎学理论看，胎儿在三到五个月时确是最容易感受外界刺激而发生问题的时期。不少胎儿生长发育的疾患，也都是在此时期或因药物、或因饮食、或因不良的声光刺激、或因母亲的精神情绪等问题而造成的。所以，传统胎教理论的"关键期"思想尽管粗疏，却也有一定的科学根据。

三、胎教的作用、目的、内容与方法

如上所述，中国胎教的历史十分悠久，受到人们的普遍重视，也积累了大量的经验。

（一）胎教的作用

中国古代历来重视胎教的作用，尤其是在统治者看来，胎教甚至关系到国家的兴衰存亡。在早期的胎教论述中，绝大多数是围绕着历代君主的培养问题展开的。因此，贾谊《新书·胎教》认为，胎教之道是应当"书之玉版，藏之金柜，置之宗庙，以为后世戒"的，可见它与国家大事可以等量齐观。事实上，历史上确可以举出不少帝王，有的在人生的早期有教，而有的却失教，于个人、于国家社稷，遭际截然不同，一定程度上证实了胎教及其后天教育关乎国家前途命运。

隋唐以后，胎教的作用才通过学者们的宣传而深入民间。人们更多地认识到胎教对人发展的普遍作用，胎教作用观才体现出更多的教育意义。

在古人看来，胎教是有对象的教育的开始，这个对象就是有生命的胎儿；而胎儿还只是初具人形。就此意义说，胎教也是一种"正本慎始"，体现了教育要早、教育贵"豫"的指导思想。对此，明代学者许相卿在其《许云村贻谋》中说："古者教导贵豫，今来教子宜自胎教始。"清代学者张伯行也认为，胎教是"立教之本原"，他说："故其妊娠之初，感化之际，一寝一坐，一立一食，一视一听，实清浊美恶之机括，智愚贤否之根柢也。"（《小学集解》卷一）因此，胎教给人的发展一个良好的开端，是后天教育的基础，如果开头"失之毫厘"，就会导致结果"差以千里"。同时，胎教是"豫"，既是预做准备，也是预先防止。只有预做准备，才不会使日后的教育处处感到抵触，感到错失时机，补救不及；只有预先防止，才不会造成下一代的身心缺憾，以致追悔莫及。清末思想家、教育家康有为在其《大同书》中曾指出："故反本溯源，立胎教之义，教之于未成形质以前……天下之人皆出于胎，胎生既误，施教无从。然则胎教之地，其为治者之第一要欤！"（《大同书·去家界为天民·人本院》）

所以，越是起始，越是重要；越是起始，越要谨慎。胎教的作用，关系到一个生命的发育、一个人的成长，更关系到国家的命运、社会的前途。

（二）胎教的目的

当胎教之道还处在"书之玉版，藏之金柜，置之宗庙"，对民间"秘而不宣"的时代，胎教与其他方面的教育一样，属于统治者的特权，胎教的目的就是为统治者培养合格的接班人打好基础。春秋战国以后，随着教育下移到民间，教育受到民众的重视，胎教就同时成为人们培养理想下一代的追求。因此，胎教的根本目的就是：（1）培养合格的未来君主和统治者；（2）培养富有道德、身体健康的理想的下一代。具体说来，胎教有如下目的。

其一，道德的目的。胎教之所以称为胎"教"而非胎"养"，表明人们对胎教的价值取向，而"教"（即今之"教育"）在古人看来，是天然地包含了道德教育的，甚至就可以理解为道德教育。中国最早的辞书，西汉的《说文解字》在解释"教"和"育"这两个概念时就曾明确地说："教，上所施下所效也。""育，养子使作善也。"很清楚，一个"善"字就表明，中国传统所谓"教育"，有着强烈的道德意识。胎教作为一种"教"，所讲究的是母亲的"正"，即身体的正、举止的正、言谈的正、思想的正。而所谓正，又是以礼正之，即以传统的伦理道德规范严格要求自己，又最终达到"正胎"，形成下一代良好德性，使之"生而明圣"的目的。

其二，健康的目的。胎儿处于人的生命的早期阶段，它毕竟处在人体的成形期，良好的生长发育是其首要任务，因此，胎教的另一重要目的就是使胎儿得到健康发育，为日后的发展奠定扎实的身体基础。对此，王充说得明白："禀得坚强之性，则气渥厚而体坚强，坚强则寿命长，寿命长则不夭死。"（《论衡·命义》）从历史上胎教理论中大量的养胎保胎论述，从大量医家参与胎教问题的讨论，可以看出人们对胎教的健康目的的追求。

其三，形貌的目的。凡为父母，无不希望自己的下一代能有健美的形貌，仪表美好，能增强人的社会亲和力，使其后天的发展多一份有利条件。因为"外象内感"，所以"妇人妊娠，不欲令见丑恶物、异类鸟兽"（张华《博物志·杂说》）。"欲子美好"，就要频繁地赏看美玉（"数视璧玉"）。因此，几乎所有的论胎教者，都将形貌的美好作为胎教应当追求的目的。

其四，性别选择的目的。古代社会重男轻女，人们给胎教赋予了独特的功能，即性别选择。"欲生男者，操弓矢；欲生女者，弄珠玑"，是这种追求的写照。西晋张华还提出一种奇特的理论：妇女妊娠未满三月，于凌晨穿上丈夫衣冠，左向绕井三圈，仔细观看井水中自己的倒影后离去，勿回顾，勿让丈夫看见，"必生男"。这种粗陋的观点，是中国传统胎教理论中的谬误，而古代中国特定的社会环境却提供了它存在的土壤。这种反科学的胎教目的观，应当受到今天人们的批判与抛弃。

（三）胎教的内容

与对胎教作用、目的的认识相应，古人提倡以下一些胎教内容。

第一，礼义德性之教。这是胎教的首要内容，要求孕妇品行端正，性情平和，唯德是行，一举一动，中规中矩。刘向《列女传》在列举周文王之母太任的胎教措施时说：太任，"王季娶为妃。太任之性，端一诚庄，惟德之行。及其有娠，目不视恶色，耳不听淫声，口不出敖言，能以胎教……文王生而明圣……"。也就是说，孕妇的视听言动，都要严格遵循道德规范的约束。也如南北朝时学者颜之推的"胎教之法"所说："怀子三月，出居别宫，目不邪视，耳不妄听，音声滋味，以礼节之。"（《颜氏家训·教子》）古人认为怀孕中的母亲应遵循礼义德性之教，母亲有德，未来的孩子也必会有德。这一观点是中国传统的先验道德论在胎教问题上的表现，夸大了胎教的作用，也误解了人的道德获得的途径与过程。但是，强调胎教的过程就是母教的过程，要求孕妇"调心神，和情性，节嗜欲，庶事清静"（《千金要方·养胎》），陶冶性情，培养德行，这不仅有利于胎儿发育，而且对子女出生后的教育也大有益处，因此有可取之处。

第二，诗书礼乐之教。既然胎教应"目不邪视，耳不妄听"，取而代之的自当是诗书礼乐之类让人心境平和，给人以美感的教育内容。张华《博物志》中就曾提出过让孕妇"听诵诗书讽咏之音"，以陶养孕妇性情的看法。明代医家万全在其《育婴家秘》一书的《胎养以保其真》中认为："子在腹中，随母听闻。自妊娠之后，则须行坐端严，性情和悦，常处静室，多听美言，令人讲读诗书，陈说礼乐，耳不闻非言，目不观恶事。"即以美好的声像感化孕妇，否则，孩子未来多半"鄙贱不寿而愚顽"。许相卿的《许云村贻谋》中也提倡孕妇"宜听古诗，宜闻鼓琴，宜道嘉言善行，宜阅贤孝节义图画，宜劳逸以节，动止以礼，则生子形容端雅，气质中和"。诗书礼乐之教除了通过陶冶母亲性情，期望生下的孩子健康俊美、性情平和外，还有一项期望，即"欲子贤能，宜看诗书"（陈自明《妇人大全良方·妊娠总论》）。自然，认为母亲多读诗书，孩子将来也会善读诗书的看法缺乏科学依据，但母亲诵诗书、闻鼓琴会对胎儿产生良好影响，则为现代医学所证实。现代胚胎生理学研究证明，胎儿确实具备初步的感官功能，能对外界的刺激作出反应，如噪声引起胎儿躁动，乐音使得胎儿平静。可见诗书礼乐之教颇有合理性。

第三，养胎保胎之教。养胎保胎之教着重于营造母亲的体内环境，免除母体内外不良因素对胎儿生长发育的影响。在古人看来，对母亲体内环境的不良影响主要来自几方面：一是"天之四气所伤"，即风伤肝，热伤心肺，湿伤脾，寒伤肾；二是"地之五味所伤"，即酸多伤肝，苦多伤心，甘多伤脾，辛多伤肺，咸多伤肾；三是"人之七情所伤"，即怒伤肝，喜伤心，思伤脾，忧伤肺，恐伤肾等。因为"儿在母腹中，借母五脏之气以为养之也。苟一脏受伤，则一脏之气失养而不足矣"（《育婴家秘·胎养以保其真》)。因此，养胎保胎，须注意避风热湿寒，节五味之食，绝七情之感。其他的一些养胎保胎要求，也无不是从防止伤害五脏之气而致疫病的角度提出的。

（四）胎教的方法

对胎教的方法，古人提出以下一些要求。

1. 注意精神因素的影响

讲究身心因素的交互影响和作用，是中国传统医学和教育思想的特色，上述怒伤肝、思伤脾之类观点从医学角度说明了情绪与身体器官间的联系。就教育而言，战国时的孟子在论述人格修养问题时提出善养"浩然之气"的观点，而浩然之"气"既是一种生理过程，也是一个心理过程，即由人所追求的道德境界而激发的身心活动。在胎教问题上，人们认识到"母子一体"，母亲的精神状况直接影响其体内环境，又作用于胎儿，以致或有益或无益甚至有害的后果。所谓"母呼亦呼，母吸亦吸"，"病则俱病，安则俱安"。

母亲的精神状态对胎儿有重要影响，对此，历代学者屡有论述。《黄帝内经·奇病论》指出，"颠疾"（神经系统疾病）实是一种"胎病"，"此得之在母腹中时。其母有所大惊，气上而不下，精气并居，故令子发为颠疾也"。明代的万全也指出，因为"子在腹中，随母听闻"，所以"受胎之后，喜怒哀乐，莫敢不慎……盖过喜则伤心而气散，怒则伤肝而气上，思则伤脾而气郁，忧则伤肺而气结，恐则伤肾而气下。母气既伤，子气应之，未有不伤者也。其母伤则胎易堕，其子伤则脏气不完，病斯多矣。盲聋暗哑、痴呆癫痫，皆禀受不正之故也"（《万氏妇人科》）。汉代的王充还曾指出这样一种现象：常有些母亲在怀孕前有过孩子夭折，又在忧伤的心情中再孕，其结果是或者怀孕失败，胎儿不成；或者胎儿虽成，却多疾病，"病独不治"（《论衡·气寿》）。所有这些议论都通过现象说明了母亲不良的精神状况会使胎儿致病。所以，为下一代的身心健康计，母亲必须保持良好的精神状态。

如何保持良好的精神状态？首先，不少学者都强调孕妇必须"养心"，要求"端坐清虚"，"能正能静"。所谓"虚"，是指恬淡虚无，无嗜无欲。《管子·心术上》说："不怵乎好，不迫乎恶，恬愉无为。"《素问·上古天真论》有言："恬惔虚无，其气从之，精神内守，病安从来？"排除了私心杂念，其心恬淡愉悦，不为嗜欲所困，则外恶不入，内邪难起。所谓"静"，是指态度平和，心情宁静。古人认为，人有喜、怒、忧、思、悲、恐、惊七情，七情过度，即伤其身。因此，应当追求不以物悲，不为己忧，遇事不喜不怒，宁静平和。创造了良好的体内环境，则母病自绝，胎儿也就得其所正。

其次，要慎其所感。既然"感于善则善，感于恶则恶也"，"目不观恶色，耳不听恶声"就是必须的。"恶色""恶声"实是一种带有刺激性的光色与声音，确会给孕妇带来精神上的刺激，引发其情绪的波动。现代胚胎学和生理学的研究也证明，某些射线和声波即使不引起母亲的情绪反应，也能直接刺激胎儿，甚至使其致残。慎其所感，尤其要注意母亲的感物伤怀或为事激怒，即所谓"口不吐恶言"。"恶言"虽表现为言语之"恶"，实已表明孕妇情绪的波动与激动达到很强烈的程度。"母气既伤"，必将伤及胎儿。现代临床医学也已证实，孕妇情绪的突然改变，像过度的惊恐、忧伤、焦虑、紧张，会给胎儿以致命的危害。

母亲良好的精神状态就是最好的胎教。因此，古人提倡"令人诵读诗书，陈说礼乐"，多观悦目的物象，多听悦耳的声音，多想美好的事情，无非为了让孕妇心情愉快，性格开朗，为胎儿创造一个良好的生长发育环境。

2. 注意外部环境的影响

既然"母子同体"，母亲所生活的环境也成为胎儿生活的间接环境。

"必慎所感"还指为胎儿创造一个适宜的外部环境。外部环境既是指居处周围的气氛条件，也是指母亲的生活习惯。

古人行胎教十分注意住所的清静。贾谊在其《新书·胎教》中曾引用古代典籍青史氏之《记》的记载，认为："古者胎教之道，王后有身，七月而就蒌室。"所谓"蒌室"，是指避人而幽静的夹室、侧室。《颜氏家训·教子》也说："古者，圣王有胎教之法：怀子三月，出居别宫。"蒌室也好，别宫也好，无非是为了尽量避免外界环境中的不良刺激源。关于外界环境中的不良刺激源对胎儿的危害，宋人陈自明在其《妇人大全良方》中曾很具体地指出：孕妇邻居如有大兴土木，也会犯了胎气，"令儿破形殒命"。因为"如刀犯者，形必伤；泥犯者，窍必塞；打击者，色青黯"。认为邻人修建用刀斧会致胎儿"形伤"，和泥浆会致胎儿七窍不通，敲打会致胎儿肤色青暗。这当然牵强附会，但其强调孕妇居住环境的清静是合理的。

古人行胎教还十分讲究母亲起居习惯的良好。上述的"立而不跛，坐而不差"，还有"寝不侧，坐不边，立不跸"，即不侧睡，不偏坐，不着力于一足，以及"勿登高，勿临险"，无非是要求孕妇保持端正的体位，不做危险的动作。同时，节制房事，"劳逸以节"，也无非是要求孕妇注意休息，避免过度劳累。

3.注意饮食因素的影响

讲究饮食的卫生和营养，是中国传统胎教思想的又一重要而基本的方面，有所谓"不食邪味""割不正不食"等说法。具体说来，对饮食的措施主要有如下要求。

饥饱有度。古人认为，因为胎儿在母体之中，"母饥亦饥，母饱亦饱"，而过饥过饱，于胎儿均无益处。先秦典籍《管子·内业》曾说明了饥饱无度的危害："凡食之道，大充，伤而形不臧，大摄，骨枯而血冱。"食物过分充足与不足，均有害健康。过分充足，超过身体的接受能力，反而伤身以至于难以吸收；不足，则导致营养缺乏，血脉枯竭。因此，不少学者都提出"戒过饱""勿恣肥甘之味"。从历史上看，也曾有人提出过"瘦胎"的主张，其中包括了勿使营养过度而致巨胎，带来发育和生产问题的用意。

不食邪味。贾谊在其《胎教》中提出孕妇"不食邪味"的主张，他引用青史氏之《记》的记载说，当王后怀孕后如果产生不良嗜欲时，主管饮食的太宰就当表示"不敢煎调"，加以制止。古人的饮食禁忌颇多，"如食兔唇缺，食犬无声，食杂鱼而疥癣之属，皆以食物不戒之故也……酸多则伤肝，苦多则伤心，甘多则伤脾，辛多则伤肺，咸多则伤肾，此地之五味所伤也"（《育婴家秘·胎养以保其真》）。在古人看来，天地之间的食物如果搭配适当、摄入适度，则足以保障妊娠，使外邪不得入，相反，"一失调养，则内不足以为守中，外不足以为强身，气形弗充，而疾病因之"。不食邪味还指必须戒酒，清代医学典籍《宜麟策》中说："惟酒多者为不宜。盖胎种先天之气，极宜清楚，极宜充实，而酒性淫热，非惟乱性，亦且乱精。精为酒乱，则湿热其半，真精其半耳。精不充实，则胎元不固；精多湿热，则他日痘疹惊风脾败之类，率已受造于此矣。"这段话对酒精对胎儿的危害，极尽其详。

中国古代胎教理论中的食物禁忌是一个极受重视的问题，其中不少牵强附会之辞，却也有不少合乎科学原理的论断，值得今天的人们引以为鉴。

婚姻观与胎教思想是中国古代幼儿教育思想的重要组成部分，讲究婚姻的合"礼"和实行胎教，是"正本慎始"的要求，意在及早施教，教之于未成形之前、方成形之时，以为后来的教育奠定良好的基础。《黄帝内经·素问·四气调神大论》曾对中国传统医学的宗旨有明确的表述："圣人不治已病治未病，不治已乱治未乱。"这一思想与婚姻和胎教思想的意图是一致的。

思考题

1. 中国传统婚姻观念中体现出什么样的优生意识？

2. 试述中国古代胎教思想的理论基础。

3. 试评析中国传统胎教思想的得失。

第三章 古代幼儿的家庭教育

家庭是通过婚姻和血缘关系组织起来的最基本的社会单位，是构成社会的"细胞"。自进入阶级社会以来，家庭发挥着社会的物质生产和劳动力生产的双重职能。与这两种职能相联系的还有另一个重要职能，即教育职能。教育职能又保证了上述这两种职能的实现。家庭教育通常是指父母或家庭中的其他年长者自觉地、有意识地按照一定的社会要求，通过自己的言传身教，对子女施以一定教育影响的社会实践活动。作为人类全部教育活动的重要组成部分，家庭教育与学校教育、社会教育相互配合，共同构成一个国家与社会教育的有机整体。中国古代农业社会的特定社会条件，使得社会自身无法自动产生出专门的、社会化的幼儿教育机构。因此，家庭教育成为绝大多数儿童接受早期教育的主要场所。

中华民族历来重视家庭教育。《易经》的"家人"卦中就曾提出家庭教育问题，以后儒家的"修身、齐家、治国、平天下"的训告，更是为注重家庭教育提供了理论依据。在漫长的历史发展过程中，留下了孔子诗礼传家、孟母三迁、岳母刺字、郑板桥教子等无数家教佳话，积累了《颜氏家训》等一大批家教文献，为后人提供了无比丰富的家庭教育遗产，值得认真研究与学习。

第一节　古代家庭教育的发展

中国的家庭教育意识产生得很早。写作于殷周之际的《周易》中有"家人"卦，认为："家人嗃嗃，悔厉吉；妇子嘻嘻，终吝。"意思是说，治家常怀忧患意识，虽有灾祸，也能终成善果。反之，家中妇女与孩子整日笑乐无节制，无所操心，终将罹难。因此，告诫人们："闲有家，悔亡。"紧闭大门并加以门闩为"闲"，以之比喻谨慎治家，防患未然，终不会有悔恨发生。这是中国古籍中有关家庭教育的最早记载，谨慎治家的观念对后代的家庭教育很有启发。

春秋战国是我国家庭教育的第一个发展时期，留下了不少著名范例。春秋时期，周天子势力败落，经济发展，文化教育出现下移的局面，一般平民家庭都开始注意家庭教育。《论语》记载了孔子教育儿子孔鲤学诗学礼的庭训；《列女传》记述了孟轲之母三迁其居、断织教子的故事；《韩非子·外储说左上》记叙了曾子杀猪的故事等。这些都是其中流传很广、影响很大的家教典范。这一时期可以说是中国家庭教育的初步实践期，提供了不少家教实例，并垂范后世，但家教尚未形成系统的理论。

两汉魏晋南北朝是我国家庭教育的第一个繁荣时期，表现为家教理论著作的出现。由于汉代确立"独尊儒术"的文教方针，建立察举制度，读经做官已成为一种普遍的社会意识，也刺激了社会上读书求学的积极性，家庭教育受到一般家庭的普遍重视。三国两晋南北朝时期，战争频仍，政局动荡，人们深感朝不保夕，一般士人家庭为求后代平安，家业永葆，也重视家庭教育。这一时期家庭教育的发展表现在三个方面。其一，士人学者通过家书、家诫的形式诫子（女）成才为善，出现一批著名的家书、家诫，如汉代马援的《诫侄书》，三国诸葛亮的《诫子书》等。其二，家庭教育思想理论化、系统化，出现了《颜氏家训》这样专门论述家庭教育问题的著作。其三，对女子的家庭教育也提出了完整的要求，出现了《女诫》这样专门规范女子言行举止的文字。由于上述原因，这一时期出现了一批家教有方、成效卓著的家庭，其中的代表人物有东汉的班彪、杨宝、荀淑、郑兴，三国两晋南北朝时的诸葛亮、颜之推等，成为后世家庭教育的楷模。

宋代是我国家庭教育发展的又一个繁荣期，表现为家庭教育理论研究的深入和家庭教育著述的大量涌现。由于隋唐时期科举考试制度的建立，以及隋唐时期门阀世族势力受到打击，自宋代起，中国教育出现平民化趋势，"万般皆下品，惟有读书高"的观念促进整个社会读书成风，人们试图通过仕进改变个人与家庭的社会地位，注重家教也蔚成社会风气。在此形势下，家训、家诫、家范一类家教论著层出不穷。不仅士人学者家庭重家教，一般平民阶层也都注重家教，出现了一大批流传广泛、影响深远的家教著述。代表之作有：北宋学者、政治家司马光的《温公家范》，分十卷详细论述了家庭和家族的伦理关系准则及其家教指导思想，继颜之推之后，将我国家庭教育理论大大推进了一步；南宋学者袁采的《袁氏世范》三卷，系统论述了睦亲、修己、治家之道；南宋爱国诗人陆游的《放翁家训》，书中论及年轻一代如何爱国、立德、立业、为人等诸多问题。这些家教论著由于作者的著名且内容充实、贴近生活，一经撰成，即不胫而走。

明清时期是中国古代家庭教育发展的高峰期。在这一时期，中国的君主专制统治达到顶峰，对文化教育的控制大大加强，民众家庭为避人为灾祸，都注意从严治家；同时，由于理学家的提倡，社会教化大大普及，而家庭教育成为教化的重要方面。在家庭教育研究上，一方面产生了一些极富影响力的家教著述，另一方面也出现了不少集家教成果之大成的丛书汇编，表明理论研究与实践活动的极大进展。据收集中国古代典籍的权威工具书《中国丛书综录》记载，中国古代"家训"一类书籍总计114种，其中明代28种，清代62种，两项总计占古代家训总数的78%

以上。明清时期可以说是中国古代家教论著的大丰收时期,不仅数量多,而且质量高。如其中有:明代吕得胜的《小儿语》、吕坤的《续小儿语》,明末清初孙奇逢的《孝友堂家训》、张履祥的《训子语》、朱柏庐的《朱子治家格言》,清代王筠的《教童子法》、崔学古的《幼训》、唐彪的《父师善诱法》等。同时还有一些部帙较大的家庭教育丛书,如清人张伯行的《养正类编》、陈宏谋的《五种遗规》(其中《养正遗规》《教女遗规》和《训俗遗规》,包含了丰富的家教内容)、贺瑞麟的《养蒙书》等。这些家教书籍的编成与出版不仅标志着家庭教育研究水平的提高,也意味着家庭教育实践的普及,因为一类书籍的大量编纂出版,表示某一方面实践活动的广泛、深入而产生的社会需要,而上举这些家教书籍也确有极广泛的社会普及性。这些家教论著与《三字经》《百家姓》《千字文》等儿童识字启蒙教材一起,共同构成了中国传统教育的基础部分。

第二节　家庭教育的作用与目的

在古代中国,家庭是进行物质生产和劳动力再生产的单位,因而也是教育单位、社会的细胞。社会生产通过以家庭为单位来组织,国家的赋税、国家的劳役和兵丁从家庭中抽取,合乎国家要求的下一代由家庭来培养,整个社会风气形成的基础在家庭。因此,家庭治理的好坏关系到国家和社会的稳定与兴衰。这是认识和论述古代家庭教育作用的前提。

一、家庭教育的作用

在儒家学者看来,理想的社会是建筑在血缘宗法关系基础之上的,人与人之间的关系应是一种伦理关系,所谓"老吾老,以及人之老,幼吾幼，以及人之幼，天下可运于掌"。君臣（民）关系可以理解为父子关系的延伸和推广。家庭和家庭教育的作用就这样体现出来了。

先秦儒家典籍《礼记》中的《大学》篇提出，"大学之道，在明明德，在亲（新）民，在止于至善"，意思是：首先使个人身上善的天性得以发扬，获得自新，据此推己及人，使他人也得以变善，获得新生，共同达到尽善尽美的境界。其中还依据宗法关系论述了治家与治国的关系："物有本末，事有终始，知所先后，则近道矣。古之欲明明德于天下者，先治其国；欲治其国者，先齐其家；欲齐其家者，先修其身；欲修其身者，先正其心；欲正其心者，先诚其意；欲诚其意者，先致其知；致知在格物。物格而后知至，知至而后意诚，意诚而后心正，心正而后身修，身修而后家齐，家齐而后国治，国治而后天下平。自天子以至于庶人，壹是皆以修身为本。"在修身、齐家、治国、平天下的过程中，齐家处在转折的环节，即个体—家庭—国家的中间环节，既意味着个人修身的完成，也表示治国、平天下的开始。而齐家的重要内涵，即完善家庭教育，令老有所养，幼有所长，家事井然有序。因此，无论帝王还是平民，家庭教育都是其责任所在：对于个人，这是自我完善的标志；对于国家社会，这是作出贡献的前提。治国始于治家，治家始于教子；君子不出家也可以成教于国。自宋代起，理学家将《大学》从《礼记》中抽出，而与《礼记》中的另一篇《中庸》及《论语》《孟子》一起编为"四书"。之后，"四书"被作为历代学校和教育的基本教材。由此，《大学》的这一政治—教育逻辑为人们所广泛接受并实践，注重家庭教育遂成为中国古代社会的共同意识。从另一方面说，在中国，封建国家的教育是通过家庭教育的形式最终得以落实和体现的。清初陆世仪指出："家庭之教，又必原于朝廷之教。朝廷之教以道德，则家庭之教亦以道德；朝廷之教以名利，则家庭之教亦以名利。"（《思辨录辑要》卷一）因此，家庭作为社会的细胞，也是整个社会教育的基本单位，集无数个家庭的家庭教育，而汇成整个社会的风气、国家教育的面貌。

二、家庭教育的目的

古人认为，人生一世，教子之事最大。人最大的责任是什么？是养子必教，教子必严。所谓"养不教，父之过"，对于一般家庭来说，教子的根本目的在于家庭兴旺，后继有人。而对于帝王之家这样特殊的家庭来说，目的相同，而其内涵则大不一样。在农业中国，耕耘几乎是每个家庭的第一重要任务，因为有耕耘才有收获，才有衣食。古人也常把家庭教育比作耕耘，把教子比作耕田，可见其重视程度。由于家庭的社会地位不同，价值观不同，不同的家庭就有不同的教育目的，约略可以分为几种追求。

（一）以品学为目的

在不少士大夫家庭，品德修养和读书进取是家庭教育的基本目的。而在两者之间，品德修养为第一位，读书进取是第二位。孟母教子的故事是典型的事例。表面上看，孟母三迁和断织是为鞭策孟轲读书，其中所强调的则是道德激励，即要求儿子仿效先贤，德业有所成就。在以后的时代，品学兼求、以德为本，也一直为不少家庭所追求。明代学者姚舜牧曾告诫子弟："世间极占地位的，是读书一著。然读书占地位，在人品上，不在势位上。"（《药言》）清人孙奇逢说："古人读书，取科第犹第二事，全为明道理，做好人。"（《孝友堂家训》）郑板桥也说："夫读书中举中进士作官，此是小事，第一要明理作个好人。"（《潍县署中与舍弟墨第二书》）因此，读书是为了明理，为了品学兼求，学高是为了品高。而所谓明理，是明封建伦理纲常和社会生活的道理；而做好人，是做一个明伦理、懂孝悌、知廉耻、守法度的"贤子孙"。这样的家庭教育目的，在社会舆论方面是占主导地位的。即如有学者所说：子弟在家懂孝悌，出外讲忠信，即使"他日若做秀才、做官，固为良士、廉吏。就是为农、为工、为商，亦不失为醇谨君子"（《五种遗规·训俗遗规·王士晋宗规》）。

所以，教育子弟学会做人、做好人，是中国古代大多数家庭教育子弟的基本目的，这是中国传统家庭教育的主流。即使是不少鼓励子弟走仕宦道路的家庭，也是要求子弟通过仕途为国家、民众创立功业，造福黎庶，所注重的也是品学，是所谓"道德文章"的成就；即使是那些教子弟以一技之长赖以谋生的家庭，也教育子弟清清白白做人，老老实实赚钱，注重的依旧是品德。学会做人，应该说是中国传统家庭教育所追求的，这也是一大优良传统。

（二）以功名为目的

由于自汉代起"读书做官"观念的形成，尤其是科举考试制度建立后广泛的社会影响，使得在农业中国，"朝为田舍郎，暮登天子堂"（《神童诗》）成为事实，而欲改变自身的社会地位，读书求功名是最便捷的途径。以功名为教育目的，以光耀家庭和家族的门楣，在古代家庭中就很具有普遍性。

由于汉代察举制度的实行，平民子弟得以经过读经走入仕途，出现了所谓"白衣卿相"。不少人认为，与其给子弟留下万贯家产，不如教会孩子读书。社会上形成了"遗子黄金满籝，不如一经"的观念。唐代曾有一个姓苗的官员，病已临死，其子当年参加科举考试，其时已到该入考场的时候。根据传统道德规范，长辈临终，子弟必须在场送终，否则即为不孝。其子正犹豫，苗姓官员虽已不能言语，仍挣扎着用手指蘸水写下几个"入"字，以表明快入考场赴考要紧，不必在乎尽孝。这是典型的以功名为追求的家庭。宋以后，在"万般皆下品，惟有读书高"的思想影响之下，这样"惟教以科举之业，志在于荐举登科"的家庭不在少数。清人李惺所辑的《冰言补》对此类家庭有过形象的描述："近人教子弟读书，纯是一片侥幸之心。书未曾熟得一部，讲贯得几条，便令之开笔作文。既开笔后，所有时下选本之文便是护身符、救命丹。聪明子弟，剽窃得来，亦有以此获售者。其不能幸获者，仍要赴考，仍是不肯读书。只是那几册时文，搅来搅去，终身为其所误，误之者谁耶？"这样的家庭"病在欲速，一似迫不及待，活把好好的子弟断送一生，岂不可叹"！

这样的家庭不问青红皂白，一味教育子弟应试赴考，猎取功名，但科场成功者毕竟是极少数人，于是其子弟士不士、农不农、工不工、商不商，手不能提，肩不能挑，一无所长，一无所能，只能潦倒一生。像《儒林外史》中的范进、鲁迅小说中的孔乙己，均是这样的家庭教育目的的受害者。

（三）以谋生传家为目的

传统中国另有不少家庭对子女的教育持较为实际的态度，既不追求高尚的品学，也不在乎仕途功名，而是很实在地将教子目的定位在学得一技之长，以便在日后糊口谋生。在这些家庭中，既有看破官场凶险的仕宦家庭，也有自食其力、以劳动为生的家庭。值得注意的是，一些士人家庭也持这种家庭教育目的观。

颜之推在其《颜氏家训·勉学》中指出，一些贵族士大夫的子弟，平时依仗家庭，不学无术，一遇动乱，家庭破败，无所依托，又一无所能，只能"转死沟壑"。相反，"有学艺者，触地而安"。所以，他提出"积财千万，不如薄伎在身"，认为"人生在世，会当有业：农民则计量耕稼，商贾则讨论货贿，工巧则致精器用，伎艺则沉思法术"，各有其能，都是学问。唐代韩愈在其《师说》中也曾表达了相同的意思："巫医、乐师、百工之人，君子不齿，今其智乃反不能及，其可怪也欤！"肯定那些有一技之长的人，其实比那些标榜诗书文章的"君子"反而更有出息。王士晋在其《宗规》中列举了当时三类家庭的家教："今俗教子弟者何如？上者，教之作文，取科第功名止矣。功名之上，道德未教也。次者，教之杂字束笺，以便商贾书计。下者，教之状词活套，以为他日刁滑之地。是虽教之，实害之矣。"这是站在品学，尤其是道德第一的立场上作出评判，视教子弟学些"杂字束笺"以便经商和教子弟学些"状词活套"以便做个刀笔为不齿，但也反映了当时确有不少家庭的教子目的，即不求飞黄腾达，但求自食其力，一技在手，一生平安。反映在一些清高的士人家庭，则形成了所谓"耕读传家"的家教传统，即通过"耕"，自食其力；通过"读"，陶养品性。

在道德至上的中国传统社会，这一类家庭教育目的表面上并未成为社会的主流，实际上却是很有影响力的社会观念，尤其是在明清时期，更为广大的士人与民众所推崇。这类家庭教育目的观，其内涵颇为复杂，却有一个共同特点，即明哲保身，不求朱紫贵，但求家平安。明末清初金敞曾说过："恒业，耕读为上，商贾次之，工技又次之。要得一业足以治生、自守以终老，不作非分之想，为乡里善人足矣。"（《宗约》）可为代表。

第三节　家庭教育的内容

由于教育目的的差异，中国古代家庭教育的内容因家庭而异，颇为繁多，总体可以归纳为如下一些方面。

一、思想道德教育

一般中国家庭在教育子弟的问题上，总是立德先于并重于立业，而对幼儿的教育尤其注重道德。汉代王修有所谓"未必读书,并学做人"(《诫子书》)的论述。这是因为幼儿道德教育有着特别重要的意义。古人认为:"人自十五六以下,志识未定,记性偏清。一善言入耳,终身不忘;一邪言入耳,亦时时动念。先入为主,年少其尤。"(陈龙正《家矩》)这就是传统的"蒙以养正"的思想。

(一) 礼仪规范教育

幼儿的认识能力、理解能力都很有限,陡然教之以深奥的大道理势难见效,古人主张幼小儿童的道德教育重在培养良好的道德行为习惯,从小懂得礼貌举止。据此,南宋教育家朱熹提出,儿童的道德教育重在教"事",而不在教"理",即知道德之当然,懂得正确的礼仪规范,养成良好的行为习惯。对此,李惺在《冰言》中说得很具体:"子弟幼时,最当教之以礼,礼不在精微也。如见尊长必揖;长者经过,坐必起立;长者呼召,即急趋之;门内门外,长者问何人,必对以名,不可曰'我'、曰'吾'……此等粗浅处,随事教之"。李毓秀《弟子规》也要求:"路遇长,疾趋揖,长无言,退恭立。""长者立,幼勿坐,长者坐,命乃坐。""父母呼,应勿缓;父母命,行勿懒。父母教,须敬听;父母责,须顺承。"对幼儿还须教会其正确地称呼尊长,尤其是叔伯、兄嫂之类,更当注意。"若孩提不知称呼,长大便觉礼文疏略,情意冷淡,至亲如同路人。父母失教之故也。"(陆陇其《治嘉格言》)男女之间也须从小懂得有所区别。六七岁时,男女幼儿就须"不同席,不共食",以逐步养成"男女授受不亲"的习惯。凡此种种,表明一个用意,即让幼儿从小"循循规矩中,知循礼则知循理矣"(李惺《冰言》)。

与此同时,古人还批评了一些家庭在幼儿道德行为习惯教育方面存在的不良现象。李惺在《冰言补》中指出:有些家庭当孩子"既能言,便教之撒诓,教之打诨,教之讨便宜,并教之打人骂人,是虚伪薄恶之事,一二岁已习成也。少成若天性，其后之不能收拾、不能挽回，又何怪焉！"习惯是从小养成的，无论是好习惯还是坏习惯，都是"积习久之，自然习惯性成"（王心敬《丰川家训》）。

中国传统的幼儿礼仪规范教育有些地方颇为烦琐，而且过分强调幼小一代对长辈的顺从，恭谨有余而活泼不足。但要求幼儿的道德教育从养成行为习惯入手，从小懂得讲礼貌，先求知其当然，以为长大后知其所以然奠定基础，则是合乎道德教育一般规律的思想。

（二）道德伦常教育

当孩子稍通事理，就当教之以人伦纲常。朱熹曾说："盖古人之教，自其孩幼而教之以孝悌诚敬之实；及其少长，而博之以诗书礼乐之文，皆所以使之即夫一事一物之间，各有以知其义礼之所在而致涵养践履之功也。"（《答吴晦叔》）也就是让孩子在孝敬父母、友爱弟兄这些细小生活常规方面，懂得纲常礼教的意义之所在，以为日后的涵养身心、实践礼教打下基础。康熙皇帝在其《圣谕广训》中也说了同样的意思：当儿童知识渐开，父兄就当示以明训，"俾知父子有亲，君臣有义，夫妇有别，长幼有序，朋友有信，以端其本，则大伦明而干纪犯分之咎自鲜矣"。从小懂得基本的人伦规范，将来就不会出现有违做人本分和国家法纪的行为。

家庭的道德伦常教育又主要包括敬重长辈和友爱兄弟两方面。

敬重长辈体现为孝的教育。而对于幼童来说，孝的教育首先是让其自小懂得顺从父母长辈，这种教育要求从孩子学说话时就须着手进行。据《礼记·内则》：孩子"能言，男'唯'女'俞'"。"唯"和"俞"都是应答称是之言。也就是说，当孩子学说话时，应最先教会他们说"是"，即顺从。当孩子稍长，就要让他们懂得父母长辈的意志必须绝对服从，即使是错误的意见，也不能违背。司马光《居家杂仪》说："若以父母之命为非，而直行己志，虽所执皆是，犹为不顺之子。"总之，"天下无不是的父母"（金敞《宗范》）！教育孩子必须从小敬重长辈，无可非议，但如此教孝，则是"愚孝"，压抑和抹杀儿童个性，理当批判。

孝的教育其次是让儿童自小懂得侍奉父母。《礼记·内则》认为当孩子八岁时，即席饮食，"必后长者"，懂得谦让长辈，体恤长辈。《孝经·纪孝行》也说："孝子之事亲也，居则致其敬，养则致其乐。"即儿童要尽其所能侍奉父母，使之安愉。《礼记·曲礼》还规定了具体做法，如"冬温而夏凊，昏定而晨省"，即冬天关心父母的衣被温暖，夏天关心父母的身体清凉，早晨要向父母请安，晚上要给父母铺床。古代的"二十四孝图"中有一个"黄香温席"的故事，说的是东汉黄香九岁时，在寒冬中每日用自己的体温给大人暖被窝。这样的儿童是封建社会幼儿家庭教育所树立的典型。

友爱兄弟体现为悌的教育。悌的教育除了要求兄弟之间幼小的要敬重年长的外，尤其强调兄弟和睦，做到互爱、礼让、团结。古人认为，兄弟是"分形连气之人"，如同形之于影，声之于响。如果兄弟阋于墙，内斗不断，当灾祸临头，还有谁会援之以手？东汉文学家孔融四岁就懂得将大梨让给兄长，自己取小的；吐谷浑国王阿豺以折箭教育其诸多儿子懂得团结才有力量……这些故事都是作为家庭教育中教育孩子互爱、谦让、团结的典范来提倡的。

如果说家庭教育中对儿童的道德伦常教育，教孝是为了维系家庭的纵向关系，则教悌是为了维系家庭的横向联系，以此实现家庭关系的稳固，又由此实现维护社会的尊卑关系，以至于尽忠君主。所谓"于亲亲之中，寓贵贵之意""借正父子之伦，以严君臣之分"。

（三）气节志向教育

中国传统教育思想有道德决定论的倾向，更为强调动机，强调道德追求，认为志向问题解决了，它将成为一种动力，鼓舞人为之奋斗，使人最终有所成就。孔子曾说："苟志于仁矣，无恶也。"（《论语·里仁》）认为如果以实现"仁"为志向，就不会产生恶。又说："三军可夺帅也，匹夫不可夺志也。"（《论语·子罕》）认为一个人的志向不应该是任何外力所能动摇得了的。表现在幼儿家庭教育中，即强调立志教育。诸葛亮在其《诫子书》和《诫外甥书》中充分谈论了儿童少年的立志问题，提出"非淡泊无以明志，非宁静无以致远""志当存高远"的著名教诲。古人关于立志问题的论述十分丰富，对其内涵的理解也各有所是，但概括起来，无非以下数端。

其一，立志以成其学。早在春秋时，墨家学派创始人墨子就曾指出："志不强者智不达。"（《墨子·修身》）说明了人的智慧的获得与志向、意志的关系。以后，诸葛亮将立志与成学的关系说得更为透彻："夫学欲静也，才欲学也，非学无以广才，非静无以成学。淫慢则不能研精，险躁则不能理性。年与时驰，意与日去，遂成枯落，多不接世，悲守穷庐，将复何及！"（《诫子书》）有没有树立志向，学业的成与不成可以相去千里。宋人张载也说："人若志趣不远，心不在焉，虽学无成。"（《经学理窟·义理》）

其二，立志以成其人。诸葛亮在《诫外甥书》中说："夫志当存高远，慕先贤，绝情欲，弃疑滞，使庶几之志，揭然有所存，恻然有所感；忍屈伸，去细碎，广咨问，除嫌吝，虽有淹留，何损于美趣，何患于不济。若志不强毅，意不慷慨，徒碌碌滞于俗，默默束于情，永窜伏于凡庸，不免于下流矣。"志存高远，则会以前辈的贤人为楷模，成为一个高尚的人。颜之推也说："有志尚者，遂能磨砺，以就素业，无履立者，自兹堕慢，便为凡人。"（《颜氏家训·勉学》）立志成人的一个重要内涵就是做一个正直的人。中国历代留下了不少严于教子，教子为人正直的故事，如被誉为"包青天"的北宋清官包拯曾立下家规："后世子孙仕宦，有

犯赃者，不得放归本家，死不得葬大茔中。不从吾志，非吾子若孙也。"（《宋史·包拯传》）

其三，立志以报其国。以天下为己任，是志向教育的又一重要内容，在中国历史上有不少这样的教子故事。如早在战国时期，有赵国触龙劝说赵太后教子爱国，甘愿去齐国做人质，使齐国出兵退秦的故事；在南宋，有岳母刺字，勉励岳飞精忠报国的故事，以及诗人陆游临终赋诗"但悲不见九州同"的故事，等等。陆游还在《放翁家训》中告诫后代："若夫挠节以求贵，市道以营利，吾家之所深耻。子孙戒之！"重爱国大节，重民族气节，也是我国家庭教育的优良传统，教育和激励了无数中华民族的优秀儿女为国家的兴亡献身，为民族的振兴奋斗。

既然人的志向对人的成就有如此重要的作用，古人认为："志者，教之大伦而言也。"（张载《正蒙·中正》）甚至"父母于赤子，无一件不是养志"（孙奇逢《孝友堂家训》）。

（四）为人处世教育

教孩子如何为人处世，也是中国传统家庭教育的一个重要特色，这种教育往往从孩子幼小时就开始，这是由提倡明哲保身的传统社会观念决定的。在不同的家庭，为人处世的内涵不尽相同。对幼儿而言，主要进行初步的待人接物和交友教育，其中贯穿了谨慎做人的要求。

首先是要求为人积善。古人从小就给孩子灌输"善有善报，恶有恶报"的道理，因此告诫儿童"勿以善小而不为，勿以恶小而为之"。而无论为善还是为恶都是个累积的过程：为善不能一蹴而就，为恶也不会一日致祸。《周易》中的话"善不积不足以成名，恶不积不足以灭身""积善之家必有余庆，积不善之家必有余殃"时时挂在人们口中。"积善"的教诲，告诉了孩子凡事在于积累的道理：为善，细大不捐；对恶，除之务尽。明代的高攀龙说："善须是积，今日积，明日积，积小便大。一念之

差，一言之差，一事之差，有因而丧身亡家者，岂不可畏也!"(《高子遗书·家训》)

其次是要求谨慎待人。谨慎待人首先要出言谨慎。古人信奉"祸从口出"的训告，强调"戒多言"。朱柏庐《朱子治家格言》说："处世戒多言，言多必失。"高攀龙《家训》要求得更具体："言语最要谨慎，交游最要审择。多说一句，不如少说一句；多识一人，不如少识一人。"谨慎待人其次要善于识别人。"遇沉沉不语之士，且莫输心；见悻悻自好之人，应须防口。"(《菜根谭》)与人交往，甚至应当做到表面糊涂，心中明白："凡应人接物，胸中要有分晓，外面须存浑厚。"(《五种遗规·训俗遗规·史擂臣愿体集》)

其三是要求谦让待人。古人要求孩子对人、遇事以不争为尚，器量须大，心境须宽，"临事让人一步，自有余地；临财放宽一分，自有余味"(《高子遗书·家训》)。甚至吃一些亏也不是坏事："吃亏是福。"所以，"宁让人，勿使人让我。宁容人，勿使人容我。宁吃人亏，勿使人吃亏"(《五种遗规·训俗遗规·杨椒山遗属》)。

为人处世教育更多地体现了成人的生活态度、人生经验，所传授的是人如何自我保护的技巧，其目的是让儿童的成长少走弯路，少遇挫折，用意良苦。而且，其中要求孩子为善应从小事做起，"讷于言而敏于行"等，不乏道理。但其中所宣扬的世故、退让、自保等思想，对于幼儿的教育来说，未必完全合适，今天的人们应当用批评、分析的眼光去看待。

(五) 俭朴耐劳教育

中国古代一般劳动人民家庭和开明的仕宦家庭，都注意对幼儿进行养成俭朴和劳动习惯的教育。这是因为，人们承认习俭朴和爱劳动是人的美德和基本的生活能力，并希望通过俭朴和劳动习惯的养成，培养儿童居安思危的意识和自立的能力，以便在日后复杂多变的社会生活环境中应对自如，获得生存，不至于潦倒不起，转死沟壑。

人们普遍认为，教育儿童自小习惯俭朴生活，对其日后的自立和治家理业均有莫大的好处，否则将后患无穷。清人汪辉祖在其《双节堂庸训·蕃后》中说：幼儿"略省人事，无不爱吃、爱穿、爱好看。极力约制，尚虞其纵；稍一徇之，则恃为分所当然。少壮必至华奢，富者破家，贵者逞欲。宜自幼时，即杜其渐，不以姑息为慈"。汪辉祖从儿童的心理特点、习惯的作用分析了儿童习俭朴的意义。如何培养儿童俭朴的习惯？汪辉祖认为：子弟"当有知识时，即宜教以福之应惜。一衣一食为之讲解来历，令知来处不易。庶物理、人情，渐渐明白。以之治家，则用度有准；以之临民，则调剂有方；以之经国，则知明而处当"（《双节堂庸训·蕃后》）。朱柏庐也教导后代说："一粥一饭，当思来处不易；半丝半缕，恒念物力维艰。"（《朱子治家格言》）不少学者还以历史上一些奢侈败家的事实为例，告诫子弟"天下之事，常成于困约而败于奢靡"（《放翁家训》）。司马光专门写了告诫儿子习俭朴的家训《训俭示康》；朱熹也在其为儿童编的读物《小学》中，通过一个宰相让自己后代穿布衣、吃粗饭的故事，讲明"由俭入奢易，由奢入俭难"的道理。养成儿童俭朴生活习惯的教育在中国历史上曾起了很好的作用。

与此相联系，人们也普遍肯定儿童劳动教育的重要和必要，不少劳动人民家庭甚至一些士大夫家庭都认为，吃苦耐劳的"贫贱意味"对孩子大有好处。这不仅有助于培养下一代的自立能力，而且也是进取向上的资本。赵民献在其《萃古名言》中说："凡课儿者，须使他知贫贱的意味，……惟贫贱则思自力，思自力则百事可为。"讲出了一个很深刻的道理。幼儿的劳动教育还有助于使他们懂得父母的辛苦，尊重父母的劳动，形成儿童的劳动观念。古人历来主张儿童自小就应做些力所能及的轻微劳动，如洒水扫地、生活自理之类，朱柏庐《朱子治家格言》还要求孩子"黎明即起，洒扫庭除"。他们认识到，如果事事由父母代劳，不仅使孩子"身子自幼骄惰坏了"，尤其严重的是易使其形成"父母宜勤劳，己宜安逸"的错误观念，以致不会懂得尊重父母的劳动，尊重父母，更不会自己劳动，还会以劳动为耻。古人的这一认识，很值得我们重视。

尽管存在着让孩子在家道中落时能凭俭朴习惯和劳动能力自立谋生的实际考虑，但重视劳动教育是中国古代一般家庭所共同提倡的。这是中国古代家庭教育的一大优良传统。

（六）自立自强教育

无论是立志教育，还是习俭朴、爱劳动教育，均已贯穿了教育孩子自立自强的用意。在中国古代家庭教育中，要求孩子从小懂得自立自强也是一个优良传统。往往是那些长辈建有功业，颇有家产的人家，似更注重教育子弟不倚赖家庭，要凭借自己的努力立身处世。历史上像这样的事例举不胜举。

《温氏母训》曾指出："岂有子孙专靠祖宗过活？天生一人，自料一人衣禄，若有高低，各执一业，大小自成结果。今见各房子弟长袖大衫，酒食安饱，父母爱之，不敢言劳。虽使先人贻百万资，坐困必矣。"说明如果不知进取，不知自力更生，前人的遗产总有耗尽的一日，靠父母不如靠自己。就此而言，前面所述"遗子黄金满籝，不如一经"的观点，同时也是教育子女自立。还有些家庭不仅要求子孙自立，而且还提出了凭什么自立的问题。东汉杨震，官至太尉，其位与宰相相当，不仅子孙粗茶淡饭，而且不为后代置产业。他认为，"使后世称为清白吏子孙，以此遗之，不亦厚乎"（《后汉书·杨震列传》）。南朝梁人徐勉也说："人遗子孙以财，我遗之清白。"（《梁书·徐勉传》）这些家庭在告诫后代自强自立的同时，还提醒后代要做一个清清白白的人，以此自立于世，思想境界更高一等。这种家庭教育传统对后世有很大影响。如辛亥革命元老李烈钧曾作过这样的家训："子孙不如我，要钱做什么？子孙强于我，要钱做什么？"新中国的缔造者毛泽东送长子下农村、当兵的事迹，我国领导人董必武送子当农民的事迹，都是这样的家庭教育的典范。

注重对子女的自立自强教育同样是我国古代家庭教育的优良传统，值得我们今天的家长借鉴、效法。

相比较而言，我国古代家庭教育中思想道德品质教育的内容最为丰富，也最受重视，具体地反映了中国传统教育注重伦理、讲究做人的特点。

二、文化知识教育

受"学而优则仕"观念的影响，我国古代家庭一般都注重对儿童的文化知识教育。我国古代"学龄"的概念并没有严格的制度上的规定，但也有约定俗成的惯例，即学龄起点一般是六七岁。人们一般认为，从此时起，应当让儿童开始接受系统的文化知识教育，有条件的家庭则开始送孩子去私塾读书。但是，不少家庭从更早的时候起，就对儿童进行启蒙教育，传授初步的文化知识，而这种教育又多半是在家庭中由年长的一代来进行。家庭中初步的文化知识教育通常包括识字习字教育、算术教育、自然常识教育、初步的阅读写作和学习方法教育。

（一）识字习字教育

清人唐彪在其《父师善诱法》中提出过一个完整的识字教育过程："生子至三四岁时，口角清楚，知识稍开，即用小木板方寸许，四方者，千块，漆好。朱书《千字文》，每块一字，盛以木匣。令其子每日识十字或三五字。复令其凑集成句读之。或聚或散，或乱或齐，听其顽耍，则识认是真。如资质聪慧者，百日可以识完。再加以《三字经》《千家诗》等书，一年可识一二千字，然后从师入塾。字之识者过半，则读之易。且其目之所视，亦知属意在书，而不仰天口诵矣。"唐彪主张运用形象直观的手段，在游戏过程中采用集中识字的方法教儿童识字。与此同时，联字成句，以字属意，为以后的阅读打好基础。唐彪是位学者，对幼儿的识字教学作出了一定的理论概括。在一般的家庭中，自幼教孩子识得一些字的做法，十分普遍。

古人认为，在识字的同时，学习写字必须相伴而行。明人的《教子良规》中提出："小儿初就学时，固宜以识字为先，而写字尤不可不慎。古云：'心正则笔正'，笔之不正则知其心之不正矣。故养蒙者必养之以正，而后圣功从此而始。写字虽非正心之本务，而亦正之之一端。况有字乃有文，文字二者，缺一不可。"说明了写字的长远作用和写字与识字、读书之间的关系。明人霍韬在其《家训》中也要求："凡童子习字，不论工拙，须正容端坐，直笔楷书。一竖可睹人之立身，勿偏勿倚；一划可睹人之处事，勿柅勿斜；一撇捺如人之举手，一挑剔如人之举足，须庄重；一点须如乌获之置万钧，疏密毫发不可易；一绕缴如常山蛇势，宽缓整肃而有壮气。以此习字，便是存心功夫。"强调一丝不苟，打好基础，养成习惯。

认为儿童的识字、习字教育贵在打好基础、养成习惯，这无疑是正确的，但认为习字就是正心，对儿童来说却是一个难以理解的复杂要求。

（二）算术教育

相对而言，有关数理知识的教育在中国古代家庭教育中是比较薄弱的。这与中国传统教育重人文、重伦理，轻自然、轻科技的总体特征是相一致的。因此，数理知识的传授，在古代家庭教育的文献记载中寥寥无几。

出于日用的需要，一般家庭在儿童初识事理时多教以粗浅的数字计算。《礼记·内则》记载：儿童五六岁时，就开始教一、十、百、千、万等数目字和东、南、西、北、上、下等方向名称；八九岁时，教其计算时、日、月、年等日期；十岁时，"学书计"，即开始学习初步的常用计算，也只停留在生活日用所需的计算水平。如著名的"鸡兔同笼"的习题算法：若干只鸡与兔关于一笼，其数均不详，但告之以鸡兔间的倍数及差数，使求出鸡几只、兔几只。从数学程度上看，初步涉及方程算法。唐宋以前，一般计算的工具是算筹，自明代以后，珠算大量取代了筹算，因此，出于实用需要，一般劳动人民家庭也都注意让孩子学一些珠算，以为日后生产和生活之便。

而在那些专门从事科技研究的家庭，数学、天文历算、医学、农学等专门知识是世代相传的，算术乃至数学教育从孩子很小的时候就已进行。南北朝著名数学家祖冲之出自数学世家，其子继承父业，幼时就从父而学。南宋数学家秦九韶幼年时跟着做官的父亲在京城生活，得便受到朝中主管天文历算的官员的指点，后"又尝从隐君子受数学"（《数书九章·序》），也就是得到民间数学家的传授。写有《勾股算术》等书的明代数学家顾应祥，也是"自幼性好数学，然无师傅，每得诸家算书，辄中夜思索，至于不寐。久之若有神告之者，遂尽得其术"（畴人传汇编·顾应祥）。这就表明，那些专门以数学为业的人，其早年的数学基础是在家庭教育中奠定的。

（三）自然常识教育

中国古代的家庭教育还注重孩子的"博闻"，在识字教育的同时也教以天文地理一类常识。

通常用作家庭教育启蒙教材的《三字经》中就有相关内容。《三字经》在教儿童识字的同时，也传授了自然常识。如有介绍天文知识的

"三光者，日月星"；介绍四季的"曰春夏，曰秋冬，此四时，运不穷"；介绍五行的"曰水火，木金土，此五行，本乎数"；介绍六谷的"稻粱菽，麦黍稷，此六谷，人所食"；介绍六畜的"马牛羊，鸡犬豕，此六畜，人所饲"；介绍音乐与乐器的"匏土革，木石金，丝与竹，乃八音"；等等。

（四）初步的阅读写作和学习方法教育

一般来说，家庭中的幼儿文化知识教育以识字为主，但也视幼儿聪颖程度来施以初步的阅读写作和学习方法教育。

清人窦克勤教其子"至五六岁时，先令读《三字经》，次令读《小学》《孝经》、'四书'，时加讲解，以开明其心。俟十数岁后，渐令读'五经'，可渐课以文。若戏文、小说及一切荡心之书，切不可使入目"（《寻乐堂家规·教儿》）。著名学者焦循也认为："幼时先使之识字，即愚，一日识四字不难也。自六岁至十二岁，可识万字矣。至此，便为之解说字义，分析平仄，徐徐使习时文，使习诗，使习书。法此三者，少有可观，庶可入学。"（《里堂家训·卷上》）可见，在古人看来，教幼儿识字固然重要，但其本身不是目的，仅仅停留在教孩子识字的水平是低层次的教育，要紧的是以识字为基础，及时讲解，增加阅读，练习写作，循序渐进地提高儿童的文化水平。与此同时，拟定《三字经》、《小学》、《孝经》、"四书"这样循序渐进的读书程序，使儿童在读书学习中逐渐领悟到一定的学习方法，体会到读书的门径。如清人张英所说，儿童期是人生中记忆力最好的时期，然而儿童期"中间岁月无多"，因此"不急之书""无益之文"就不必耗时去读，要读最要紧的，要读得有序（《聪训斋语》）。所谓"读书贵乎以序而一"。不少家长因此而为自己的孩子制订了从五岁到十五岁的"十年诵读"书目，以作训练。

由于中国古代封建国家不办基础教育性质的小学，国家也不规定儿童必须入学的年龄，以致幼儿教育后期的文化知识教育也往往由家庭来承担，这就造成家庭幼儿教育后期的文化知识教育与学校（私塾）的文化知识教育存在着交叉与重叠，这是中国古代教育的特殊现象。

三、生活能力教育

生活能力教育也是中国古代家庭教育的基本内容，它包括两个方面：其一，日常生活和学习习惯教育；其二，为未来生活做准备即谋生择业的教育。

（一）日常生活和学习习惯教育

同样是出于"正本"的考虑，古人颇为重视儿童的生活习惯的养成，从《礼记·内则》开始，古人形成了按儿童的年龄发展阶段培养其生活习惯的思想。如当孩子能吃饭时，教其用右手拿筷匙；会说话时，教其应诺，并使其形成自我性别意识；六七岁时，男孩女孩"不同席，不共食"，男孩开始学习读书写字，女孩开始学习简单的女红；十岁左右，男孩出外拜师求学，女孩则不出中门，在家接受妇教，全面学做女红。可见，生活习惯教育注意抓早，并根据儿童身心发展而有不同的内容与要求。

古人对儿童的生活习惯教育不仅要求全面，而且十分严格，甚至到了烦琐的地步。

举止，要求站有站相，坐有坐相，有所谓"立如松，坐如钟，行如风，卧如弓"的要求。或曰"凡坐须端身，不得偃仰倾邪，倚靠几席；须敛足，毋得交股；与人同坐，须敛手，毋得横肱"（《冰言补》）。

言谈，要求"凡童子，不得轻忽出言，所言必须声气低下，不得喧聒，所言之事不得虚诳，亦不得訾议人。至市井鄙秽之言，尤宜禁绝"（《冰言补》）。

饮食，要求"凡饮食，举箸宜从容，不得将蔬肴拨乱，亦不得恣其所嗜，贪求多食"（《冰言补》）。

起居，要求"朝起早，夜眠迟"。"晨必盥，兼漱口，便溺回，辄净手。冠必正，纽必结，袜与履，俱紧切。置冠服，有定位，勿乱顿，致污秽"（《弟子规》）。

古人对儿童学习习惯的养成同样十分重视。朱熹在其《童蒙须知》中对此有十分详细的规定。

关于学习用具："凡为人子弟，当洒扫居处之地，拂拭几案，当令洁净。文字笔砚，凡百器用，皆当严肃整齐，顿放有常处。取用既毕，复置元所。""凡书册，须要爱护，不可损污绉折。"

关于读书："凡读书，须整顿几案，令洁净端正。将书册整齐顿放，正身体对书册，详缓看字，子细分明读之。须要读得字字响亮，不可误一字，不可少一字，不可多一字，不可倒一字。不可牵强暗记，只是要多诵遍数，自然上口，久远不忘。""读书有三到，谓心到、眼到、口到。心不在此，则眼不看子细。心眼既不专一，却只漫浪诵读，决不能记。记，亦不能久也。三到之法，心到最急。心既到矣，眼口岂不到乎？"

关于写字："凡写字，未问写得工拙如何，且要一笔一画，严正分明，不可潦草。"

幼小儿童的生活、学习能力都很缺乏，养成良好的生活和学习习惯对儿童生活能力、学习能力的培养大有益处。尤其是儿童缺乏自制能力，通过一定的规范来要求他们，同样是十分必要的。这些是传统家庭教育中儿童日常生活和学习习惯培养的合理部分。但我们也应当看到，有些规定有违儿童天性，存在将儿童当成小大人的缺陷。

（二）为未来生活做准备的教育

如前所述，中国古代不少家庭都注意向儿童传授未来生活中实际有用的知识以及某些择业观念，以早做准备。

有一类家庭既不主张走仕宦道路，也不屑教子弟学习工贾医卜之类的技艺，而是认为，"除耕读二事，无一可为者"。这是因为，"商贾近利，易坏心术；工技役于人，近贱；医卜之类，又下工商一等；下此益贱，更无可言者矣"（张履祥《训子语上·子孙固守农士家风》）。既然天生成人，有耳目手足，只要尽其所能，就不患无业、无食。相比较而言，亦耕亦读，是最为理想的治生传家之道："读而废耕，饥寒交至；耕而废读，礼义遂亡。"（《训子语上·子孙固守农士家风》）这种观点反映了自给自足的小农经济思想，对工商技艺的评价失之偏颇，但强调既要自食其力，也要知书达礼，则是可取的。提倡"耕读为业""耕读传家"，这样的家庭在中国古代农村为数不少。

随着明清时期商品经济的发展，有不少家庭突破了以耕读为上的思想窠臼，认为不论何种职业，只要不作奸犯科、害人坑人，只要能谋得生计，足以治生，足以终老，均可一学。焦循曾说："子弟必使之有业，士、农、工、商皆可为。"（《里堂家训》）人怕就怕游手好闲，散漫怠惰，只要勤奋，一行一业"皆可立业成家"，甚至"三十六行，行行出贵人"（汪辉祖《双节堂庸训》）。在"万般皆下品，惟有读书高""德成而上，艺成而下"的传统社会，家庭教育中存在两种倾向：其一，道德至上；其二，读书至上。在这两种倾向的引导下，确实造就了数不胜数的"手不能提，肩不能挑""四体不勤，五谷不分"的年轻一代。因而，不歧视工商技艺的家庭教育显得更具有进步性，与社会经济的发展更为契合，对于今天中国的家庭教育来说，仍具有现实启示。

应当指出的是，中国传统家庭教育内容中有一个极大的缺陷，即不重视体育。在大量家庭教育的论述中，独缺体育问题的论述，只有极少数论及养生问题，而养生对于儿童来说并不完全合适，儿童需要的是运动和身体的锻炼。不少古人甚至对体育抱有某种偏见：或认为运动具有危险性，有伤孩子的四肢肌肤和五脏六腑；或认为运动仅仅是玩乐，会使儿童不务正业。这种重德、重文而不重视儿童身体的片面观念，是中国传统文化在家庭教育中的折射，对民族身体素质的提高有很大的负面作用。

第四节　家庭教育的原则与方法

在长期的实践中，传统中国的家庭教育形成了一定的原则与方法，使家庭教育的实践更具效果。

一、家庭教育的原则

（一）及早施教

与注重婚姻、注重胎教的思想相联系，中国古代的家庭教育讲究及早施教。《大戴礼记·保傅》引用《周易》"正其本，万物理。失之毫厘，差之千里"的观点，提出早教，主张"自为赤子时，教固以行矣"，强调对初生的婴儿就当施以教育。颜之推则更具体地指出："当及婴稚，识人颜色，知人喜怒，便加教诲。"他还引用民间谚语说："教妇初来，教子婴孩。"（《颜氏家训·教子》）要求当婴儿略知人事，刚能辨别大人的赞许或反对的态度时，就必须尽早教育。这样，"赤子"之教就与胎教联系了起来。

为什么必须对儿童及早施教？古人提出如下理由。其一，早期教育所形成的儿童的良好的习惯和品性，易于巩固与长久，其效果可以如同生来就有的一样。正如《大戴礼记·保傅》所说："少成若天性，习惯之为常。"其二，幼儿时期，孩子尚未受到外界不良影响，纯白如纸，极易塑造。所谓"幼子之性纯明自天。未有外物生其好恶者。无所学而不可成也"（《宋元学案补遗·刘氏经义》）。所谓"盖以人之初生童孺之时，元气未漓，天真未散，善性未斫，情窦未开，当此时而开导之则顺而易，过此时而防闲之则逆而难"（《大学衍义补·家乡之礼上》）。其三，幼儿思想单纯，精力旺盛，求知欲强，且无生活的牵累和情感的干扰，正是学习和接受教育的大好时机，不可错失。《颜氏家训·勉学》认为："人生小幼，精神专利，长成已后，思虑散逸，固须早教，勿失机也。"其四，凡事须及早预防，如果幼儿已形成不良习惯和品性，补救就难了。所谓"心未滥而先谕教，则化易成也"（《汉书·贾谊传》）。如同修整树枝一样，如果不及时修剪去树苗的劣芽败枝，待其长成大树再加砍伐，岂不费力多而见效差？因此，古人认为，"教大人，不若教小儿"，幼儿教育必须早行。

（二）量资循序

早在西周时期，人们就认识到对儿童的教育应该是个循序渐进的过程，各个年龄阶段有着不同的教育内容与目的，而安排教育过程的依据是儿童身心发展的阶段及其特点。

《大戴礼记·本命》记载了一个婴幼儿身心发展的过程："人生而不具者五：目无见、不能食、不能行、不能言、不能化。三月而彻昫，然后能有见。八月生齿，然后食。期而生膑，然后能行。三年瞳合，然后能言。十有六情通，然后能化。"意为：人出生后不具备视觉、吃食、行走、言语和接受教育的能力。长到三个月时眼珠能转动，有视觉；八个月左右开始生牙齿，会吃食物；一岁左右长出髌骨，能行走；三岁左右头颅骨上的囟门闭合，具备了语言能力；十六岁知人情，可受教育感化。从现代生理学和发展心理学的研究结果来看，上述对儿童身心发展阶段和水平的估计，有的偏晚，如现代科学研究证实，婴儿第二周开始有光感，能追随物像；有的不完全正确，如髌骨并非到一岁时才长出；等等。

但是，《大戴礼记·本命》的记载指出了婴幼儿有一个逐步成熟的过程，而且对成熟的时间与水平的论定也大体合乎实际，如八个月左右出牙齿，一岁左右会走，等等。就是在这样的认识基础上，古人设计了一个较完整的幼儿家庭教育的实施过程："子能食，食教以右手。能言，男'唯'女'俞'。男鞶革，女鞶丝。六年，教之数与方名。七年，男女不同席，不共食。八年，出入门户，及即席饮食，必后长者，始教之让。九年，教之数日。十年，出就外傅，居宿于外，学书计……"（《礼记·内则》）

这样的教育实施计划具有注重儿童身心发展阶段，注重循序渐进的特点，其依据就是儿童身心成熟状况。此后，在古代社会的家庭教育中，这一计划得到了较为广泛的认同，如司马光《居家杂仪》中具体地阐发了这一过程。明人万全在其《育婴家秘·鞠养以慎其疾》中也据此作了更为详细的论述："小儿能言，必教之以正言，如鄙俚之言勿语也。能食，则教以恭敬，如亵慢之习勿作也。能坐能行则扶持之，勿使倾跌也。宗族乡党之人，则教以亲疏尊卑长幼之分，勿使谍嫚也。言语问答，教以诚实，勿使欺妄也。宾客往来，教以拜揖迎送，勿使退避也。衣服器用、五谷六畜之类，遇物则教之，使其知之也。或教以数目，或教以方隅，或教以岁月时日之类。如此则不但无疾，而知识亦早矣。"

这是从教育和保育相结合的角度论述了幼儿教育的量资循序问题。所有这些论述无非表明，古人努力使对儿童的教育建筑在儿童的身心发展基础上，使之有所依据而更为合理。如果剔除这种教育中过分的封建道德含义，教育要量资循序的思想具有现实意义。

（三）顺应自然

从总体上说，中国传统幼儿教育存在着过多成人意志干预的缺陷。教育如欲取得成功，必须遵循一定的规律，幼儿教育尤其如此。古人事实上也注意到了对儿童的教育必须顺应其身心和个性的自然发展的问题。

早在先秦时期，人们就看到了顺应人的自然发展施行教育的必要性，《孟子·公孙丑上》中"揠苗助长"的寓言故事即是对人们的提醒。战国时道家学派的代表性著作《庄子》一书中，通过一则养鸟的寓言说明了同样的问题：鲁国君主好养鸟，一次得到一只罕见的海鸟，爱之甚切，将其养于宫殿，给它奏乐，喂它祭祀用的肉，可海鸟毫不领情，不吃不喝，郁郁不乐，不出三天，就死去了。庄子认为，这是鲁君"以己养鸟"，即以自己的好恶养鸟，而没有"以鸟养鸟"，即以海鸟的天性去养鸟所造成的结果。这则寓言的教育内涵在于：教育必须顺应教育对象的自然本性，否则，虽然有很好的用意，效果却会南辕北辙，海鸟的命运就是必然的结果。

　　顺应自然，首先要注意儿童的承受能力。用明代学者王守仁的话说就是"灌溉之功皆是随其分限所及"（《传习录·黄直录》），"人要随才成就"（《传习录·陆澄录》）。如同浇树一样，当树苗还只需要一杯水时，就不可以一桶水灌之，"若些小萌芽，有一桶水在，尽要倾上，便浸坏他了"（《传习录·黄直录》）。既不过，也勿不及，否则，虽爱实害，爱之愈切，害之愈甚。其次是要注意儿童的天性。王守仁说："大抵童子之情，乐嬉游而惮拘检，如草木之始萌芽，舒畅之则条达，摧挠之则衰痿。今教童子，必使其趋向鼓舞，中心喜悦，则其进自不能已。"（《传习录·训蒙大意示教读刘伯颂等》）儿童的天性好嬉闹游戏而不爱受拘束，如同萌芽时的草木，舒畅则充分生长，受束缚就会委顿。再次是要注意儿童的个性差异。古人认为："子弟材质，断难一致。"（《双节堂庸训》卷三）有的"愚钝朴鲁"，有的"倜傥不羁"，有的"佻达恣肆"，教育对策就要有所区别，不能"懵焉而不知"，所以"欲教子，必先知子"（梁显祖《教家编》）。从正面说，教育须扬其长处，因材成就；从反面说，教育须补其弊短，"若子弟愚钝朴鲁，则令遵规矩；如其倜傥不羁，则令其韬藏收敛；至于佻达恣肆之流，则不得不严其惩戒"（李雍熙《孝行庸言》）。

　　　　　　　　　　　　　　　　　　　　　　　　　中国幼儿教育史

总之，对幼儿的教育须顺其天、适其性，是则事半功倍，否则事倍功半。

（四）培养兴趣

儿童的天性是喜欢嬉游而不喜欢束缚，喜欢活泼而不喜欢呆板。教育须以培养儿童的兴趣为重，使儿童在兴趣盎然中接受教育。

孔子曾强调过兴趣在学习中的作用，他说："知之者不如好之者，好之者不如乐之者。"（《论语·雍也》）认为学习的最高境界是以学习为乐事。王守仁曾说："必使其趋向鼓舞，中心喜悦，则其进自不能已。"（传习录·训蒙大意示教读刘伯颂等）孩子对所受教育感到有兴趣，其进步将是难以遏止的。

要提高儿童的学习兴趣，首先是教育的内容应丰富多样，生动活泼，诗歌、故事、舞蹈、游戏、休息，合理安排，相互穿插。王守仁的幼儿教育内容就有"歌诗""习礼"和"读书"。歌唱诵诗，以宣泄其情感；习礼是通过各种礼仪动作，活动其血脉筋骨，锻炼其身体；读书则长其知识，开其智慧，立其志向。王筠《教童子法》也说："小儿无长精神，必须使有空闲。空闲即告以典故……"总之，娱乐与学习安排有致，"优而游之，使自得之"（崔学古《幼训》）。生动活泼而富有变化的教育形式，既有多方面的教育作用，也合乎儿童的心理特点。

其次是教育的形式应是儿童所喜闻乐见的。儿童的认识方式自有特点，认识能力也很有限，教育的方式就须注意"易"字，即"易晓""易记""易感"。明人吕得胜介绍他编《小儿语》的用意时说："乃以立身要务，谐之音声，如其鄙俚，使童子乐闻而易晓焉，名曰《小儿语》，是欢呼戏笑之间，莫非义理身心之学。一儿习之，可为诸儿流布；童时习之，可为终身体认……"（《小儿语·序》）意谓将深奥的大道理化为朗朗上口的歌诀，使其变得通俗浅显，很容易地在儿童中广为传播，让孩子乐闻而易懂，在欢笑游戏之间接受修养身心的大道理，并且终身受益。因此，也正如清人林之望《养蒙金鉴·序》所说，"以童子之典教童子"，不仅"易记"，且"易生其感发之心"。总之，寓教于乐、形象具体，这是古人在幼儿教育中十分注意的原则。综观幼儿教育的教材、读物，大多数为短小的韵语，押韵上口，可吟可歌，颇合童子天性。这是十分成功的经验。

（五）爱教结合

爱子之情是人之常情，也是动物出于种系延续的需要而形成的共同本性，但古人清楚地意识到，人与动物的根本区别在于人在对下一代的爱中，灌注了教育的内涵。爱而有教，就成为人类关心下一代的特有表现。

宋人袁采曾指出："父母于其子婴孺之时，爱念尤厚，抚育无所不至。盖由气血初分，相去未远，而婴孺之声音笑貌自能取爱于人，亦造物者设为自然之理，使之生生不穷，虽飞走微物亦然。"（《袁氏世范》）一则，孩子是父母生命的一部分，且离母体未久，父母自然视如心肝。再则，孩子稚拙、天真的音容举止确也有惹人怜爱之处。因此爱子之心也是人情之常。而且，父母与子女之间的这种亲情是实行教育的必要条件。如同颜之推所说，儿童多是爱其所亲、敬其所亲、信其所亲的，不能想象，不爱父母的孩子会真正听从父母的教诲。因此，爱是教的前提。但是，只爱无教，亦非爱之本意。古人对爱教关系提出过完整的主张。

首先，爱不是溺爱，溺爱的本质是只爱无教。古人批评了现实中存在的大量溺爱、"曲爱"现象。袁采指出："人之有子，多于婴孺之时，爱忘其丑，恣其所求，恣其所为。无故叫号，不知禁止，而以罪保母；凌轹同辈，不知戒约，而以咎他人。或言其不然，则曰'小未可责'。日渐月渍，养成其恶。此父母曲爱之过也。"（《袁氏世范》）溺爱娇纵，养成孩子任性骄横的习性，自小如此，长大成人后的一切祸害从此酿成。吕得胜《小儿语》尖锐地指出:"儿小任情骄惯,大来负了亲心。费尽千辛万苦,分明养个仇人。"相比而言,违逆父母倒是小事,"一切刑祸,从此致矣"(《五种遗规·教女遗规·唐翼修人生必读书》),就是大事。因此,古人认为,爱孩子要爱得有分寸,"君子之于子,爱之而勿面,使之而勿貌,导之以道而勿强"(《荀子·大略》)。可见爱不是在颜面上或言辞中,而是在严格的教育中。

其次,爱意味着严教。《韩非子·八说》就曾指出:"慈母之于弱子也,爱不可为前。然而弱子有僻行,使之随师;有恶病,使之事医。不随师则陷于刑,不事医则疑于死。"父母对子女的爱固然应该是放在第一位的,但如果孩子身心有疾,就须从师就医,这样的爱才不至于害了孩子。不仅如此,既然爱意味着教,而教又意味着严教,所谓宽是害,严是爱,古人比喻说:"爱良金者,忌锻炼之猛乎?"(徐祯稷《耻言一》)爱子之情正意味着重锤敲打,"子弟童稚之年,父母师长严者,异日多贤,宽者多至不肖"。所以,"严君之职,不可一日虚矣"(《五种遗规·训俗遗规·张杨园训子语》)。严教是针对家庭教育中大量溺爱现象的对策,也是为子女长远前途考虑的主张。宋人刘挚,其父只他一子,然而以严教著称,其父对人的解释是:"正以一子,不可纵也。"(《宋史·刘挚传》)颇耐人寻味。古人的严教固然有以礼教约束乃至压制子女的偏颇,如《红楼梦》中贾政对贾宝玉的教育方法即是,但总的来说,值得肯定的东西更多。如有学者指出:"'严'之一字,不是只在朝打暮骂,须要事事指引他,但不许他放肆非为。"(《课子随笔钞》卷六)可见严教包括了引导和约束两方面,这样的严教就既有了教,也注意了宽严有度。

最后,对孩子的爱应是一视同仁的"均爱"。颜之推曾批评过当时不少父母的偏爱现象,说:"人之爱子,罕亦能均;自古及今,此弊多矣。贤俊者自可赏爱,顽鲁者亦当矜怜。有偏宠者,虽欲以厚之,更所以祸之。"(《颜氏家训·教子》)偏爱的后果颇为严重：对受偏爱的孩子，这同样是一种溺爱；对其他孩子则是一种不公，并会引致其对父母的反感和抵触；还会造成兄弟间的隔阂、反目，乃至骨肉相残。这是害了子女，是家庭教育的失败。所以说，"贤不肖皆吾子，为父母者切不可毫发偏爱。偏爱日久，兄弟之间不觉怨愤之积。往往一时亲殁，而争讼因之。创业恩垂永久，全要此处见得明，不贻后日之祸也"（姚舜牧《药言》）。因此，无论衣服饮食，还是言语动静，均不可"厚于所爱而薄于所憎"，如果"父母均其所爱，兄弟自相和睦，可以两全，岂不甚善？"(《袁氏世范》)当家长面对一个孩子时，要防止溺爱；当面对诸多孩子时，要注意均爱。这是古人的经验之谈，颇值得记取。

二、家庭教育的方法

（一）身教

中国古代的家庭教育十分注重身教的方法，即以身作则。强调以身作则，一方面是出于"欲正人，先正己"的教育逻辑，另一方面是出于运用榜样的力量来教育感化儿童的意图。既如此，中国向有"身教重于言教"的观点。

孔子就曾论述过身教的作用："其身正，不令而行；其身不正，虽令不从。"(《论语·子路》)说明榜样作为一种事实的教育，同时作为一种潜移默化的教育，要比言辞的教诲更有效用。就幼儿教育而言，更是如此。因为幼小儿童缺乏分辨是非的能力，一件事能做与不能做，他们往往难以作出自己的独立判断，常是察言观色，看成人的行动而仿效之。而且，儿童的认知特点就是好模仿。作为儿童生活中最亲近的人，父母是儿童首先和主要的模仿对象。父母的一言一行必然会在孩子的思想、言行中有所反映，家庭教育中身教方法的重要性由此体现。对此，古人曾指出：

"教子须是以身率先。每见人家子弟，父兄未尝着意督率，而规模动定性情好尚，辄酷肖其父，皆身教为之也。念及此，岂可不知自省。"（陆世仪《思辨录辑要》卷一）俗语所谓"哪家的孩子像哪家"，孩子的思想言行"酷肖"父母，即是身教与仿效的潜移默化影响的结果。《小儿语》中还引用民间俗语说明身教及其后果："老子偷瓜盗果，儿子杀人放火。"语虽有些偏激，却形象地道出了家庭教育中父母身教的作用。

如何身教？身教就是父母做好表率，讲究一个"严"字，即为人严正、举止严肃、言语严谨、自我要求严格。其一，身为父母，须在孩子面前保持端正、庄重的形象，言行举止合乎礼教，不轻佻亲狎。如吕祖谦所说："教小儿当以正，不可便使之情窦日开。"（《五种遗规·养正遗规·诸儒论小学》）其二，身为父母，须言行一致，所谓"信而勿诳"。流传十分广泛的曾子杀猪的故事，说明父母诚实、守信，言行一致，既利于父母威信的树立，也利于孩子养成诚实的品性。其三，身为父母，应注意做到不打骂孩子。古人经常提到孔子与曾子的家教，认为"父母正则子孙孝慈，是以孔子家儿不知骂，曾子家儿不知怒"。父母讲理，父母以身作则，何须鞭笞？其四，身为父母，要求孩子做到的，自己首先要做到。所谓"以身率先"，"身不行道，不行于妻子"（《孟子·尽心下》），"一言一动，要想作子孙榜样，自然不致放纵"（《双节堂庸训》卷五）。从来就没有自身修养不好却能教育好子孙的。

在中国古代家庭教育中，身教除了是对父母的要求外，也是对所有长者的要求。人们期望通过家庭中每一个大人的以身示范，形成"触目皆是正"的教育环境。

（二）陶冶

"陶冶"本是个工艺名词，是指依照一定的模型用陶土或熔金制作陶器、金属器具，所谓"陶者制陶，冶者铸金"。陶冶引申为教育词汇，形象地表达出教育的过程是一个以良好的人与事的影响为模范，锻炼人、塑造人的过程。中国传统家庭教育向重陶冶，也就是通过家长的风范、家庭的风气、社会的风俗，潜移默化地熏陶人、影响人，以达到教育的目的。古人云："父母师友皆贤，自幼善诱，长而习染，安有入于邪僻之忧？"（刘沅《子问》）说明了儿童受良好的家庭环境和风气的浸染，父母就不会有孩子为非作恶之忧。

孔子的美育思想中有一个重要的命题："里仁为美"，意为邻里环境重仁成风就可称为美。言下之意是人们应注意所处环境风气的道德水准，择仁而居。春秋末期的墨子以染匠染丝说明环境影响的作用："染于苍则苍，染于黄则黄，所入者变，其色亦变，五入必，而已则为五色矣。故染不可不慎也。"（《墨子·所染》）下什么样的染缸，白丝就被染成什么样的颜色。因此，无论是被染还是所染，都必须慎重对待。孟子的母亲可以说是择仁而居的具体实践者，她不厌其烦地三迁其居，无非是为给孩子选择一个理想的环境，让其受美风美俗的熏陶。战国末期的荀况也强调环境的熏陶是教育的重要手段，他将其称之为"渐"，认为"蓬生麻中，不扶而直；白沙在涅，与之俱黑"（《荀子·劝学》）。这样的言论和事例举不胜举，都指出了环境、风气对人的陶冶作用。

家庭教育中运用陶冶的方法，除了要求选择良好的居住环境和家长作出表率外，古人认为，良好的家风也是很重要的一个方面。注重家风对人的教育熏陶是我国古代家庭教育的一大优良传统。

家风是指一个家庭在长期社会生活中所形成的传统习惯和生活作风，一种家风的形成往往需要数代人的努力。家风具有持续性和延续性，一种家风一经形成，就会对家庭老少成员及其后代有所约束和产生潜移默化的影响。古人常常视子弟做了有违道德和社会准则的事为"败坏门风"，认为这是对家庭的最大叛逆而深恶痛绝。

古代家庭最为看重的是世世清白相承的家风。南朝徐勉曾告诫子弟，他家世代清廉，不求产业，无非是为了"以清白遗子孙"（《梁书·徐勉传》）。其强调的就是清白家风。清白家风的内涵，于私，要做到为人清白，不做不义之事，不贪不义之财；于公，要做到为官清廉，不营私谋利。老老实实谋生，清清白白做人，是其追求。

古人也看重仁爱为人的家风。郑板桥曾告诫子弟，不仅家中父母兄弟姐妹要仁爱和睦，对家中的"下人"，对他人，也应以仁爱为怀，以助人为乐事。他要求子弟："纸笔墨砚，吾家所有，宜不时散给诸众同学。每见贫家之子，寡妇之儿，求十数钱，买川连纸钉仿字簿，而十日不得者。当察其故而无意中与之。"（《潍县寄舍弟墨第三书》）不仅要求子弟资助他人，而且须注意资助的方式，以免伤人自尊。

做人谦虚谨慎也是古人所看重的家风。"满招损，谦受益"始终是古人告诫子弟的明训，尤其是当事业有成乃至身居高位时更当谦而又谦。清人张英说："高位者，责备之地、忌嫉之门、怨尤之府、利害之关、忧患之窟、劳苦之薮，古之智人，往往望而却步。""富贵子弟，人之当面待之也恒恕，而背后责之也恒深。"因此，子弟须加倍地"谦冲小心""乐闻规劝"，谨慎做人（《聪训斋语》）。此外，古代家庭一般都提倡俭朴、刻苦、勤劳的家风。

家风的本质是一种熏陶，主要表现为家长的言行、家庭长期以来形成的不成文规约、家庭的生活习惯和家庭的氛围，是一种软性的约束、持续的教育和潜移默化的影响。正如古人所说："家道惟创始为难，久则相承。即间有不率，礼义之风已成，可观摩而化也。"（《五种遗规·训俗遗规·汤潜庵语录》）

（三）重行

中国古代家庭教育的方法除了身教与言教之外，注重行动的锻炼也是一个重要方面。注重力行是我国古代教育的一大优良传统。

孔子说过："力行近乎仁。"（《礼记·中庸》）他认为，努力按道德规范实践的人也就接近于仁的品德了。他还说，作为一个有高尚道德的人，就须"言必信，行必果"（《论语·子路》）。言行不一是可耻的："君子耻其言而过其行。"（《论语·宪问》）他还将"察其言而观其行"作为考察、评判一个人的重要标准。荀子继承了孔子的这一思想，他要求外界的知识与道德为人所接受，"入乎耳，著乎心，布乎四体，形乎动静"（《荀子·劝学》）。不仅是入耳，还须牢记在心，更当落实在行动上，而行动才是人们求学、修养的最终追求。所以，中国传统教育是一种以行为本的教育，这一特点也体现在家庭教育中。

重行，首先是通过行动形成品德，获取知识。明代学者王廷相指出："夫心固虚灵，而应者必藉视听聪明，会于人事，而后灵能长焉。赤子生而幽闭之，不接习于人间，壮而出之，不辩牛马矣，而况君臣、父子、夫妇、长幼、朋友之节度乎？"（《石龙书院学辩》）意谓：人的道德与智慧是靠接触社会而获得的，不通过在社会中的习练与实践，辨认牛马尚且难以做到，何况道德伦常？知识和道德是靠从小在实践中养成的，"一善在身，幼而行之，长而不之舍也，善将自其身，以及诸人，以及其子孙。一不善在身，幼而行之，长而弗之改也"（张履祥《备忘》）。从小通过行动养成的优良品行，成人后就不再会丢弃，并能影响到子孙与他人；反之，则将误人一生。诗人陆游的不少劝学诗也说了同样的道理："古人学问无遗力，少壮工夫老始成。纸上得来终觉浅，绝知此事要躬行。"（《冬夜读书示子聿》）又说："努力晨昏事，躬行味始长。"（《与子聿读经因书小诗示之》）以及"学贵身行道"（《示元敏》）等等。

重行，其次是通过行动磨炼意志品质。孟子的名言"天将降大任于是人也，必先苦其心志，劳其筋骨"，对后代影响深远，不少学者都指出，家庭教育中，"爱而不劳，禽犊之爱也"（孙奇逢《孝友堂家规》）。而且，"欲做精金美玉的人品，定从烈火中锻来；思立揭地掀天的事功，须向薄冰上履过"（顾三英《格言联璧》）。因此，古人认为，儿童小时习劳、吃苦并无坏处。一则，从小吃得苦，就可避免长大"筋骨柔脆，则百事不耐"，故而，"欲望子弟大成，当先令其习劳"（汪辉祖《双节堂庸训》）。再则，从小吃得苦，能形成远大志向："少年儿宜使苦，苦则志定，将来不失足也。"（《五种遗规·训俗遗规·汤潜庵语录》）甚至，古人认为，小儿受点挫折、受些贫贱也无大碍："容得几个小人，耐得几桩逆事，过后颇觉心胸开豁，眉目清扬。正如人啖橄榄，当下不无酸涩，然回味时，满口清凉。"所谓"经一番折挫，长一番识见"（《五种遗规·训俗遗规·史搢臣愿体集》）。所以说："凡课儿者，须使他知贫贱的意味。历观古来大圣大贤，何人不从贫贱忧苦中来。惟贫贱则思自立，思自立则百事可为。"（赵民献《萃古名言》）

古代家庭教育的重行方法，用意十分清楚：一是通过行增长儿童的知识，以弥补书本、言传知识的不足，同时，通过行将道德观念转化为巩固的道德习惯与行动；二是通过行给儿童的身心以磨炼，培养其吃苦耐劳的精神和独立生活的能力。所有这些，仅靠书本教育和家长的言传身教是难以做到的。这种教育即使是在当代社会也有着难以替代的作用。

（四）有恒

针对儿童的身心特点，古人在家庭教育中坚持有恒的教育方法。所谓有恒，是指教育作用的一致性和恒常性，要求父母在任何时间、任何场合，对任何一个子女，都要坚持同一的教育标准，不能时而提出这样的要求，时而又放弃这种要求；对这一子女是这样的要求，对另一子女又是另一种要求；父亲对子女是一种要求，母亲对子女又是另一种要求。总之，教育须注意保持一致性，以保证正面教育的效果。对此，古代家庭教育有不少心得。

首先，无论是读书求知，还是道德教养，都须学而有恒，教而有常。

曾国藩教育长子曾纪泽时就说过："尔读书记性平常，此不足虑。所虑者第一怕无恒，第二怕随笔点过一遍，并未看得明白。此却是大病。"因此，"学问之道无穷，而总以有恒为主"。只要有常心，持之以恒，就不怕有学不懂的知识，解决不了的问题。同样的道理，儿童的道德教育也须持之以恒。中国民间有所谓给孩子"做规矩"的认识，反映了这一用意。北宋学者张载、程颐曾同样以养狗为喻，说明教育幼儿必须有恒的问题。他们指出，如果见狗进屋有时驱赶逐打，有时却喜爱有加，还喂以食物，如何能训练得它守规矩？儿童教育同理。所以要"教之示以好恶有常"（《程氏遗书》）。举例和比喻虽有欠妥，但所讲道理却是正确的。因为，教育有一致性，就既不会令儿童感到无所适从，也不会让儿童产生怠惰和侥幸心理，更不会养成儿童看大人脸色行事的坏习惯。

其次，父母亲之间的教育要保持一致性，即所谓教育的"有常"。古人认为，父母亲之间，往往母亲对儿童较之父亲更宠爱一些，因此孩子多畏父亲，远父近母。如果"父母俱贤，子必中义方之教"。反之，如果父亲严教而母亲偏袒，会养成孩子"阳从父训而阴奉母言"的现象，"子之不肖，多由于此"（邓朴庵《家范辑要》引《据桐丛说》）。这就指出了，父母教育的不一致，不仅使家庭教育的作用互相抵消，还易养成孩子表里不一、阳奉阴违、欺骗隐瞒等不良品性，贻害甚大。这里，还特别强调了母教在教育子女中的作用，指出了母亲盲目的、无节制的、不讲原则的爱的害处。正如古人所言，为人之母，不患不慈，而患于"知爱而不知教也"。

第五节　女子家庭教育

在中国古代，家庭教育对于女孩较之男孩有着更为重要的意义，这是因为女子历来被排斥在学校教育之外，她们受教育的途径主要是社会教化和家庭，又是以家庭为主。陈宏谋在其《五种遗规·教女遗规·序》中指出，女子"当其甫离襁褓，养护深闺，非若男子出就外傅，有师友之切磋，《诗》《书》之浸灌也"。这表明，古代女子受教育的主要场所是在家庭中，而女子家庭教育又有着独特的目的和内容。研究中国古代的家庭教育就不能不研究女子家庭教育。

一、女子家庭教育的作用与目的

由于中国古代整个社会都普遍倡导和遵循"男女有别"的准则，包括家庭教育在内的全部教育都将女子视为需要特别对待的对象。这种认识导因于认为女子受教育具有特殊的目的与作用。

（一）女子家庭教育的作用

陈宏谋曾指出："夫在家为女，出嫁为妇，生子为母。有贤女然后有贤妇，有贤妇然后有贤母，有贤母然后有贤子孙。王化始于闺门，家人利在女贞，女教之所系，盖綦重矣！"（《五种遗规·教女遗规·序》）这段话道尽了女子家庭教育的作用——贤子孙的造就是因为有贤母亲，贤母亲是由贤妇人转化而来，贤妇人又是脱胎于贤女子，而贤女子是良好的家庭教育的结果。尤其重要的是，形成了贤家庭，造就了贤子孙，就会有好的社会、好的国家。古人就是依据这样的社会伦理逻辑，推论出女子受良好家庭教育的作用。也就是说，女子家庭教育不仅利在子孙，而且利在社会国家，自然不可轻视。

正是出于这样的认识，中国自古就注重女子家庭教育，从《易经》的"家人"卦开始，到汉代确立"男尊女卑""三纲五常"等道德观念后，其风尤甚。自汉代班昭撰成《女诫》这一中国最早的普及性女子教育读物后，唐代又有了宋若莘、宋若昭的《女论语》。宋以后，《女小儿语》《闺范》《母训》之类的女子教育读物层出不穷。这些，都是在上述对女子家庭教育作用认识基础上的社会行动。尽管古代对女子家庭教育作用的认识存在着不小的失误，但认识到女子家庭教育的好坏关系到子女、家庭、国家、社会，却是无可非议的。

（二）女子家庭教育的目的

既然女子素质的好坏有着如此重要的作用，女子家庭教育的目的就是通过传授"为女为妇为母之道"，培养品性贤良、长于持家、善于教子的"贤女子"。正如《女论语》前言中所说的："九烈可嘉。三贞可慕。深惜后人不能追步。乃撰一书。名为论语。敬戒相承。教训女子。若依斯言。是为贤妇。罔俾前人。传美千古。"因此，成为"贤妇"是女子家庭教育的目的，而贤良女子的造就又是从幼小女子时期就开始起步的。如果说，社会和家庭对男孩子还有着各种各样的期待，或读书、或入仕、或学就一艺自食其力，男子个人发展的天地还比较宽广，而对女子的教育要求就很单一，那就是恪守妇道、尽职闺闱，女子发展的天地十分狭窄。这是伦理本位、重男轻女的中国传统社会的必然，也是中国传统教育的一大缺陷之所在。

二、女子家庭教育的内容

既然教育无须为女子走上社会做准备，而只须造就家庭的合格的"看家人"、传宗接代的工具，那么，整个家庭教育内容的设计都是围绕此展开的。清人傅以渐奉当时的封建帝王之命编纂了《内则衍义》，是为中国古代女子教育的集大成的教科书。从其分类可以看出古代女子教育的基本内容：

孝之道：事舅姑（公婆），事父母；

敬之道：事夫，劝学，佐忠，赞廉，重贤；

教之道：教子，勉学，训忠；

礼之道：敬祭祀，肃家政，定变，守贞，殉节，端好尚，崇俭约，谨言，慎仪；

让之道：崇谦退，和妯娌，睦宗族，待外戚；

慈之道：逮下，慈幼，敦仁，爱民，宥过；

勤之道：女工，饮食；

学之道：好学，著书。

概括而言，古代女子家庭教育的内容可以分为以下几类。

（一）礼法妇道教育

以名教的准则要求女子恪守妇道是女子家庭教育的首要内容。对此，每一个家庭都无比重视。窦克勤曾说："昔人云，教女即当以教妇者教之，此是千古爱女名言。"（《寻乐堂家规·教女》）爱护女孩子就意味着使其自小就明知为妇之道。所谓妇道，内容十分繁复。庞尚鹏在其《庞氏家训》中规定："女子年六岁，诵《女诫》，不许出闺门。"其所编《女诫》规定的妇道不厌其烦："男女相维，治家明肃。贞女从夫，世称和淑。事夫如天，倚为钧轴。爱敬舅姑（公婆），日祈百福。教子读书，勿如禽犊。妯娌交欢，毋相鱼肉。婢仆多恩，毋生荼毒。夜绩忘劳，徐吾合烛。家累千金，毋忘擅粥。虽有千仓，毋轻半菽。妇顺母仪，能回薄俗。嗟彼狡徒，豺声蜂目。长舌厉阶，划地成狱。妒悍相残，身攒百矢。天道好还，有如转毂。持诵斯言，蓝田种玉。"女孩子从六岁起就要背诵这些戒条，可见妇道的观念和规范是从幼小时就开始灌输的，而所谓妇道几乎包括了女子做人的所有方面的要求，主要又可分为如何待人、如何律己两个方面。

关于待人，上述所有这些要求妇女做到的内容纵横交错，包容了妇女对上一代、对丈夫、对子女下代、对同辈、对亲戚邻里、对他人所应负的种种责任。其中，因为出嫁从夫，对丈夫所尽的责任将是第一位的，女子的一切行动都将以之为轴心。总之，要求对丈夫，做到一个"顺"字；对公婆长辈，做到一个"敬"字；对子女后代，做到一个"教"字；对婢仆下人，做到一个"慈"字；对同辈亲邻，做到一个"睦"字；对外姓旁人，做到一个"让"字。如此这般，才可称得上是恪守妇道的女子。

关于律己，包括了思想、言谈、举止等方面的自我严格要求。如做到男女有别，"八岁九岁，男女分明。坐必异席，食必异案，闲习礼度，勿事戏玩。十岁不出，闺阁深居，婉娩柔顺，姆训是依"（孙承恩《女训》）。及至出嫁之后，一心一意于丈夫、孩子和家庭，决不允许有丝毫的非分之想，出格之行，一切以贞洁、贤惠为务，即使丈夫发生不幸，也应心如死水，为之守节终身。

总之，传统女子家庭教育中的礼法妇道教育强调的是"三从四德"，是"卑弱"二字，要求妇女"有善莫名。有恶莫辞。忍辱含垢。常若畏惧。是谓卑弱下人也"（班昭《女诫·卑弱第一》）。

（二）言行规范教育

与为妇之道的要求相一致，在言行举止方面也有详尽的规定。

举止——"女子家只是精神不露、意态深沉为第一美德。若轻浅浮薄、逞聪明、学轻佻，最为可恨。"

言语——"女子之言，安详沉重，不可烦琐，不可粗暴，不可高大，不可花巧，不可张皇，不可伪妄。"（王士俊《闲家编》）"宜朴诚，不宜伪妄；宜简重，不宜烦多；宜安静，不宜躁急。大约于日用应对之间，有

温厚和平之意乃为可贵。"(《寻乐堂家规·教女》)

饮食——"女子最戒，是尚口腹、作饮食之人。在家常令淡素，虽肉食有余，无令厌足。肉食谓之下饭，但令饭能下咽足矣。至于饮酒，丧敬惧之心，长放肆之胆，尤宜节戒。"(《闲家编》)

服饰——"居家衣服，以布为之，务令洁爽，不可污垢。即有佩饰，亦令雅素，无得华靡。"(《寻乐堂家规·教女》)

总之，女孩子从小就须"低声下气，谨言寡笑""莫举止轻狂，莫妖乔打扮。莫高声大笑"(《五种遗规·教女遗规·女训约言》)。因为言行举止是妇道的外在表现，它所反映的是女子之"德"，所以不是可以轻易放过的小节。

（三）女红家务教育

女子的天职就是顺夫、持家、育儿。正如《易经》中"家人"卦所言："无攸遂，在中馈。"意为家庭稳定，无所差池，关键在于主妇的谨慎理家。因此，教女子以女红家务就十分要紧。这也是妇道的一个极重要的具体方面。人们往往以此作为衡量一个妇女是否恪尽妇职的标准，而对那些拙于家事的妇女批评有加。

对女子的女红家务教育从女孩子很小的时候就已开始。庞尚鹏《庞氏家训》曾规定："女子六岁以上，岁给吉贝十斤，麻一斤；八岁以上，岁给吉贝二十斤，麻二斤；十岁以上，岁给吉贝三十斤，麻五斤，听其贮为嫁衣；妇初归（嫁），每岁吉贝三十斤，麻五斤，俱令亲自纺织，不许雇人。"随着女孩子年龄的增长，对其纺织训练的量就要逐步增加，从带有游戏性质的纺织练习，到自织嫁衣，再到出嫁后承担全家的衣物，均要求女子自力更生。除了纺织，其他家务，无不要求熟练掌握。明代吕坤提得更为详尽："（女孩）八岁学作小履，十岁以上即令纺棉、饲蚕、缫丝，十二以上习茶饭、酒浆、酱醋，十四以上学衣裳、织布、染蘸。

凡门内之事，无所不精。"(《吕坤全集·职业》) 这样，女孩子出嫁前所应具备的生活技能都掌握，达到了做一个贤妻良母的标准。

上述内容，可以看成中国古代社会为女孩子日后成为合格的人妇、人母所设计的家庭生活技能训练和教育的课程表，也是评判女子是否"有德"的一方面标准。古代一般家庭如要论婚嫁，这一标准也成为考察和选择女子的重要依据。

(四) 文化知识教育

中国古代评价、衡量妇女的首要标准是"德"，有所谓"女子无才便是德"的说法。这儿的"才"是指"才学"，即有文化知识。也就是说，女子是否读书有文化其事小，而无德则其事大。因此，从总体上看，古代社会并不提倡女子接受文化知识教育。这造成绝大多数妇女是目不识丁的文盲，即使少数开明的家庭准许女孩子读书识字，也只限于略识几字而已。明人温璜的《温氏母训》就曾明确提出："妇女只许粗识'柴''米''鱼''肉'数百字。多识字，无益而有损也。"因为"妇人不谙中馈，不入厨堂，不可以治家。使妇人得以结伴联社，呈身露面，不可以齐家"。这是将妇女有文化与守妇德截然对立起来，唯恐妇女有了文化就会走出家庭、走向社会与男子为伍，败坏家风，败坏风俗。而之所以还主张让妇女学一点文化知识，无非出于两方面的目的。其一，便于理家。清人陆世仪说："盖识字则可理家政、治货财，代夫之劳。"(《思辨录辑要》卷一) 其二，便于"相夫教子"。古人也认识到，妇女略有文化，不仅可与丈夫"琴瑟相和"，还能对丈夫的事业有所帮助，尤其重要的是能对子女教育有所帮助。

因此，中国古代家庭教育中有意无意地对妇女实行了知识禁锢的做法。这是社会"男尊女卑"观念的具体表现，不仅扼杀了妇女的才智，更无益于社会的健康发展。

中国幼儿教育史

尽管中国传统的女子教育和女子家庭教育造就了中国妇女的许多美德，如吃苦耐劳、心灵手巧、深明大义、顾全家庭、尽心育儿等，但总体上说，这种教育的缺陷更多，表现在：剥夺了妇女受文化知识教育的权利、个性的压抑和剥夺女子参与社会交往的权利。这是我们研究中国传统女子家庭教育所应当指出和予以批判的。

思考题

1. 中国古代家庭教育作用观的特点是什么？

2. 试分析中国传统社会家庭教育的主要目的。

3. 试述中国古代家庭教育的主要内容。

4. 中国古代家庭教育的原则与方法给人以什么样的启示？

5. 试评说中国传统女子家庭教育。

第四章　古代的蒙养教育

中国古代始终未能形成严格的、完整的学校教育制度，也不存在"学龄"和"学龄前"这样的教育概念，因此，中国古代学校和教育有一种特有现象，即：儿童入学受教育的年龄界限不严格，甚至儿童受文化知识启蒙的起始年限也不严格。换言之，因家庭、儿童个人条件和社会所创造的教育条件的不同，不同儿童的受教育情况也不尽相同。古代的不少儿童还未到上学年龄就已开始在家庭中接受启蒙教育，而不少儿童即使已出外上私塾读书，其实其年龄还处在幼儿阶段。这就造成了中国古代儿童启蒙教育阶段性特点模糊不清的情况，也造成了中国古代的启蒙教育既包含了幼儿家庭教育，也包含了学校教育的独有现象。中国古代将这一过渡阶段的儿童教育称之为"蒙学"和"蒙养教育"。所谓蒙学，其含义包括：（1）行使小学教育职能的学校，如私塾、村学等；（2）幼儿教育、童蒙教育等。所谓蒙养教育，其含义包括：（1）儿童在学校中所受的初始教育，即小学教育的最初一段；（2）入学之前和在学校之外，通过各种形式所受的启蒙教育。因此，中国古代的蒙学和蒙养教育事实上也是一种幼儿教育。它虽与学校的文化知识启蒙教育有所相同，却又有所不同，即其受教育对象往往是幼小儿童，而且往往是在家庭中进行；它虽与家庭教育、幼儿教育有所相同，却也有所不同，即其是家庭、社会教育中那部分经过一定的组织、运用特定的方法和手段所进行的文化知识、道德启蒙教育。因此，蒙养教育又是一种特殊的幼儿教育。

第一节　蒙养教育的产生与发展

中国殷商时期的甲骨文中"学"字有写作 的。根据中国文字的造字特点，文字的一定笔画往往表示一定的实际事物，反映一定的人类实践活动。因此，后人解释说， 字的上部"爻"字，或表示占卦用的蓍草，或表示计数用的算筹；而下部的"子"字，代表着儿童。 字就表示成人在教儿童用蓍草占卦或用算筹计算。这也是古人对"教育"和教育活动的最初理解，其中也折射出古老的蒙养教育的实施情形。据传撰写于西周时期的《易经》，其中的"蒙"卦有卦辞云："匪我求童蒙，童蒙求我。初筮告，再三渎，渎则不告。"意谓：（作为教育者）不是我去送教给儿童，而是要让儿童在自修的基础上来就我而学。对儿童的求教提问，我给予明确回答。如果儿童再三用相同的问题提问的话，那就是有渎为师施教之道，既如此，就不当再教告他。这段话反映了中国古代的一个重要的教育观念，即强调学习者的自学、自悟，而教育者的教是在此基础上引导、点拨，不是提供现成的答案，即使是对幼小儿童的教育也同样如此。这一观念对后世有深远影响。因此我们看到，在后世儿童的启蒙教育中，更多的是让儿童自己学习，自行读书、练习、体会，有所谓"书读百遍，其义自现"的说法。这可以说是中国传统蒙养教育的重要特点之一。与此同时，有组织的蒙养教育也开始萌芽。中国先秦时期教育理论的总结性论著《学记》中有"家有塾"的记载，表明中国古代的儿童启蒙教育在当时已出现原始的组织机构，而后代的私塾从文献渊源上实际上可以追溯到此。

蒙养教育在秦汉以后便进入有教材、有组织形式的阶段。[1]秦始皇统一中国后，进一步采取了统一思想文化的措施，其中有"书同文"一条，即统一语言文字。他命令臣下编写了《仓颉篇》《爰历篇》和《博学篇》等几种字书颁行全国，以作为全国的文字标准。这些字书在作为文字标准的同时，客观上也成了儿童启蒙识字的教材，中国的蒙养教育开始进入了有识字、习字教材的阶段。到汉代，在家庭之外，出现了以识字启蒙为任务的"书馆"，蒙养教育开始进入由家庭教育施行和教育机构施行并行的时期，同时，蒙养教育—小学后期教育—大学教育形成了连接。

唐宋时期是我国蒙养教育的大发展时期。由于科举制度的确立，一般社会民众从理论上讲都可以通过参加科举考试走入仕途，因此，社会上求学、自学蔚然成风，"三尺童子耻不言文墨"；另一方面，由于印刷术的发明和推广，书籍成为越来越普通的学习用品，给人们的读书求学带来极大的方便，一般民众都可以很容易地获得书本。自此之后，读书变得不再奢侈，只要略有家庭生活条件的保障，家长们都愿意让自己的孩子从幼小时就开始受一些启蒙教育。蒙养教育快速发展起来，具体表现在：第一，蒙养教材数量日见其大，品种日见其多，质量也日见其高；第二，不少家庭都比较自觉地让孩子从幼小时就开始接受启蒙教育，教以读书写字；第三，家庭之外，实行蒙养教育的教育机构也日见其多，各种形式的私塾遍布城乡；第四，以蒙养教育的理论和实践为研究对象的学术性著作也开始出现，如清人王筠有《教童子法》，专论蒙养教育。

从总体上看，日益注重蒙养教育是中国古代教育发展的趋势，也形成中国的一大教育传统。这不仅有利于早期开发儿童的智力，提高我们民族的素质，而且有利于探索儿童启蒙教育问题，有助于积累丰富的幼儿

---

1 乔卫平，程培杰.中国古代幼儿教育史［M］.合肥：安徽教育出版社，1989：153.

中国幼儿教育史

启蒙教育经验。这些经验值得今天的人们发掘、研究和借鉴。

第二节　蒙养教育的性质、目的和任务

尽管蒙养教育与家庭幼儿教育、学校教育存在着重叠与交叉，但细加分析，它还是有着自己的性质、目的和任务。

一、蒙养教育的性质

作为一种文化知识和道德品行的启蒙教育，蒙养教育与一般的家庭知识、道德教育相比，其目的性和组织性更为明显；而与整个小学阶段的学校教育相比，又具有基础性和过渡性的特点。对此，古代不少学者都曾有过论述。

霍韬的《家训》就是从基础性和过渡性的角度去看家庭中的蒙养教育的，书中提出：

"一曰孝亲。凡人家于童子，始能行能言，晨朝即引至尊长寝所，教之问曰：'尊长兴否何如，昨夕冷暖何如？'习成自然。迨入小学，教师于童子晨揖，分班立定，细问定省之礼何如，有不能行，先于守礼之家倡率之。童子良知未丧，最易教导。此行仁之端也。

"二曰弟长。凡人家于童子，始能行能言，凡坐必教之让坐，食必教之让食，行必教之让行，晨朝见尊长即肃揖，应对唯诺，教之详缓敬谨，自幼习之，亦如自然。迨入小学，不别贫富贵贱，坐、立、行，俱以齿，晨揖分班立定，必问在家、在道，见尊长、兄长，礼节何如。有不能行，敦切喻之，先于守礼之家倡率之。此由义之端也。

"三曰尊师。凡人家于童子，始能行能言，遇有大宾盛服至者，教之出揖，暂立左右，语之曰：'此先生也，能教人守礼，可敬也。'由幼稚即启发其严畏之心。迫入小学，易于遵教。为师者晨日礼服与诸生肃揖后，言动视听、容貌气色敦切晓诲，使之勉勉循循，动由矩度，此严恭谨畏之所由起，而动容周旋中礼之基也。"

很清楚，这是在蒙养教育中从尊敬长辈、友爱同学、敬重老师等方面要求孩子，以帮助孩子养成良好的习惯与意识，预先适应有组织、有规矩的学习生活，为今后进入小学阶段的学习做准备，目的性颇为明确。这也反映了蒙养教育的基础、过渡性质。

二、蒙养教育的目的和任务

既然蒙养教育具有基础和过渡性质，那么，为今后受系统的学校知识与道德教育学习一些基础知识，养成一些基本道德行为，形成一些初步的学习生活习惯，就是蒙养教育的目的和任务。

（一）蒙养教育的目的

对于人的整个发展而言，幼儿时期的家庭教育是基础；对于人日后受系统的学校教育而言，蒙养教育也是基础。因此，"蒙以养正"，为今后受系统、完整的教育打下基础，可以说是蒙养教育的目的。陆世仪曾说："教子工夫，第一在齐家，第二在择师。若不能齐家，则其子自孩提以来，爱憎嗔笑必有不能一轨于正者矣，虽有良师，化诲亦难。"（《思辨录辑要》卷十）所谓齐家，是指儿童的家庭教育和蒙养教育；所谓择师，是指儿童离家外出就师求学。所以说，家庭中的蒙养教育是为以后上学读书做准备的，蒙养教育有所失误，将会给后来的学校教育带来极大的困难。

（二）蒙养教育的任务

出于为今后顺利接受系统的文化知识教育和思想道德教育做准备的需要，蒙养教育的任务主要有两方面。

其一，培养初步的道德品性。古人曾指出："幼学之士，先要分别人品之上下，何者是圣贤所为之事，何者是下愚所为之事。向善背恶，去彼取此，幼学所当先也。"（《宋元学案·陈邹诸儒学案·陈右司说》）使孩子初步知晓是非善恶，懂得向善背恶，不致在日后离家求学，处身于同学外人中，不辨是非，不分善恶，与不善为伍。因此，古人清楚地认识到，"童稚之学，不止记诵"，蒙养教育并非仅仅教孩子以识字读书，要紧的是"养其良知良能"。（《宋元学案补遗·杨文公家训》）

其二，打下初步的文化知识基础。包括一定的识字量，初步的写字能力、诵读能力，乃至初步的"对对子"能力。

总之，蒙养教育的目的和任务是为儿童顺利地进入正规的学习过程做准备。

第三节　蒙养教育的内容与教材

作为一种具有相对的组织性的教育，蒙养教育的特点之一就在于依据一定的教材，有序地安排教育内容，施行儿童的启蒙教育。中国古代儿童启蒙教育在教材编撰方面是取得了很大成绩的，有不少可为今天的人们重视的经验。

一、蒙养教材的发展

蒙养教材是指专为儿童启蒙而编撰的一批有关道德和知识内容的儿童

读物。中国古代蒙养教材出现得很早，先秦典籍《礼记》的《曲礼》篇中有这样的句子："衣毋拨，足毋蹶。""将上堂，声必扬。""将入户，必视下。"这些三字句押韵上口，可读可诵，便于记忆。从内容上看，浅显易懂，是要求儿童行为举止端庄，在日常生活中讲礼貌。宋人朱熹认为，这些"皆是古人初教小儿语"。可见，这很可能是当时儿童道德教育的普及性读物。相传，中国最早的蒙养教育识字教材，是由西周宣王时史官所编的《史籀篇》，此书既是社会流行的文字标准，也是"教学童书"。到了秦汉时期，用作儿童识字教材的字书渐多，除了秦代李斯的《仓颉篇》、赵高的《爱历篇》、太史令胡毋敬的《博学篇》外，汉代又出现了司马相如的《凡将篇》、史游的《急就篇》等。尤其是《急就篇》流传广，影响大，"汉、魏以后，童子皆读史游《急就篇》"（顾炎武《日知录》卷二十一）。

魏晋至隋唐是我国儿童启蒙教材发展的重要过渡时期，儿童启蒙教材从利用字书进入专门编撰的时期，并出现了一批有深远影响的教材。如东晋至齐梁之间有《开蒙要训》，后来在敦煌发现了唐代抄写本的残卷。值得一提的是南朝梁时的周兴嗣编的《千字文》，此书自编成后流传一千多年，是四字韵语启蒙教材的经典之作，一直沿用到近代语体文儿童启蒙教材出现时才退出历史舞台。唐代的蒙养教材也有不少成功之作，如《太公家教》《兔园册府》等，在当时流传极广，后来还传至周边国家。其中，李翰所编的《蒙求》是一种扩大儿童知识面的蒙养教材，此书广泛搜集文献所载的历史故事，加以分类编撰，以韵语的形式对偶成文，也开了后世此类教材的范例。

自宋代起，中国传统儿童启蒙教材的发展进入巅峰时期。表现在三个方面。（1）数量多，难以确计。除了像《百家姓》《三字经》等一大批被广泛使用和流传的教材之外，不少学者和教育者出于各自的教子需要还纷纷自编教材。（2）种类多，形成体系。蒙养教育的各个方面几乎都有相应的教材，如识字的、习字的、道德教育的、阅读的、扩大知识面的、写作的等等。（3）精品多，有代表作。最可为代表的是《百家姓》《三字经》等一批教材。这些教材契合中国语言文字规律和儿童学习心理，取得了很高的成就。前人不仅留下了一批有质量的传统儿童启蒙教材，而且也留下了丰富的本民族语文教材编写经验。

二、蒙养教材的种类

随着宋代以后蒙养教材编撰的大发展，为适应启蒙教育的多方面需要，蒙养教材的编撰出现专门化趋势，教材的分工变得明确起来，种类繁多。概括而言，主要有如下几类。

（一）识字、习字教材

古人认为，儿童启蒙首先须过识字关，识字关过了，阅读即不成为问题，知识的获取就有了方便的工具。与此同时，人们也注重写字训练，以为日后的书写和写作打下基础。因此，在唐宋以后，出现了一批优秀的识字、习字教材。其中最有代表性的识字教材是《千字文》《百家姓》和《三字经》。这几种教材选字量都在千字左右，几种教材的字数相加除去重复的字，总生字数在两千字左右。识得两千字，就可基本通过汉语言文字的识字关，进一步的阅读就可以无大碍。而且，这几种教材同时又包含了大量的自然和社会知识，在让儿童识字的同时，也传授了知识，因此又可以说这也是一些综合性教材。在编排形式上，这些教材也有可取之处。如其句式或为三字句，或为四字句，都押韵，朗朗上口，易读易记，而且还包含了汉语中基本的语法现象。所有这些特点，使这些教材发挥了多种教育功能。

习字教材也有多种，而最初步的儿童习字教材是以下这种："上大人，丘乙己，化三千，七十士，尔小生，八九子，佳作仁，可知礼也。"寥寥二十五个字，却包含了汉字的主要笔画和一些部首，便于对儿童进行基本的汉字笔画和结构训练。尤其值得注意的是，与识字教材一样，习字教材也编成了有含义的韵语，使之具有了强烈的教育意义。

（二）伦理道德教材

这是蒙养教材中的一个大类。从内容上看，侧重于向儿童灌输传统的伦理规范和道德知识以及为人处世、待人接物的道理。从形式上看，种类繁多，如有儿歌韵语类的，有故事传记类的，有格言警句类的，还有规章戒条类的。此外，有些教材还编写得图文并茂，如明人涂时相的《养蒙图说》。这些教材中的代表作有：袁采的《袁氏世范》，司马光的《温公家范》，朱熹的《小学》《童蒙须知》《训蒙诗》，吕本中的《童蒙训》，吕祖谦的《少仪外传》，程端蒙的《性理字训》，真德秀的《教子斋规》等。这些教材力图编写得形式生动活泼，如采取了诗歌、格言、故事等为儿童所喜闻乐见的形式，如明人吕得胜《小儿语》中有这样的训诫："一切言动，都要安详。十差九错，只为慌张。"又说："自家过失，不消遮掩，遮掩不得，又添一短。"等等。但是，由于教材内容的严肃凝重，其中所体现的道德要求过高、过严，总体上显得过分说教和成人化而有违儿童的天性。

（三）历史知识教材

此类蒙养教材是李翰《蒙求》的发展，其主要编写目的是传授历史知识，扩大儿童的阅读面和知识面。其中既有"精卫填海""女娲补天"之类的神话故事，也有"匡衡凿壁""孙敬闭户""孙康映雪""车胤聚萤"一类历史人物发奋读书、刻苦成才的故事及其他一些人物的嘉言善行，还有"杜康造酒""仓颉制字""蒙恬制笔""蔡伦造纸"等一些历史创造故事，此外还有简述历史的演变、朝代的更替等历史事实的。有些作者依据历代所编成的正史，如《春秋左传》、"十七史"等，予以通俗化的加工，编成相应的教材。从形式上看，这些教材同样采取了四字句、对偶、押韵等形式，易读易记，趣味盎然，并寓思想道德教育于知识教育之中。这样的编写样式出于古人对儿童学习心理的认识。清人林之望在《养蒙金鉴序》中指出："顾童子之心，苦于穷经，而乐于记典。"意为儿童的心理特点大都是以读枯燥乏味的经书为苦事，而以听故事、讲典故为乐事。这些历史知识教材中的代表作有：宋人王令的《十七史蒙求》、胡寅的《叙古千文》、黄继善的《史学提要》，元人陈栎的《历代蒙求》、吴化龙的《左氏蒙求》等。

（四）名物制度和自然常识教材

这类蒙养教材的编写目的也是扩大儿童的知识面，代表作有宋人方逢辰的《名物蒙求》，明人程登吉的《幼学琼林》等。其内容所涉及的范围更加广泛，天文、地理、草木、鸟兽、衣服、器具、建筑、工艺、生产、交易、社会、人事、语言、文字、风俗、民族，凡自然界与人类社会的事事物物，都予以列举、介绍和解释。如解释名称的："日月五星，谓之七政；天地与人，谓之三才。""披星戴月，谓早夜之奔驰；沐雨栉风，谓风尘之劳苦。"介绍制度的："北京原属幽燕，金台是其异号；南京原为建业，金陵又是别名。""河南在华夏之中，故曰中州。""东粤西粤，乃广东广西之域。"说明自然现象的："月光都尽谓之晦，三十日之名；月光复苏谓之朔，初一日之号；月与日对谓之望，十五日之称。""东岳泰山，西岳华山，南岳衡山，北岳恒山，中岳嵩山，此为天下之五岳。"解释社会人事的："读书为士，耕田为农。行商坐贾，技艺百工。是谓四民，各有所业。"此种教材重在解释事物，以切实准确为尚，因此较少道德说教，知识性强，很得儿童喜爱，用今天的标准衡量，可以说是编写得最为成功的一类，完全可以为当今的幼小教育所借鉴。

（五）诗歌阅读教材

由于中国古代诗歌与音乐有着极为密切的联系，此类教材除了具有增加阅读量、扩大知识面的作用外，还具有美育的作用。其代表作有宋代汪洙的《神童诗》、朱熹的《训蒙诗》、陈淳的《小学诗礼》、刘克庄的《千家诗》，以及清人所编《唐诗三百首》等。这些诗歌阅读教材有的是作者自作，而有的则为作者选编历代诗作而成，所选所作大都做到了内容通俗，形式优美，不少为名作名篇。如与《三字经》《百家姓》《千字文》齐名的《千家诗》，所选均系历代脍炙人口的诗歌名作，全为五言和七言绝句与律诗，按时令、节候、气候、昼夜、百花、竹林、天文、地理、宫室、器用、禽兽、音乐、昆虫、人品分类编排，其中就有大量像唐代诗人杜牧《清明》这样的佳作："清明时节雨纷纷，路上行人欲断魂。借问酒家何处有？牧童遥指杏花村。"由于这些诗歌教材所选多为名篇，短小顺畅，形象生动，明白易懂，音乐感强，朗朗上口，深得儿童喜爱，有利于提高儿童的语文和艺术修养。但也同样是因为诗歌教材的特殊教育作用，被选编的有些诗歌产生了一些不良影响。如《神童诗》中有一大类是宣扬读书做官、出人头地的诗歌："天子重英豪，文章教尔曹。万般皆下品，惟有读书高。""少小须勤学，文章可立身。满朝朱紫贵，尽是读书人。"

（六）语法写作教材

儿童在积累了一定的识字量后，蒙养教育便进入了解汉字词性和初步的写作训练阶段。这种训练是从最简单的"对对子"入手的。对此也有专门的教材，如明人司守谦的《训蒙骈句》，明末清初李渔的《笠翁对韵》，清人车万育的《声律启蒙》，状元阁主人的《选集启蒙幼学三字巧对》，李调元的《精选幼学对类读本》等。这些教材编排了从一字对、两字对、三字对、五字对、七字对直至十几字对、几十字对的范例，如："云对雨，雪对风，晚照对晴空。""春对夏，秋对冬，暮鼓对晨钟。""来对往，密对稀，燕舞对莺飞。"以及"风高秋月白，雨霁晚霞红。""云似锦，雨如丝。"此类教材的教育和训练意图明确：其一，通过对对子，要求名词与名词、动词与动词、形容词与形容词、虚词与虚词等各个相对，让儿童在潜移默化中了解汉字词性，为进一步学习语法打下基础；其二，从一字对入手，所对的字数逐步增加，由字成句，由句成段，由段成篇，循序渐进地训练儿童初步的写作能力；其三，要求对对子须讲究押韵和节律，也使儿童了解基本的汉语言文字的音律知识。从对汉语言文字规律的了解与掌握角度看，此类教材的编写经验颇有可取之处。

（七）女学读物

这是蒙养教材中独特的一类，专为女孩子道德和知识启蒙而编。

中国古代最早出现的女子教育读物为东汉班昭为教育自己的女儿所编的《女诫》。之后，蔡邕为教育女儿蔡琰编了《女训》。唐代时，陈邈妻郑氏仿《孝经》样式编写了《女孝经》，宋若莘、宋若昭仿《论语》形式编写了《女论语》。这些均为很有影响力的女子教育读物。明清时期，专为幼小女童编写的女学读物大量出现，体例多仿照为男童编的蒙养教材，也采取三字、四字、五字、七字的韵语形式，其著名者有明人吕得胜的《女小儿语》，佚名者编写的《女儿经》(三字经)、《闺门女儿经》(四字经)、《闺训千字文》等，而以《女儿经》最可为代表。吕得胜的《女小儿语》往往与其另一种男童蒙养读物《小儿语》一同刊印，也有影响。

这些女小儿读物无一例外地宣扬"男尊女卑""三从四德""三纲五常""忠孝节义"之类的道德观念，以从小训诫女孩子成为未来的贤妻良母、孝女节妇。如《女小儿语》开头就道："少年妇女，最要勤谨。比人先起，比人后寝。争着做活，让着吃饭。身懒口馋，惹人下贱。米面油盐，碗碟匙箸。一切家火，放在是处。件件要能，事事要会。人巧我拙，见他也愧……"这些女学读物对女孩子今后人生道路上的一举一动都不厌其烦地作出了详而又详的诫规，告诫女孩子从小就须注重名节，而且要一生重名，所谓"贤妻孝妇，万古传名，村婆俗女，枉活一生"。

从总体上看，专为女童编的启蒙教材中所宣扬的内容更多封建糟粕，绝大部分应当加以批判和抛弃。

三、"三百千"与蒙养教材编撰的经验

在数量难以确计的蒙养教材中，《三字经》《百家姓》和《千字文》是其中最优秀的代表。以最早出现的《千字文》为例，它在中国社会沿用了千余年，而《百家姓》和《三字经》也被使用了千年左右，这一事实本身就说明了它们的成功。尤其是这三种蒙养教材是从千千万万种教材中经过淘汰筛选出来并组成系列的，三者的配合成套也同样说明它们确实各有所长。作为中国传统启蒙教材中的代表，"三百千"代表着中国传统启蒙教材编撰的成功经验。

(一)"三百千"

如果从产生的先后顺序排列，"三百千"实应为"千百三"。它们被配套组合，有其自身内在的原因。

1.《千字文》

《千字文》为南朝梁时的周兴嗣应梁武帝教子识字的需要编撰而成。据传他依据拓写"书圣"王羲之所书写的 1 000 个不相重复的字，用一个夜晚精心编成。全文均为四言韵语，共 250 句。主要供儿童识字，同时也介绍了有关自然、社会、历史、人伦、生活、教育等方面的广泛知识。隋朝时即开始广泛流行，历代竞相仿作，代不乏人，不仅在国内风行，

而且远播域外，传至朝鲜、日本等国。人们不仅以此作为儿童识字启蒙教材，还用其给街坊屋舍、簿册卷宗分类编号，将其作为计数的工具，如所谓"天"字号、"地"字号之类。可见其影响之大。

《千字文》构思精巧、气势宏大、文采斐然、声律铿锵，是一篇千字美文。文章从宇宙起源记述："天地玄黄，宇宙洪荒。日月盈昃，辰宿列张。寒来暑往，秋收冬藏……"接着述日月星辰等自然现象，述中华民族人文起源，述人伦，述教育，述政治制度，述历史，述生产，述生活，述器物，述文化创造，以述语言文字作结。可以说基本包容了当时社会生活的主要方面。

作为儿童识字启蒙教材，《千字文》的长处在于：从内容上看，所包含的知识丰富，信息量大，能满足儿童的求知欲望；从形式上看，四字韵语，读来抑扬顿挫，易诵易记，为儿童所喜闻乐见。而其不足则在于选字还不够普通，文字组合成句文意过深，而且千字的识字量也嫌不足。

2.《百家姓》

《百家姓》这部优秀的蒙学读物，撰著者姓名不详，大约在北宋初年编成。据前人考证，《百家姓》开首八个姓"赵钱孙李，周吴郑王"，并不表示这些姓的人数最多，而是表示姓这些姓的有些人在当时的身份地位。赵指赵宋，钱为吴越王钱氏，孙为吴越王钱俶的正妃，李为南唐君主李氏，周吴郑王则为吴越王的诸后妃之姓。因此，《百家姓》的作者极可能是宋初原吴越统治地区的学者。

《百家姓》实际不止一百种姓氏，采取四字韵语的形式编排，同样有韵有律，可诵可记，当时就广泛用作儿童识字启蒙教材。南宋诗人陆游曾以之授村中儿童。在以后的时代中，其流传益广，不少学者还为之作注，收录各个姓氏的地域郡望，以明其兴衰迁徙。

《百家姓》由近 500 个用作姓氏的汉字堆砌而成，文句中全无文理意义，何以会在漫长的年代中有如此广泛的流传呢？从形式上分析，全文四字一句，八字一韵，韵多为平声韵，声调响亮；每句四字中，声调又有平仄变化，读来抑扬起伏，悦耳爽心。从内容上分析，尽管全文无意义，但姓氏本身所包含着的深厚的血缘宗法意蕴，能激起每一个读者对血亲与姓氏的认同，即使是孩子也会对自己的姓氏产生兴趣，无意义的文字就有了深刻的引人入胜的意义，《百家姓》的受人喜爱就不难理解。但《百家姓》的不足也很明显：作为教材，它所传输的信息量毕竟有限。

3.《三字经》

在这三部优秀的启蒙读物中，《三字经》可谓后来居上者，可以说流行最广，影响最大。相传由南宋著名学者王应麟所撰，一说出自宋人区适子之手。从文中内容看，最初成书于宋代，又经后代好事者增入了元明清三代的内容。

《三字经》与前些的儿童启蒙读物的不同之处在于它是三字成句，开了一个先例。通行本1 200多字，文字简洁，善于概括，在不长的篇幅中包含了大量的教育观念、自然常识、人伦规范、文献典籍、历史朝代、人物事迹等方面的知识，信息量极大。因此，它一经成书，即不胫而走。后代或仿效其体式，另编新书，或根据时代变化，对其内容加以修订增补，出现了难以计数的《三字经》增补本和各类《三字经》体式的儿童启蒙教材及其他各种读物。甚至还有以《三字经》形式写诗的，如毛泽东就有著名的《八连颂》。可见它在中国文化和社会中的广泛影响力和巨大生命力。

《三字经》三字一句，六字一韵，句中也有一定的声调起伏，内容浅显易懂，易读易记，具有一般儿童启蒙读物的共同优点。而且，其所创造的三字句式，比中国传统诗歌的五、七字句式更为契合中国儿童的诵读习惯。尤其是它选字普通，句义浅近，不像《千字文》那样艰深，更适合儿童的认知能力。这样，它既适合用于儿童识字，也方便儿童的知识启蒙，兼具多方面教育功能。因此，无论就其内容而言，还是就其体式而言，都不愧为中国古代最佳的蒙养教材。

（二）"三百千"的编撰经验

"三百千"的组合配套具有偶然性，也具有必然性。说有偶然性，是由于这三种启蒙教材的写成和组合，并不是谁有意为之；说有必然性，是由于在众多的启蒙教材中不是筛选出其他，而是独独筛选出这样三种编写年代相隔如此久远的教材来，这就不是偶然的。形成"三百千"的必然性在于这三种教材本身的长处。作为启蒙教材，"三百千"编写成功的经验主要有两方面。

第一，符合中国语言文字的规律。

首先，"三百千"长者千余字，短者约500字，而且选字普通，三者相加汉字生字数量在1 000至2 000字，能够识得这些字，就基本过了汉字识字关，具备了进一步阅读和写作的基础。从识字教学的角度看，识字量适度，实用性强。

其次，这三种教材的编写者对汉语言文字的规律有深入的理解和把握，尤其是对儿童启蒙教材及其编写特点也有深入的研究。因此，教材编写吸取了中国传统诗词易诵易记的写作长处，讲究声律音韵，注意平白浅显，在此基础上还考虑到一定的文采，从形式上看就具有了可接受性。

再次，虽是启蒙教材，但编者注意到了它们的语言文字功能。如以《三字经》为例，虽是三字为句，但作者通过三字、六字、九字乃至十二字的组合，体现了汉语言文字的基本语法和修辞现象，如汉语语法中的主谓、动宾、偏正、并列等结构均有出现。这就使儿童在识字启蒙的同时，受到了基本的汉语训练。

第二，符合儿童的认知规律。

首先，"三百千"均为短小浅白的文句，形象生动，有声有律，形同诗歌，读来具有音乐性，而且内容丰富有趣，为儿童所喜闻乐见。即使不解其意，徒然随口唱诵也是一件乐事。

其次，"三百千"均非冗文，每一篇短则数月、长则一年就可轻易地识读完成，儿童不会感到费力。而且，"三百千"组合成一套教材，当一种读完时，儿童还未产生倦怠之意，又可以开始读另一种，能够始终保持读书的兴趣和求知的新鲜感。

再次，"三百千"信息量大，故事性强，很能满足儿童的求知欲望。《三字经》和《千字文》中的几乎每一句，都可以展开作字面解释，讲一堂专题知识课。即使是毫无文义的《百家姓》，也能从引导儿童发现自己的姓氏开始，逐一发现家中亲人、周围邻居、熟人同伴的姓氏，使之兴趣盎然。而且，那些复姓、僻姓、怪姓，也能满足儿童的好奇和探究心理。

以上这些以"三百千"为代表的中国传统启蒙教材编撰的经验，足可以为今天编写幼儿启蒙教材所借鉴。事实上，《三字经》的编写形式仍在今天小学低年级乃至幼儿园思想品德教材中得到运用，取得了理想的效果。而诗歌形式的教材显然也是幼儿园教学中效果明显的部分。总之，中国传统蒙养教材的编撰经验很值得我们重视。

第四节　蒙养教育的原则与方法

蒙养教育与一般的家庭教育的不同之处，在于它已有了内容和形式方面的初步组织。它的每日功课一般为识字、习字、读书、背书、对课和作文，同时进行一定的道德观念的灌输和道德习惯的养成。为了取得理想的教学效果，蒙养教育遵循了一定的教育原则与方法。

一、严格要求，打好基础

既然认识到蒙养教育是向进一步的小学教育的过渡，具有基础性，中国传统蒙养教育的一大特点就是强调打好基础，为此，对儿童学习和思想品德的要求颇为严格。朱熹拟定的《童蒙须知》堪为代表。

如在思想品德方面，蒙养教育根据儿童的身心特点及其教育目的，注重行为习惯的严格训练。要求儿童交往必慎，待接必敬，居处必恭，步立必正，视听必端，言语必谨，容貌必庄，衣冠必整，饮食必节，书具必齐，堂室必洁等，一切中规中矩，不可有一丝差池。自觉于道德规范，娴熟于行为准则，从小学习正言正行，长大才能做个"正人"。

在学习方面，要求亦然。如读书，必须字字响亮，"不可误一字，不可少一字，不可多一字，不可倒一字"，做到熟读成诵。如写字，必须"一笔一画，严正分明，不可潦草"。如学习习惯，要求"读书有三到，谓心到、眼到、口到"，不可如同"小和尚念经，有口无心"。即使是读书的姿势也须注意，要求"将书册整齐顿放，正身体，对书册，详缓看书，仔细分明读之"，甚至书本文具也须爱护，"不可损污绉折"。诸如此类，无非强调从小养成严谨的学习习惯和态度，以为将来受益无穷。

蒙养教育过程中，每日都有功课布置，要求儿童必须按时完成，于第二日授新课前要做检查，决不允许荒疏怠慢，否则，不讲授新课，而且还要严惩不贷，轻则罚立壁角，重则戒尺打手。中国传统的蒙养教育普遍采用体罚手段，有压抑乃至摧残儿童天性的严重缺陷，但其用意则是"如无规矩，不成方圆"。因此，蒙养教育的严格要求具有两面性。

二、文道结合，首重道德

传统的蒙养教育从来不是为知识而知识，而是文道结合，通过文化知识教育灌输伦理道德规范，可谓"文以载道"的一个具体例证。

如上所述，相对而言，"三百千"是识字教材，但可以说通篇是在进行道德说教。《三字经》开首大谈："人之初，性本善。性相近，习相远。苟不教，性乃迁。教之道，贵以专。"是说教育问题，也是说道德问题。

文中还说:"香九龄,能温席,孝于亲,所当执。融四岁,能让梨,弟于长,宜先知。"又说:"父子恩,夫妇从,兄则友,弟则恭,长幼序,友与朋,君则敬,臣则忠,此十义,人则同。"讲尽了人伦关系。在古人看来,蒙养教育"首孝弟,次见闻,知某数,识某文"。道德教育是第一位的,其次才是学数识字之类的"见闻"教育,主次清楚,轻重分明。

但是,蒙养教育的重"道",又非徒然地空口说"道",而是借"文"说"道",以"文"载"道"。如上述《三字经》既是儿歌又像讲故事般地灌输了一大通道德准则。寻找一种理想的教育形式去进行道德教育,即借助知识教育去说"道",是中国传统蒙养教育的一大特点。《三字经》有言曰:"三才者,天地人,三光者,日月星。三纲者,君臣义,父子亲,夫妇顺。"以"三"为由头,从谈天说地,自然而然地引出了人伦纲常,儿童不知不觉地懂得了何为"三纲"。类似的情况还有:"曰水火,木金土,此五行,本乎数。曰仁义,礼智信,此五常,不容紊。"由说"五"而及"五行",再引出"五常",儿童浑然不觉中又懂得了五种人伦关系。诸如此类,文道结合得几乎天衣无缝。"三百千"是如此,其他所有的蒙养教材无不如此。元人程端礼曾指出:蒙养教育"明理演文,一举两得"(《读书分年日程》)。清人张伯行说得更为分明:"论道而专求诸语言文字之间,则道晦矣;抑论学而不求之语言文字之间,则道亦泯矣。"(《朱子语类辑略·序》)文道结合,才是理想境界。

三、注意规律,讲究方法

蒙养教育十分注意遵循教育规律,讲究教、学方法。尤其是在传统语文的启蒙教学中,很有一套经验。

清代文字学家、教育家王筠在其《教童子法》中总结前人的语文教学经验,提出:"能识二千字,乃可读书。"而识字,先是教纯体(独体)

字，再教合体字。王筠的观点具有代表性。因为汉字最常用的字大约在2 000个，识得这些数量，识字关已初步可过，一般阅读也不成问题，练习作对子、写作文也已可着手进行。所以传统语文教学普遍采取了集中识字的方法，效果显著。

至于识字教学的方法，清人崔学古在其《幼训》中介绍道："凡训蒙，勿轻易教书，先截纸骨（即纸片），方广一寸二分，将所读书中字，楷书纸骨上，纸背再书同音，如'文'之与'闻'，'张'之与'章'之类，一一识之……识后，用线穿之，每日温理十字，或数十字，周而复始……"初学识字时，古人并不在乎儿童是否能准确理解字义，而只求其会认会读，继而会写。至于会解，留待日后识字到一定数量时，在大量阅读中去完成。

写字教学也同样有一套程序。古人认识到，儿童身心发育还未成熟，执笔和运笔都有困难，所以写字要稍晚于识字。教写字的过程是：先由大人手把着手写，谓之"打"。"盖蒙童无知，与讲笔法，懵然未解。口教不如手教，轻重转折，粗粗具体，方脱手自书。"（崔学古《幼训》）接着是描红，再次是影写（即将描红字样垫在纸下描影），然后是临帖，最后才是脱离字帖"背"写（即凭对字帖的记忆书写）。在当今的儿童书法教学中，这样的训练方法仍旧被行之有效地运用着。

四、注意兴趣，因势利导

中国传统蒙养教育中存在着大量注入式教育现象，由此也带来枯燥、呆板、死记硬背等弊端，但确实也有不少教育家批评这些现象，提出依据"童子之情"进行教育。吕坤在其《讲书》一文中曾指出："至于深文奥理，天下国家，童子理会不来，强聒反滋其惑。"一味喋喋不休地以深奥的大道理灌输，就显得生硬，而使儿童不胜其烦，不胜其惑。

根据儿童天性活泼好动、思维具体形象的特点，在蒙养教育中，歌诗和故事的形式占有相当大的比重，上述不少蒙养教材都是以故事入书，如《日记故事》《少仪外传》《小学》等，还编写了世界上最早的配有插图的教科书，如《新编对相四言》（13世纪）。当时一般的蒙养教育，在每天下课前，多是讲故事一则，吟诗一首，以激发孩子对学习的兴趣和热爱。即使是强调读书、背书，有忽视理解的缺陷，但其中也有合理的因素。因为蒙养教育阶段，儿童年龄尚小，记忆能力强而理解能力弱，读书易于记住，并可以经久不忘。多读多背，先能读背，而将理解放在日后不断反复的阅读中去形成和深化，这又可以说是遵循了儿童的身心发展规律的做法。

中国传统的蒙养教育有许多有价值的经验，完全可以为我们今天的教育所吸取。尽管现代幼儿教育并不主张给儿童过多的知识教育，但知识和道德的启蒙事实上是其任务之一。因此，蒙养教育的形式与内容，就有不少可借鉴之处。

思考题

1. 试分析中国古代蒙养教育的性质、目的和任务。

2. 中国传统蒙养教材主要有哪些种类？

3. 中国传统蒙养教材的编撰经验给人以什么样的启示？

4. 试述中国传统蒙养教育的原则与方法。

第五章 古代的宫廷幼儿教育

中国古代还存在着一种特殊的幼儿教育，即宫廷幼儿教育。这种教育既不同于普通的学校教育，也不同于一般平民的家庭教育，它是以皇室的太子、王子和其他皇室成员为对象的教育。这种教育有着独特的教育目的、内容和方法，也有着更为周备的组织制度的保障，尤其是，它是在一个特殊的家庭即帝王家庭中实施的教育，在具有教育性的同时，更具有政治性，而且它对社会上一般民众的家庭教育有着巨大的影响。学习中国古代的幼儿教育，不能不了解这种特殊形式的幼儿教育。本章所说的宫廷幼儿教育，主要介绍宫廷幼儿教育中以太子、王子等为对象的教育，即历史上称为保傅教育的这部分内容。

第一节 宫廷幼儿教育的发展

中国古代的宫廷幼儿教育起源得很早。出于培养合格的王位继承人的需要，中国历史上向来有为未来的帝王物色帝王之师的传统，有所谓三师、三保制度，或曰保傅制度。而这些帝王之师对帝王的教育从帝王幼小的时候就已开始，并且延续到其成年甚至执政以后。

据文献记载，中国古代对幼小的未来帝王和王子的教育在商代就已存在。商朝开国君主汤的相伊尹辅佐汤建立了商政权，汤死后又先后扶立汤的子孙，可以说是商初三代君主之师。尤其是汤的孙子太甲初立，年幼、暴虐、无德。于是伊尹将其囚禁，严加管教，待其悔过自新并为善行德后，方才迎回，授之以政。这是历史上著名的"伊尹放太甲"，教育年幼君主的故事。

西周时期，教育年幼帝王成为更为自觉的意识。经过周文王、周武王数十年的苦心经营，建立和稳固了西周政权，并在周武王之弟周公的辅佐下，开始了号称"成康之治"的鼎盛时期。其中有一项为后人津津乐道的事迹，就是以周公为代表的周初统治者对周政权下一代继承人的精心教育和培养。据说，武王死时，其子成王年龄尚幼，还难以承担起帝王之责，周公、周公的弟弟召公、著名的姜太公就负起了教育和辅佐成王的职责。他们分别担负了对成王道德品性、学问知识和身体武艺的培养之责。这种做法成为后代师、保、傅制度的渊源。记载西周统治者教育未来君主的文献——《礼记·文王世子》详细地规定了王子教育的目的、内容和方法，可以说是中国古代宫廷幼儿教育第一次理论总结，对后代帝王教育有很大影响。

春秋战国时期，由于周天子势力的衰败，官学总体上趋于没落，但各诸侯国君主之家的儿童教育却仍旧被相当程度地保存。表现为君主们重视对自己下一代的培养，并通过设立保傅（师傅）制度予以保障。如春秋末齐国景公为他的五个儿子请了师傅，给予很高物质待遇。"所使傅之者皆有车百乘者也"（《晏子春秋·景公敕五子之傅而失言晏子谏》），极言其重视程度。

汉代政权建立后的数十年时间里，不少政治家反复讨论秦朝为何二世而亡的问题。其中有一条重要结论就是秦始皇未能很好地教育他的儿子胡亥，使之暴戾无常，以致政权覆亡。因此，汉初统治者普遍重视太子的教育，不仅完善了保傅制度，还对王子的教育给予理论总结。如西汉早期政治家贾谊系统地提出了太子教育理论，主张及早对太子进行教育（"早谕教"），慎重选择太子身边的师傅和随从（"选左右"和"立师保"），还详细规定了师保们的职责。宫廷幼儿教育的受重视程度提高，也使相应的理论和制度更趋于完善。

汉代以后的中国历代封建统治者都十分重视自己子孙后代的教育问题，不仅通过为太子和王子择师、建立和完善师保制度予以保障，有些还亲自教育子弟，甚至还撰写了教子的专门文字。如唐太宗李世民出于国家长治久安、政权世代相续的考虑，亲撰《帝范》十二篇教诫其子即后来的唐高宗李治，是封建帝王亲自教子的杰出典范。除此之外，各代学者出于国家稳定、政治清明的意图，也都积极参与了帝王之家的教育。如北宋教育家程颐在元祐年间曾担任崇政殿说书，负责教育年幼君主赵煦，从理学家的角度，提出了较系统的保傅教育思想。此外，如北宋的司马光、南宋的朱熹等都倡导自幼教育帝王。另外，在帝王师傅中也曾出现过一批教育有方的有影响力的历史人物，如清末光绪皇帝的师傅翁同龢等。

尽管中国古代宫廷幼儿教育，尤其是帝王、王子教育的目的是维护封建统治的长治久安，甚至可以说是维护某一姓家庭的帝业永保，根本上是为了极少数人的利益，但是也应当承认，一个有着良好的知识水平和道德品行的未来统治者，对于国家和人民来说，毕竟还是有益的。尤其是宋以后理学家都强烈要求好生教育帝王，主客观上都具有以儒家道德和政治规范制约皇权的意图。因此，宫廷幼儿教育对于国家和人民来说，仍有其不可抹杀的积极意义。

第二节　宫廷幼儿教育的作用和目的

宫廷幼儿教育有广义和狭义之分。狭义的宫廷幼儿教育是指对君主本人和未来君主（太子）以及一些王子的教育；而广义的宫廷幼儿教育还包括对皇亲国戚子弟、嫔妃、宫女乃至太监的教育，而所有这些又都是围绕着对君主的教育而展开的。因此，归根结底，宫廷幼儿教育的核心是帝王教育，是为了培养合格君主，而其作用就关系到国家和人民的利益。

一、宫廷幼儿教育的作用

在中国古代社会，封建集权的君主专制统治决定了帝王具有至高无上的权力，有所谓"溥天之下，莫非王土；率土之滨，莫非王臣"的说法（《诗经·小雅·北山》）。这样，帝王个人的言行会对整个国家产生决定性的影响。朝政的清明与否，国家的稳定与否，人民的幸福与否，往往取决于帝王个人的道德和知识素质的高低。在大多数时候，人们难以制约君主的言行，只能将希望寄托于有一个贤明的君主。有一个"明君"，就意味着太平盛世，百姓平安；得一个昏君乃至暴君，就意味着民不聊生，国破家亡。而贤明的君主又是靠其幼小时逐渐教育造就的。宫廷幼儿教育的作用就这样体现出来了。

对此，汉代思想家、政治家贾谊有过一段著名的论述。他首先从总结历史经验入手，分析历代太子教育的得与失："夏为天子，十有余世，而殷受之。殷为天子，二十余世，而周受之。周为天子，三十余世，而秦受之。秦为天子，二世而亡。人性不甚相远也，何三代之君有道之长，而秦无道之暴也？其故可知也。"（《汉书·贾谊传》）贾谊认为，历史上的王朝有的长久而有的短暂，而每一个做帝王的人其本性不会相差太远，为何结果会如此不同？这是有原因可寻的。原因就在于对帝王继承人的教育情况。易言之，国运是否长久，完全取决于太子幼年时所受的教育。所以说："天下之命，悬于太子；太子之善，在于早谕教与选左右。夫心未滥而先谕教，则化易成也；开于道术智谊之指，则教之力也。若其服习积贯，则左右而已。""臣故曰选左右早谕教最急。夫教得而左右正，则太子正矣，太子正而天下定矣。"(《汉书·贾谊传》)这样的分析，是将历史的发展、朝代的变更归结于帝王个人品性及其所受教育程度，其片面性不言而喻，但也指出了帝王的受教育状况确实会给未来国家的治理带来影响，具有极其重要的作用，因此又是深刻的。

之后人们在谈及宫廷幼儿教育的意义时也无不从这样的观点出发。如唐太宗李世民以前代兴亡成败的历史为鉴，指出："(周)成王幼小，周(公)、召(公)为保傅。左右皆贤，日闻雅训，足以长仁益德，使为圣君。秦之胡亥，用赵高作傅，教以刑法，及其嗣位，诛功臣，杀亲族，酷暴不已，旋踵而亡。"(《贞观政要》卷四)周代和秦代是两个极端的历史事例，从正反两个方面告诫了封建帝王，使之认识到只有认真教育好太子，才能有国家的长治久安，不然，"倾败家国"是其必然后果。

由于封建帝王家庭的特殊性，宫廷的幼儿教育具备了一般家庭和社会的幼儿教育所难以具备的特殊意义和作用。固然，宫廷幼儿教育的根本目的是维护某一姓家庭的地位和权利永保不失，但一个有着良好道德品性和知识水平的帝王总还是相对多地具有责任感和理性，于国于民也多少有利一些。宫廷教育的作用就不局限于一个家庭了，而是直接地具有国家意义。

二、宫廷幼儿教育的目的

宫廷教育的作用既如此，其目的也就很清楚——培养合格的君主。什么样的君主才算是合格的？历史上各个帝王家庭会有不同的标准，而站在统治者的立场和站在人民的立场也会提出不同的标准。但有一点颇为一致：统治者的意识是清醒的，即不能不考虑到人民的、国家的利益。因此，在确定宫廷教育目的的时候，除了须反映未来帝王的特殊要求之外，也表现了为一般社会所认可的对培养人的共同的要求，即有文化、有道德、能对国家和人民承担责任。对此，历代多有论述。

如《礼记·文王世子》所主张，对未来帝王的教育首先重德，"德成而教尊，教尊而官正，官正而国治"。也就是说，帝王的道德品质对于朝政和国家都是第一重要的。除了道德的要求之外，对未来君主的要求应该说是多方面的。春秋时，楚国君主楚庄王为了教育自己的太子，曾就应当将太子培养成什么样的人请教了大臣申叔时，申叔时就未来君主的标准提出多方面的教育内容：学习历史，是为了劝诫太子懂得扬善抑恶；学习前代君主的传递世系，是为了让其了解前辈帝王或以道德而显名于世，或以昏乱而遗臭于世，从而激发太子和王子们崇尚善而摒弃恶；学习诗，是为了宣扬美好的道德，以明其志趣；学习乐，是为了用美好的艺术形象洗涤心灵的污垢；学习历代的史志，是为了了解前代政治的兴亡存败，懂得吸取经验教训而时时警觉……总之，一个合格的未来君主除了具备一般人的道德外，还须具备作为一个君主的特殊的道德；除了具备一般的知识外，还须具备作为一个君主的特殊的知识；除了承担一般人的社会责任外，还须承担作为一个君主的特殊的责任。

第三节　宫廷幼儿教育的内容

正因为宫廷教育的对象和目的均有异于普通民众，宫廷教育的内容除了包容了一般幼儿教育的内容之外，还有着更为丰富的方面、更高的要求。

一、治术教育

由于宫廷教育的对象是未来的帝王和统治者，统治术就成为宫廷教育的一个有别于一般民众幼儿教育的重要内容。统治术涉及颇为复杂的问题，对于幼小的儿童来说显得艰深，但统治者仍然注意从小向未来的君主灌输一些统治观念、规范和方法，以帮助其自小形成某种自觉意识。

恤民、重民历来是统治者向其后代灌输的观念之一。周武王就曾谆谆教诲年轻一代的周统治者："无胥戕，无胥虐，至于敬寡，至于属妇，合由以容。"（《尚书·梓材》）意思是不仅不能虐杀无辜，而且要敬爱孤寡，为政宽容。让人民长久得到安养，恬然无事，国家自然太平。周成王指出："人无于水监，当于民监。"（《尚书·酒诰》）意思是人不能满足于以水为镜，更应注意以老百姓为镜，从他们的意愿去考察国家的治理和反省自身。因此须做到保民"若保赤子"（《尚书·康诰》）。唐太宗李世民则把民众比作水，而将君主比作舟，告诫儿子"水能载舟，亦能覆舟"，要紧的是顺应民心，尊重民意，否则百姓之"水"将轻易地使君主之"舟"倾覆。他还指出，太子生长深宫，百姓艰难，都不闻见，不懂得稼穑艰难，也不懂得百姓辛苦，要求太子的老师们"辅导太子，常须为说百姓间利害事"，使其重民、恤民，知晓民众的痛痒和安危。

近君子而远小人是统治者向其后代灌输的又一观念。古人认为，君主身边的人正直，君主自然也会变得正直。同时，如果君主身边有一批正直而能为社稷出力乃至献身的人，他就有了得力的左右手。因此，统治者注意自小就教育后代亲近贤良者而弃绝伪佞者。周公告诫幼年的周成王说："孺子其朋，孺子其朋，其往。无若火始焰焰，厥攸灼叙，弗其绝。"（《尚书·洛诰》）意思是：孩子你要谨慎择友，要注意坏朋友对你品性的不良影响，要注意防微杜渐，否则不良品性将燃成熊熊大火，到那时救也迟了。宫廷幼儿教育中要求未来君主慎择朋友，除了具有一般的教育意义外，还具有特殊的意义，即培养君主从小学会识人、选人、用人，以为今后善于选贤用良、摒退奸邪做训练。唐太宗李世民曾一再教导太子李治说："夫国之匡辅，必待忠良。任使得其人，天下自治。"又

说："帝王之治国也，必借匡弼之资。故求之斯劳，任之则逸。"(《帝范·求贤》)

二、道德教育

宫廷幼儿教育中的道德教育除了与一般家庭的道德教育有不少相同之处外，更多的是从未来帝王的需要出发来提出要求的。所以，其要求着重在修身和敬业等方面。

帝王的身份和地位客观上使之成为国人的榜样而受人瞩目，其道德品质的好坏高下就不仅仅是个人的事。因此儒家"修身、齐家、治国、平天下"的道德修养逻辑在宫廷教育中得到提倡。《诗经》的《大雅·思齐》中就曾赞扬过周文王的道德修养是"刑于寡妻，至于兄弟，以御于家邦"。这是说周文王注重自身的道德修养，为妻子儿女作出了榜样，又由此促使兄弟和睦，再推动国家民众讲道德成风。修身—治国在宫廷教育中就这样取得了一致。所以，从表面上看，中国历史上的封建帝王大多遵循或倡导传统道德规范，要求恪守仁、义、孝、悌、温、良、恭、俭、让等美德。唐太宗李世民就教导儿子节制个人欲望，勤于修身："夫圣世之君，存乎节俭。富贵广大，守之以约，睿智聪明，守之以愚。不以身尊而骄人，不以厚德而矜物……斯二者荣辱之端：奢俭由人，安危在己。五关近闭，则嘉命远盈，千欲内攻，则凶源外发……欲生于心，不遏则身丧。故桀纣肆情而祸结，尧舜约己而福延。可不务乎？"(《帝范·崇俭》)

与此同时，统治者重视教育未来的君主从小懂得敬业，具有国家和社会的责任感和使命感。周公曾教育后代统治者"君子所其无逸"，即不能养尊处优，追求享逸，而应朝夕勤勉，兢兢业业。他还以历史上最终败亡的王朝的教训为例告诫说："生则逸，不知稼穑之艰难，不闻小人之劳，惟耽乐之从。自时厥后亦罔或克寿，或十年，或七、八年，或五、六年，或四、三年。"(《尚书·无逸》)意谓：生下来就习惯安逸，不懂得耕耘的艰难，不知道民众的劳苦，只知沉湎于享受玩乐，没有一个能够高寿，在位时间长的不过十年、七八年，短的就只有五六年甚至三四年。他还比喻说，如同建房与种地，父辈定下了法式，开拓了土地，儿辈们当自强，继续奠基造房和播种耕耘，这样才能有收获可言。

宫廷教育中的道德教育同样围绕着培养合格的君主的目的展开，因此有其独特的含义和要求。

三、礼乐教育

在中国古代社会，尊卑亲疏等级受到高度重视，人与人之间的关系通过一系列礼仪规范予以肯定。同时，君主至高无上的地位，又需要这种规范加以维护。因此宫廷教育自小就灌输给未来君主以礼的观念，以形成其相应的意识。宫廷幼儿的礼乐教育主要包含以下内容。

其一，通过学习礼乐，养成未来君主和贵族子弟按礼行动的自觉性和恭敬温文的个人修养。《礼记·文王世子》认为："凡三王教世子，必以礼乐。乐，所以修内也；礼，所以修外也。礼乐交错于中，发形于外，是故其成也怿，恭敬而温文。"《礼记·乐记》也说："礼乐不可斯须去身。致乐以治心，则易、直、子、谅之心油然生矣……致礼以治躬则庄敬，庄敬则严威。"具体而言，对于一个君主来说，要了解与国家有关的喜庆、凶丧、军事、外交和治民之礼仪礼节，并熟谙各种宫廷音乐和国乐，以为未来的朝政活动和国事活动所需。由于礼乐训练自小就开始，君主和宫廷贵族对这套礼仪规范十分熟悉，并都有着良好的音乐艺术修养。

其二，通过学习礼乐，养成尊卑意识、等级意识、名分意识。《礼记·曲礼》说："夫礼者，所以定亲疏，决嫌疑，别同异，明是非也。"通过学礼，以明君臣、上下、父子、兄弟、长幼、亲疏、男女之名分，懂得正确的言行，并维护君主的威严和权力的不可侵犯。总之，礼乐教育使君君、臣臣、父父、子子的政治伦理规范自幼深入君主和宫廷贵族的心灵，转化为日后的自觉行动。

礼乐教育既有表层含义，又有深层含义。表层含义是指学习礼仪、礼貌之类的行为规范，音乐美术之类的艺术欣赏和实践能力，而深层含义则是指政治、伦理规范和观念。在两层含义中后者尤其受到重视。

四、文化教育

上述治术教育中的历史知识教育及礼乐教育的表层含义均可以归入文化知识教育的范畴。中国古代社会君权独尊和教育权利的贵族独占，使得宫廷贵族和君主自小就享有比一般民众子弟更为优越的知识教育。历史上不少封建帝王都喜好附庸风雅并也确实擅长诗文和书法等。这样的事实表明他们受此种教育的充分。

西周时，贵族的文化知识教育可以用"六艺"概括：礼、乐、射、御、书、数。礼乐既是艺术教育，也是政治思想品德教育；射御则是军事教育和体育；书数则主要是文化知识教育。这些都是贵族自小就要接受的教育，而随着年龄的增长不断增加其内容和要求的深度。春秋时，孔子整理古代文献典籍，形成了《诗》《书》《礼》《乐》《易》《春秋》六种古代文化典籍，后来成为宫廷教育中未来君主和贵族儿童与少年需要渐次接受的教育内容。春秋时楚庄王的大臣申叔时向楚庄王介绍宫廷保傅教育的内容，主要包括了九个方面：历史、世系（帝王世代相承的谱系）、诗、礼、乐、政治与时令、治国的至理名言、记录历代政治成败经验的文献、前代帝王的训典。这可以说是一份颇为详备的君主和王子教育的课程表，它最为突出的特点是强化治术教育，而其中包含了大量文化知识教育内容。所有这些，成为此后中国封建社会宫廷文化知识教育的基本方面。尽管统治者重视让自己的后代了解、知晓生产劳动和劳动人民的生活，但这些方面的具体知识和技能在宫廷幼儿教育中不仅没有地位，还受到轻视。可以这样说，除了为劳动人民所重视的生产和生活的基本知识与技能被排除在教育内容之外，其他大量我们民族尤其是劳动人民在长期社会实践中积累起来的文化知识，都成为宫廷幼儿教育的知识内容，而为统治者和贵族所独享。这也是阶级社会中教育具有阶级性的一个方面的表现。

第四节　宫廷幼儿教育制度

宫廷幼儿教育与一般民众家庭幼儿教育的重要区别就在于前者具有制度的保障。宫廷幼儿教育通过制度规定，专门指定宫廷贵族和官僚大臣中的某些出类拔萃的男性成员负责太子和王子们的道德、知识教育和身体训练，这就是保傅制度；专门指定贵族中的某些品行端庄、身体健康的女性成员负责太子和王子们的养育和保育，这就是三母制度。

一、保傅制度

保傅制度的具体内容是通过设立专门人员即师、保、傅来负责太子和王子的教育。师、保、傅又分为太师、太保、太傅和少师、少保、少傅，统称"三公"和"三少"，后者是前者的副职和辅助。他们各有分工，各有职责，共同担负对君主后代的教育。

（一）保傅制度的产生和发展

如前所述，中国古代的保傅人员出现在商朝，伊尹放逐品行不端的太甲让其悔过自新，实际上充当了师保的角色，致使太甲在悔过后承认"背师保之训"，立志为善。到了西周，出现"三公"的雏形。《大戴礼记·保傅》记载："昔者周成王幼，在襁褓之中，召公为太保，周公为太傅，太公为太师。"三人共同教育和辅佐周成王成长，直至其成年，然后还政于成王。可见师、保、傅既是君主的教育者，也常常是其政治和军事的辅佐。记载周代宫廷教育情况的《礼记·文王世子》中有《世子法》，专门规定了师、保、傅的职责，君主教育的目的、内容、方法。这也是中国历史上第一个有关君主和王子教育的文件，对后代的宫廷保傅教育有很大影响。

春秋战国时期，官办学校衰败，贵族子弟怠学成风，统治者为使自己的后代受到良好的教育，沿袭了古代为子弟请师、保、傅的做法，使得师、保、傅的设置在春秋战国时期的各诸侯国中成为一个十分普遍的现象。如鲍叔牙曾为齐国公子小白（后来的齐桓公）的傅，召忽为公子纠的傅。孔子死后，其弟子尤其是七十二高足"散游诸侯，大者为师傅卿相，小者友教士大夫"（《史记·儒林列传》），纷纷"为王者师"，充当了各国君主的老师。

汉代是中国古代宫廷教育中设置师、保、傅的制度化的时代。西汉初年，刘邦曾请名儒叔孙通兼太子太傅，张良兼太子少傅。以后，师、保、傅的设置通过制度规定了下来。据文献记载："太师古官。平帝元始元年初置。位在太傅上。""太傅古官。高后元年初置。金印紫绶。""太保古官。平帝元始元年初置。位次太傅。"（《西汉会要》卷三十一）与此同时，"三公""三少"还渐次设有下属官员。据记载："太子太傅、少傅，古官。属官有太子门大夫、庶子、洗马、舍人。"（同上卷三十二）汉代不仅从制度上规定了师、保、傅的设立，还有学者从理论上予以总结和论述，阐述其历史经验和目的要求。贾谊的《新书》中有《傅职》《保傅》《胎教》等文章，专论宫廷教育和宫廷幼儿教育，也系统论述了保傅制度，成为后世保傅教育的指导性文献。

汉代以后的历代封建统治者均在宫廷教育中实行保傅制度。虽然各代师、保、傅及其属官的设置屡有一些变更，但大体上不改变"三公""三少"并附带有若干属官的模式。总体的趋势是：（1）任其职者官品甚高，多在一品至三品之间；（2）多为朝中有权势、有德望者担任，常常是一些任要职、握重权的朝廷大员。这些人不仅担任了未来君主和王子的教育者，也代表了朝廷中某种政治势力，又充当了君主们的政治靠山，所以其地位举足轻重，更具有政治色彩，而其教育角色倒退居次要地位了。在不少朝代，像太师、太傅、太子太保、太子少保往往成为对那些功勋卓著、权重一时、年高望重的大官僚的荣誉性职衔。

（二）师、保、傅的资格

正因为未来君主的教育是一个极端重要的问题，对其教育者和辅佐者的选择就有着很高的要求，而宫廷贵族所享有的特权又能使这种要求得到满足。西周初年，年幼的周成王的师、保、傅是由周公、召公和姜太公担任的。周公、召公均为周武王的亲弟弟，周公更是周武王死后周朝的实际执政者，而姜太公则是辅佐周武王建立周朝的著名人物。这三人均位极人臣，是当时统治阶级中的杰出代表。可见师、保、傅的选择要求甚高。在以后的朝代，帝王之师的选择虽不像西周初年那样，但坚持高标准、高要求则一如既往。

具体说来，师、保、傅的选择条件主要包括几个方面：其一，才华出众，学识超群；其二，贤能忠厚，德高望重；其三，政治经验丰富，并在朝中有一定的政治势力。此外，还经常选择军功卓著的武将担任这些职务。因此，选择师、保、傅的条件主要是三方面——才学的条件、德望的条件和政治的条件，以保证未来君主和王子们能得到多方面的教育和帮助。历代被选为帝王师保傅的名臣有不少。如西汉初的晁错、匡衡、贾谊，唐代初年的魏徵、褚遂良，清末光绪皇帝的师傅翁同龢，等等。而短期为帝王讲学，陪其读书的著名人物就更多。如宋代的王安石、司马光、程颐、朱熹等人。这些人中汇集了中国古代一批著名的政治家、思想家、文学家、教育家、书法家等等，可谓中华民族的精英。由这样一批人物担任帝王之师和宫廷贵族子弟的老师，反映了统治者对后代教育培养的重视程度和他们对教育权利的占有。

除此之外，师、保、傅的选择还常存在是任人唯贤还是任人唯亲的争执。历代都有主张由皇亲国戚如帝王后妃的兄弟之类担任师、保、傅的，但更多的时候、更多的人则主张应避亲戚的嫌疑，选用天下贤才教育君主和贵胄。这种做法的合理之处在于：符合中国自古就形成的教育避亲，以使教育不受情感因素所困而充分发挥其效果的传统；另外，也是为了避免由皇亲国戚担任师、保、傅之职而致日后朝政为其所控制的现象发生。

（三）师、保、傅的职责

在大多数时代，师、保、傅均非虚设的荣誉性的闲官，而有着实际的职责要求。《大戴礼记·保傅》篇对师保傅职责分工作了如下规定："召公为太保，周公为太傅，太公为太师。保，保其身体，傅，傅之德义，师，导之教训，此三公之职也。于是为置三少，皆上大夫也，曰少保，少傅，少师。是与太子宴者也。"职责与分工颇为明确，即太保、太傅、太师分别从身体、道德和知识能力三个方面对君主实行教育和培养，而少保、少傅、少师辅助之，时时陪伴在太子身边。这种职责规定也为后代的保傅制度所沿袭。《大戴礼记·保傅》还对师、保、傅的职责和其对太子实施教育、培养和训练的内容作了明晰的规定。

1. 太保

"天子处位不端，受业不敬，言语不序，声音不中律，进退节度无礼，升降揖让无容，周旋俯仰视瞻无仪，安顾咳唾趋行不得，色不比顺，隐琴瑟，凡此其属太保之任也。"(《大戴礼纪·保傅》)太保承担的教育要求虽是多方面的，但其主要的职责是在保证太子日常生活举止的规范，生活的规律，以及身体的安全和健康等方面。

2. 太傅

"天子无恩于父母，不惠于庶民，无礼于大臣，不中于制狱，无经于百官，不哀于丧，不敬于祭，不信于诸侯，不诚于戎事，不诚于赏罚，不厚于德，不强于行，赐与侈于近臣，怜爱于疏远卑贱，不能惩忿窒欲，不从太师之言，凡是之属太傅之任也。"(《大戴礼纪·保傅》)可见太傅主要是从道德和政治方面去教育和训练太子。

3. 太师

"天子不论先圣王之德，不知君国畜民之道，不见礼义之正，不察应事之理，不博古之典传，不闲于威仪之数，诗书礼乐无经，学业不法，凡是其属太师之任也。"(《大戴礼纪·保傅》)可见太师主要是从学业方面去教育督促太子。

而少保、少傅、少师分别从以上三个方面辅助配合太保、太傅、太师，履行一些更为具体的职责，以达到"太傅在前，少傅在后；入则有保，出则有师"，太子身边"左右皆正"，时时处处受到教育引导的局面。

二、三母制度

师、保、傅均为朝廷命官，由男子担任，其主要职责范围在于外廷，以使未来君主在道德品性上从"善"为"正"，知识能力上博学多才，并进一步维护君主地位的稳固和不可侵犯，为其辅朝政、备顾问、献计策。而太子和王子们的养育职责则由一批宫廷女子来承担，并也以制度予以保障，这就是三母制度。

《礼记·内则》记载，太子和王子出生后即进入孺子室受到专门的养护，而由专门的有身份的宫廷妇女来承担其责。"择于诸母与可者，必求其宽裕、慈惠、温良、恭敬、慎而寡言者，使为子师，其次为慈母，其次为保母，皆居子室。他人无事不往。"这表明，君主后代的养育分别由子师、慈母和保母三种宫廷妇女来承担，她们各司其职。此外，还设有乳母负责对君主幼儿的乳养。此即三母制度。

三母如同师、保、傅一样，也有明确的分工。据汉代学者郑玄的解释："子师，教示以善道者。慈母，知其嗜欲者。保母，安其居处者。"也就是说，子师的职责在于培养幼儿的行为规范，慈母负责衣着饮食和其他生活需要的供给，而保母则着重在生活起居的安排。总之，对君主后代的养护均由三母管理，其他无关养育工作的人员则不得参与其事。可见，宫廷贵族儿童的养育也有严格的制度规定。

对三母的选择同样有很高的要求。通常是在帝王后宫的众妃妾中加以挑选，要求品行优良、仪态端庄、身体健康。一些帝王和贵族亲戚中合乎条件的女子也往往被选中。

三母制度这样的幼儿养育方式对贵族、官僚乃至一般民众家庭也有影响。为自己的后代雇请保母和乳母的做法在中国古代社会的儿童养育中十分普遍。

中国古代的宫廷幼儿教育是一种特殊形式的幼儿教育，其所受重视的程度、其目的的明确、其教育内容的丰富、其实施条件的充分和优良，都是一般社会民众家庭的幼儿教育所难以企及的。这从一个方面反映了在专制集权的中国封建社会统治阶级独占教育权利的现象。宋人洪迈在其《容斋随笔》中尖锐指出："富人有子不自乳，而使人弃其子而乳之；贫人有子不得自乳，而弃之以乳他人之子。"在封建社会中，贫苦劳动人民迫于生计不得不舍弃养育自己的孩子而去养育富人家的孩子，这何其残忍又何其不公！因此，也有古代学者严厉批评这种幼儿教育中的不公平现象"无异杀人子而养吾子"。整个封建社会的宫廷幼儿教育差不多也可以用这样的标准来加以批判。但是另一方面，统治者重视自己后代的教育，并能坚持一定的道德和知识标准，应当是一件值得欢迎的事。尤其是由于宫廷幼儿教育条件的优越，使之在教育方面积累了大量有益的经验。事实上，宫廷幼儿教育已成为我国古代教育遗产中很有价值的部分，值得今天的人们认真研究和学习。

思考题

1. 中国古代宫廷幼儿教育的作用和目的有什么特点？

2. 中国古代宫廷幼儿教育的内容与一般民众家庭的教育有何不同？

3. 试述中国古代宫廷幼儿教育制度。

第六章　古代的幼儿游戏

　　儿童游戏是一种社会现象，伴随着人类社会的产生而产生，也随着人类社会的发展而发展。人类为了自身生存和繁衍的需要，在进行物质资料生产的同时，还必须进行人类自身的生产，在这个过程中就产生了对下一代的教育问题。自从人类文明产生以来，游戏始终是儿童文化生活的主要形式，更是社会对儿童实施教育和儿童个体自我教育的重要形式。人类有异于动物，有其自身发展的特殊性，人脱离母体后，其感知、思维和运动器官及其机能需要在外部环境的影响下逐渐成熟。游戏一方面促进了儿童个体生理功能的不断发展、成熟和完善，另一方面促进了儿童由生物体向社会体的转化。在中国传统幼儿教育中，幼儿游戏具有相当重要的地位，它也是中国传统文化和教育中一个极有特色的部分。可以这样说，中国传统教育相对而言较为沉闷，而儿童游戏则是其中比较清新活泼的部分。

第一节　古代幼儿游戏的产生、发展与意义

一、古代幼儿游戏的产生与发展

孔子在批评他的弟子无所事事时曾说过："饱食终日，无所用心，难矣哉！不有博弈者乎？为之，犹贤乎已。"意谓：每天吃饱了饭不干事，可不行啊！不是有投箸下棋这些玩艺儿吗？玩一玩，也比干呆着强啊。这表明当时有不少游戏形式。最早记载儿童游戏的文献是《韩非子·外储说左上》："夫婴儿相与戏也，以尘为饭，以涂为羹，以木为胾，然至日晚必归饷者，尘饭涂羹可以戏而不可食也。"意思是说：小儿一起玩游戏，用沙土当饭，用泥浆为羹，用木块作肉，但到天晚时就要回家吃饭，沙土饭、泥浆羹，只是玩玩而已。这是儿童过家家游戏。汉代编成的《列女传》所记载的"孟母三迁"的故事，说到孟子先前住在靠近墓地和市场的家时，曾先后模仿做为人送葬的游戏和做买卖的游戏。这可以说是儿童的角色游戏。然而，中国古代儿童游戏的产生却要古远得多。

在西安半坡村仰韶文化遗址为数众多的儿童墓葬中，发现有随葬的石球和陶球。这些被用作儿童玩具的狩猎用具——投打弹丸，既说明了游戏与生产劳动之间的密切联系，也表现了成人通过制作和选择玩具对儿童所寄托的某种期待和教育意图。中国早期的儿童游戏简单、原始、自发，常常融混于生产、生活和宗教活动中。如先秦典籍《吕氏春秋·古乐》中记载："昔葛天氏之乐，三人操牛尾，投足以歌八阕……"商代甲骨卜辞中也有当时的人们以"球舞"求雨的记载。

春秋战国时期是中国古代游戏发展的重要时期，这时，多种儿童娱乐活动从生产劳动、宗教礼仪和军事训练中分化出来，逐渐独立和成形，包括了蹴鞠类、棋弹类、投射类、斗赛类和多种多样的风俗游戏。史书记载，战国时最繁华的都市之一——齐国的都城临淄"甚富而实，其

民无不吹竽鼓瑟，弹琴击筑，斗鸡走狗，六博蹋鞠者"（《史记·苏秦列传》）。经济发展，城市繁华，娱乐活动丰富，不能不影响到儿童游戏的发展。

西汉前期，由于国家的富强，体育、游戏和娱乐活动十分盛行。西汉"文景之治"时期，有些地方甚至出现"里有俗，党有场，康庄驱逐，穷巷蹋鞠"（《盐铁论·国疾》）的热闹景象，连六七十岁的老人也不甘寂寞，"至市井，游敖嬉戏如小儿状"（《史记·律书》）。民间下棋也成风，以至于贾谊曾对此批评道："失礼迷风，围棋是也。"至于骑竹马、荡秋千、放风筝，更呈现一派生机勃勃的景象。

经过汉魏的发展，儿童游戏在追求享乐、崇尚技艺成风的唐代臻于繁盛。唐人路德延在其《小儿诗》中对儿童游戏有充分的展现，多姿多彩的儿童娱乐活动跃然纸上："嫩竹乘为马，新蒲折作鞭。""抛果忙开口，藏钩乱出拳。""寻蛛穷屋瓦，探雀遍楼椽。""夜分围榾柮，朝聚打秋千。折竹装泥燕，添丝放纸鸢。""远铺张鸽网，低空射蝇弦。""斗草当春径，争球出晚田。""等鹊前篱畔，听蛩伏砌边。旁枝粘舞蝶，隈树捉鸣蝉。""垒柴为屋木，和土作盘筵。险砌高台石，危跳峻塔砖。"

唐代社会的开放风气使得儿童游戏呈现出百花齐放、精彩纷呈的局面，给儿童身心的发展创造了极为有利的条件，并留给后世以丰富的游戏材料。

宋代对中国的儿童游戏来说是一个重要的转折时期。尤其需要指出的是理学思想的盛行对教育产生了莫大的影响，也深刻地渗入了儿童游戏。理学家提倡"存天理，灭人欲"，相应地提倡"禁欲""主静"的学习和修养方法。这种主张投射于教育和社会风气，使之表现出文弱趋向。既要"禁欲"，理学家主张"内无妄思，外无妄动"（《朱子语类辑略》）。朱熹就曾提倡半日读书，半日静坐。这就影响到儿童游戏的开展。同时，这种思想影响到家庭教育，表现为严厉治家，一家大小不得恣意放肆，尤其是女子不得嬉戏忘形。这也同样影响到儿童游戏在教育中的运用。这就导致了中国儿童游戏发展史上的一个耐人寻味的现象：围棋、象棋之类"文雅"的儿童游戏有很大发展，而运动、娱乐性游戏则受到一定限制。就此，中国古代儿童游戏显示出强烈的"重德"和"重文"倾向。中国传统儿童游戏由此基本定型。尽管在明代时也曾有过像王守仁这样的提倡儿童游戏的教育家，有过像李贽这样提倡"童心"的思想家，但总体上说，明清时期儿童教育中的封闭、禁锢现象十分严重，儿童游戏的状况就可想而知。

中国进入近代社会后，传统的儿童游戏在幼儿教育中所占比重并不大，西方的儿童游戏占据了幼儿园教育的主导地位，中国传统游戏只是在民间还有一席之地。

二、古代幼儿游戏的意义

孔子认为，与其"饱食终日，无所用心"，还不如玩玩下棋投箸之类的游戏。也就是说，在孔子眼里，游戏有其独特的意义和作用。在道德至上的中国传统社会，正统的观念一向是认为"玩物丧志"的，因此，一些学者和家庭都对以"玩"为特征的儿童游戏持不提倡乃至反对的态度，但也有不少人充分肯定儿童游戏的独特教育价值。

（一）游戏与儿童的身心发展

孔子认为，游戏玩玩要比无所事事强。事实上，孔子确实十分重视游戏和体育活动的教育作用。他的私学教学活动中，既讲习诗文，又习练武艺，还经常开展诸如射箭、打猎、郊游、投壶之类有益于身心健康的游戏娱乐活动。《礼记·射义》记载："孔子射于矍相之圃，盖观者如堵墙。"意谓孔子率众弟子练习射箭，引来观者如堵。当然，孔子的教育是成年人的教育，但他认识到体育、游戏活动对人才的培养有益，则是毫无疑义的。清代有学者专门对游戏作了更为明确的表述："人各有为适情之具。诗书六艺而外，以及品茶、饮酒、钓弋、声色、陆博，凡所以引人耳目口体之交者，不一而足。盖血肉之躯，顽然独守，使五官四支绝不与物接，则气脉郁结不得流利，天机亦将沉滞于枯寂而不复发扬。是则适情之具，外可以运行气脉，内可以发越天机，而为人之助者不少。"（大汕厂翁《海外纪事》卷六）这就指出了刺激人身体感官的休闲娱乐、游戏活动实在不少，如果人们封闭自我，四肢感官毫不与外界接触，则精气血脉难以畅行而使身体不能强健，感官心灵难以激活而使智慧不能开发。显然，游戏对人身心的发展有巨大的促进作用。

对游戏活动在儿童教育中的特殊意义，明代教育家王守仁在其《训蒙大意示教读刘伯颂等》一文中也说得分明。他强调，在儿童教育中应提倡"歌诗习礼"一类的游戏娱乐活动。诵诗唱歌的作用，"非但发其志意而已，亦所以泄其跳号呼啸于咏歌，宣其幽抑结滞于音节也"。而习礼活动的作用，"非但肃其威仪而已，亦所以周旋揖让而动荡其血脉，拜起屈伸而固束其筋骸也"。游戏活动可以宣泄儿童活泼好动的天性，也可以促进其血脉畅通，骨骼强健。王守仁同样是从儿童身心两方面的有益作用来看儿童游戏的教育意义的，尤其是指出了游戏与儿童天性之间的天然联系。

（二）游戏与儿童的知识学习

如前所述，"三百千"之类的蒙养教材从形式上看如同儿歌故事，而儿歌故事可以说是一种作用独特的儿童游戏形式，即文化游戏。再如，作文启蒙教育中最为有效的方法是"对对子"，而"对对子"的过程也形同游戏。试想，从一字对、两字对、三字对以至于多字对，是一种数量积累增加的游戏；而"对对子"中要求词性的严格相对，又可以说是一种对位的游戏。事实上，中国古代民间儿童游戏中就有"斗草"，其内容之一就是对花草名称，如"狗尾草"对"鸡冠花"等。再如，中国传统儿童游戏中有一个大类就是文字游戏，其中有绕口令、猜谜、回文等等，这种游戏不仅趣味性强，知识性更强。以绕口令为例，绕口令是利用汉语所特有的声韵特点创造出来的一种儿童游戏。人们发现，当某些声母、韵母相同或相近的字连续使用时，能增强语言的趣味性和音乐性，尤其是词句的音同义异，一旦发生组合错误，就会因谬误而顿生异趣。绕口令初读颇感拗口不顺，多读而至成诵，就怡然成趣。儿童喜欢寻趣，学绕口令是娱中生趣，不仅能满足儿童的好奇心，而且使儿童在学说过程中受到了语言技能的训练。

也就是说，中国传统的儿童教育充分利用了游戏的形式来发挥其最佳的知识教育效果，从实践结果看，这种教育很是成功。讲究知识性，追求知识启蒙的效果，可以说是中国古代儿童游戏的重要特征。这一点，在不少儿童游戏中都得到了体现。

（三）游戏与儿童的品德修养

儿童游戏具有德育的意义，对此，古人有充分的认识，并对游戏的德育作用给予充分的运用，乃至于有意赋予大量儿童游戏以道德含义。

中国古代有一种儿童游戏叫作"木射"，即在前方竖立15根木柱，游戏者抛球滚地而行，将其击倒，近似今天的保龄球。一般在15根木柱上分别刻有"忠""义""礼""智""信""温""良""恭""俭""让"，以及"傲""慢""佞""贪""滥"等道德规范和道德评价的概念。这就使游戏过程成为一个潜移默化的道德教育的过程，即追求美德，击倒恶行。具有或明或暗的道德含义，是传统儿童游戏中普遍存在的现象。

古人还认为，不少儿童游戏具有锻炼和培养儿童的意志品质的作用。

如弈棋，孟子曾举过当时的国手弈秋教人下棋的事例，说明下棋对人的意志、恒心的磨炼。他说，下棋虽是雕虫小技，如果"不专心致志"，也不可能学会。即使由弈秋这样的国手教棋，专心程度不同，学习效果也大不相同："其一人专心致志，惟弈秋之为听。一人虽听之，一心以为有鸿鹄将至，思援弓缴而射之，虽与之俱学，弗若之矣。为是其智弗若与？曰：非然也。"（《孟子·告子上》）因此，弈棋的作用就不仅仅是智力锻炼，还涉及意志培养。下棋如此，其他游戏活动也是如此。如刚开始抖空竹，空竹往往不能在绳上转动起来，更不用说发出啸声；刚开始踩高跷，总是掌握不好平衡，容易摔倒；刚开始学说绕口令，舌头不听话，会"打架"。这时需要儿童的意志力量去克服困难，儿童的意志也因此得到了锻炼。

（四）游戏与儿童的审美情趣

儿童游戏形象可以说是中国传统美术（尤其是民间艺术）创作中最为人们所喜闻乐见的题材了。如非常流行的《百子嬉春图》，画面上的幼童或放鸢、弈棋，或击球、嬉水，或捕鱼、斗虫，或捉花、摔跤，或坐或倒，或立或跑，或喜或恼，姿态各异，生气勃勃。这表明，儿童游戏过程本身具有审美价值。

对儿童而言，游戏的过程也是一个审美情趣的培养过程。孩子们每逢春天来临，自己制作五颜六色的风筝，去田野放飞；夏日的晚上，做成素雅的荷叶灯，擎着满胡同奔走；在夏秋之交的艳阳和习习凉风中，捕蝉捉蚤，倾听蝉儿的鸣唱，观赏秋虫的撕咬；严冬来临，玩冰灯、堆雪人、打雪仗、滑冰雪，自是一番陶醉；逢雨后天晴的日子，观彩虹、吹水泡，五彩缤纷；当年节佳时，观彩灯、看烟火、听戏曲，美轮美奂……孩子们厕身其间，不仅感受了事物的色彩美、质料美、造型美、节奏美、音律美，而且还参与了美的创造，审美与艺术活动的技能技巧也得到锻炼。中华民族向以善于游戏、文明高雅著称于世，这是一种从儿童幼小时期就开始受到陶冶、逐步形成的优良品质。

第二节　古代幼儿游戏的种类

由于独特的文化传统、风俗习惯和民族心理，中国在数千年历史发展中形成了丰富多彩的儿童游戏，其种类之多、质量之高，令人惊叹！儿童游戏不能不算是中国文化史上的一朵奇葩。中国古代儿童游戏大致可以分为如下几大类。

一、运动游戏

运动游戏是指那些以运用体力为主，有一定活动强度的游戏形式，其包含如下几类。

（一）角抵类

"角抵"的本意是互相角力。角抵类游戏包括人与人的角力、人与动物的角力、动物与动物的角力三种主要类型，虽形式各异，但大都是通过运用自己的力量（有时也用机智）和借助外力来压倒、战胜对方，体现了优胜劣败的法则。角抵类游戏的最大特点是有一定运动强度，有较强的娱乐性，包括摔跤、拔河、斗牛、斗草、斗鸡、斗鸭、斗鹅、斗鹌鹑、斗蚁、斗蟋蟀等。这些儿童斗戏在中国民间流传广泛。

如儿童游戏中的"斗牛"是指儿童之间、儿童与成人之间，头对着头作角抵之戏。在中国北方，人称其为"顶牛儿"，即儿童伸出小脑袋，作牛与牛以角相抵之状。

又如斗草。儿童捡来杨树叶子，取其茎柄粗壮老成者，与他人的叶茎两两相交，用力对拉，赛茎柄的韧性，以不断者为胜。

(二) 球类

球类游戏即以球形体蹴之、掷之、拍之、击之、踏之、滚之，可独戏，可对戏，亦可群戏，包括手球、蹴鞠、马球、踏球、竿球、木射、捶丸、击球、踢毽子等。

儿童手球游戏主要是抛球和拍球。球通常是"团絮而成，绕之以线"，有些还带有彩穗，形同绣球、彩球。

儿童蹴鞠犹如今之踢足球。有两种，其一为表演性质，另一为竞技性质。前者是以双脚玩球，踢出各种花样，令球在身边飞舞，不使落地。后者与现代足球有些近似，也有球场、球门，众儿传踢，最后射入球门。通常以动物的胎胞密封充气做球胆，外用动物熟皮缝制成球体。

捶丸又名"地打球"，玩时分为两队，持棒击球，以击中对方球门为胜。如今之曲棍球。

儿童击球是手持一根顶端为勺状的木棒，以之击球使撞击另一球，以击中为胜，玩法与今之高尔夫球有相近似处。

(三) 投射类

投射类游戏即投掷和射击游戏，包括近距离的投和稍远距离的射，有击壤、斗凿、抛砖、抓子儿、掷钱、弹弓、射箭、投壶、吹箭等。投射类游戏讲究动作的准确性。

击壤游戏据传起源于帝尧时期。壤为前圆后锐的鞋形木制抛击物，玩时先将一壤插于前方十数、数十步外，再以手中的壤击之，击中则为胜。斗凿、抛砖相类似，只是所用器具为铁板、砖块。

投壶也起源得很早，在周代已很流行，是射箭的变通与衍化。古代在举行隆重仪式时要行"射礼"，即以箭射靶，后来简化为投壶，久之又演化为游戏。即以一酒壶或花瓶置于前方，用手持箭投入壶中，投中多者为胜。

吹箭游戏的性质与射箭相同，而其动力源则有区别，射箭用臂力，吹箭用气力。通常是将竹筒内孔打磨光滑，将小箭镞、小豆子、小泥丸装入筒中，用力一吹，则矢丸飞出，打中目标。

（四）冰水类

冰水类游戏指水中游戏和冰雪游戏。主要有游水、打水仗、弄潮、赛舟、垂钓、跑冰、滑雪、堆雪人、打雪仗等。

（五）杂戏类

运动游戏中还有不少难以归类的品种，如抖空竹（扯铃）、踩高跷、抽陀螺、放风筝、捉迷藏、打秋千、骑竹马、滚铁环、爬竿子、跳大绳等。

抖空竹，也叫抖空钟，清人所著《燕京杂记》中记载道："京师儿童有抖空钟之戏，截竹为二，短筒中作小干，连而不断，实其两头，窍其中间，以绳绕其小干，引两端而擞抖之，声如洪钟，甚为可听。"

抽陀螺的玩法也很多，简单的只须截圆木一段，一端削尖，即可抽打令旋转。复杂的还可将陀螺体侧挖空形成腔体，转动后会发出"嗡嗡"声。可以比赛谁的陀螺旋转时间长，也可以此撞击彼，使倾覆。

二、智力游戏

智力游戏是指以运用智力为主的游戏形式。这一类儿童游戏是中国游戏的精华，最堪为中国游戏的代表，包含如下几类。

（一）棋牌类

棋牌类游戏即弈类和博类游戏，有围棋、象棋、各种民间杂棋、各种骰子戏、各种纸牌游戏等。棋牌类游戏的重要特点是玩时用脑、斗智，化硝烟于枰上。棋牌类游戏品类众多，趣味盎然。

如有三友棋，系象棋的演变形式，其棋局和布子之法如图1。

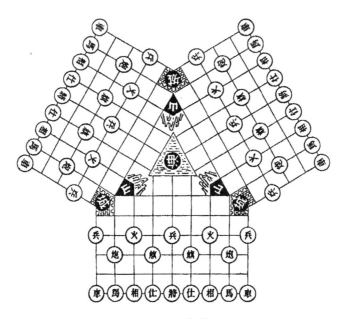

图1　三友棋

着法如下：

将、仕、相走法与象棋同；

马同象棋走"日"字对角线，可过山、过城，不可过海（山、海、城均作一格）；

车走法同象棋，可过山、城，不可过海；

炮走法同象棋，可过海，不可过山、城；

火行小方格对角线，左右不拘，只行一步，只进不退；

旗直行两步，至敌国后，直横任其所行。

各子不论大小，可以互吃。任何一方被将死，则其剩余各子归胜方。三方在行棋时，随时要考虑对另两方既联合又打击，以最终逐一战而胜之。因此行棋时勾心斗角，变化莫测，十分有趣。

(二) 拼摆类

拼摆类游戏即各种拼图游戏和解锁游戏等，包括燕几图、七巧板、"伤脑筋十二块"、益智图、九连环、"华容道"等。拼摆类游戏可以说是儿童智力游戏的代表，内含充分的科学原理，具有很高的锻炼儿童智力的价值。

1. 七巧板

七巧板，又名乞巧板、七巧牌、智慧板，可称拼摆类游戏的主要代表，源出宋代黄伯思创造的燕几图。燕几图初创时由六块矩形板块组成，六块板块分大、中、小各两块，可以拼摆出二十四体四十种名称的象物图形。以后有人又增加一小块，合为七块，可拼出二十五体七十六种名称的图形，或像物体，或像文字，或像八卦卦形（见图 2）。

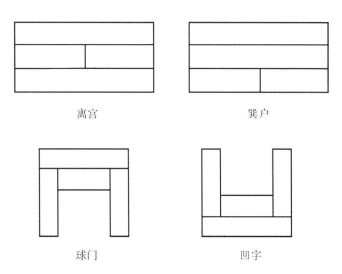

离宫　　　　　　　巽户

球门　　　　　　　凹字

图 2　燕几图拼图

由于燕几图的板块形状大体相同，拼合成的图形变化有限，明清时有人在此基础上予以发展，化矩形为三角形与正方形（见图3）。同样是七块，所拼图形却因此而更富于变化。据1919年上海广文书局刊行的《游戏大观》所录，七巧板图式共计有十类，分为：人事部、文字部、兵器部、动物部、植物部、器具部、服饰部、亭台部、山石部、舟船部，共得图形177种，与所要表现的事物形状大体相像（见图4）。

七巧板巧妙借助几何学原理，通过对一个方形平面的分割，而形成几块可以拼组大量事物形体的几何形状，并可将大量事物的三维空间形态转化为二维平面形态。这种游戏形式不仅可以丰富儿童的想象力，锻炼儿童的空间感知能力，还可以提高儿童的智力水平。七巧板现已广泛流行于世界各国，被称为"唐图"（tangran），国外还有研究解七巧板问题的电脑程序。

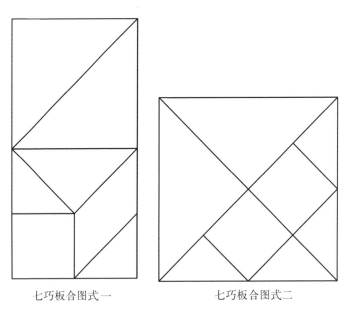

七巧板合图式一　　　　　　　　　七巧板合图式二

图3　七巧板

　　　　　　　　　　　　　　　　　　　中国幼儿教育史

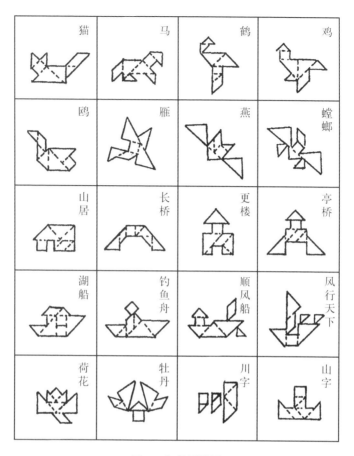

猫	马	鹤	鸡
鸥	雁	燕	螳螂
山居	长桥	更楼	亭桥
湖船	钓鱼舟	顺风船	风行天下
荷花	牡丹	川字	山字

图 4　七巧板拼图

2. "华容道"

"华容道"是借三国赤壁之战中的故事而设计的一种儿童拼摆类游戏。这种拼摆游戏的图形构成并不复杂，而其中所包含的原理却颇玄妙，有数学运筹学的原理在内，被国外学者称为"世界四大不可思议的智力游戏"之一（见图 5）。其玩法是：利用"出口"处两个空格移动其他板块，用最少的步数将"曹操"移出出口。据说，美国数学家马丁·加德纳（Martin Gardner）探索的步数——81 步是现今最少的步数。"华容道"这种智力游戏也已被国外一些大学编入计算机教科书中。

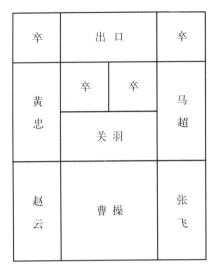

图 5　"华容道"定式

　　此外，"伤脑筋十二块"（见图 6）和益智图（见图 7）的原理与玩法，与七巧板相近似。既可将原合图打散，让儿童恢复原样，也可以据此拼摆出变化多端的各种图形（见图 8）。而九连环的原理和玩法与"华容道"有相似之处：用铁丝制成特定的形状并套以小铁环，但按一定的步骤，就可以将小铁环一一取下。九连环也符合运筹学原理。

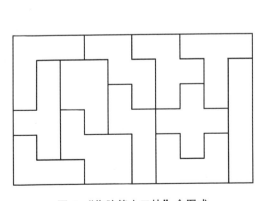

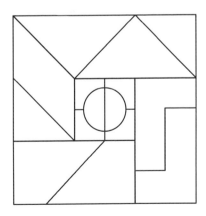

图 6　"伤脑筋十二块"合图式　　　　图 7　益智图合图式

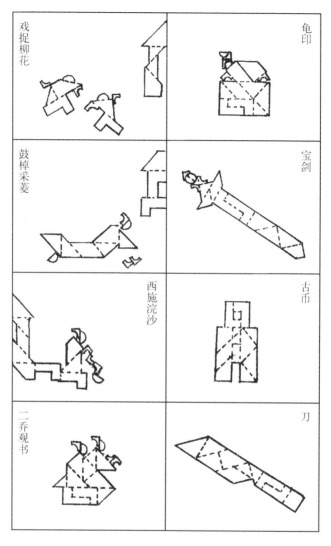

图 8　益智图拼图

三、语言文字游戏

　　语言文字游戏是借助汉语语言文字的特点和规律而编制的儿童游戏，是口头、书面语言发展到一定阶段的产物，也符合儿童喜欢寻趣的心理特点，还能训练儿童的语言感受和表达能力。主要有绕口令、猜谜语

（灯谜）、回文、折白道字、"顶针续麻"、拍七、敲诗、"打麦"等。语言文字游戏不需要借助器具、场地，而且用心、动脑，有趣、易行，有广泛的社会基础。

（一）拍七

拍七是一种训练儿童反应能力的游戏。玩法是：由若干儿童参加游戏，甲先说"一"，乙继说"二"，由此顺序而下，循环往复。逢七和七的倍数均不准说出这一数字，而以击掌代之。逢七、十七、二十七……是为"明七"，十四、二十一、二十八……是为"暗七"。说出明七或暗七的某一数字者皆为负，受罚。拍七游戏的参加者不得是七人和十人，前者"暗七"都逢一人，后者"明七"都逢一人。

（二）"顶针续麻"

"顶针续麻"一名"咬字"，是汉语的一种修辞手法，后也成为一种儿童游戏。玩法是：第一人说一句诗词或成语、俗语，第二人续说一句，起首一字须是第一句的最后一个字（严格的要求字须是同一个字，一般只须音同即可），以下顺序类推。当今十分流行的"文字接龙"游戏即是其翻版。

（三）"打麦"

"打麦"指儿童两两相向，互相击手，边击边唱歌谣的游戏样式。最为著名的有：

> 噼噼啪，噼噼啪，
> 大家来打麦。
> 麦子多，麦子好，

磨面做馍馍。

……

还有：

你拍一，我拍一，黄鸟儿落在树当西。

你拍二，我拍二，喜鹊落在树当间儿。

你拍三，我拍三，三三见九九连环。

你拍四，我拍四，四个小孩儿写大字。

……

语言文字游戏对训练儿童的语言能力十分有效，也为儿童所喜闻乐见。但其中的回文、折白道字、敲诗等游戏须有相当的语文基础方可进行，而像绕口令、猜谜语、拍七、"顶针续麻"、"打麦"等，则更适合幼小儿童。

四、生活游戏

生活游戏是指儿童自发地模仿成人的社会生活内容而进行的游戏，有助于儿童学习社会生活，实现社会化过程。由于社会生活内容的极具变化并丰富多样，儿童生活游戏的内容和形式也就同样十分广泛和丰富。儿童的生活游戏又可以分为儿戏和豢养两大类。

（一）儿戏类

儿戏类儿童游戏多是儿童自发地模仿家庭和社会上的成人活动而开展的游戏形式，其内容十分丰富，生产劳动、家庭生活、文化活动等，均是儿童模仿做戏的对象。《史记·孔子世家》记载："孔子为儿嬉戏，常陈俎豆，设礼容。"意为孔子小时候喜欢玩模仿成人祭祀的游戏。前述孟子小时候也爱玩各种模仿成人社会活动的游戏。儿戏可以说是一种角色游戏，如生产劳动中的职业类型、买卖生意等，家庭生活中的家庭礼仪、亲子关系、饮食起居、生活方式等，文化生活中的演剧唱戏、说书杂耍、教书为师等，均可以被儿童加以模仿。

在儿戏类游戏中，儿童通过模仿成人生活中的一举一动，获得对成人生活情趣的自我体验，由此做好逐步走向成人社会的经验准备。

（二）豢养类

豢养类儿童游戏是指儿童饲养和训练各种各样的小动物的活动，也是一种深得儿童喜爱的游戏样式。儿童的成长需要伙伴，而小动物是儿童最好的伙伴之一。或因其形态的稚拙可爱，或因其鸣叫的优美动听，或因其搏斗的凶猛顽强，或因其通人性识人颜色，可以说儿童无不喜好饲养小动物，有些还加以驯化，使之能够随人之意，做出种种令人难以想象的动作来。

儿童豢养的小动物种类繁多，有蝉、鸟、蝴蝶、蜻蜓、蟋蟀、油葫芦、金钟、蝈蝈、鸽、猫、狗、小鸡、小鸭等等，不一而足。儿童豢养小动物不仅寻得了乐趣，获得了有关动物的知识，而且还培养了关心、爱护动物的意识和持久不懈的恒心。

五、科学游戏

科学游戏是指利用科学原理设计的游戏，包括各种小实验、小发明。在科学游戏中，儿童常常运用基于科学原理设计的儿童玩具。广义的科学游戏可以包括抖空竹、放风筝、踩高跷、打陀螺、燃放烟花爆竹、赏玩走马灯等游戏形式，因为这些儿童游戏包含有丰富的科学原理，使儿童在游戏过程中产生疑问和探索、求知的欲望。而狭义的科学游戏则专指直接体现科学原理的游戏形式。中国古代的科学技术曾经相当发达。中国传统的科学技术往往不是被引入社会实用的领域，而是被用来制作玩具和编制游戏，如烟花爆竹之类。因此，儿童游戏中也常常有着丰富的科学内涵。

清代有学者曾编写过一部《游戏三味》，书中大量收集了历代游戏性质的科学小实验、小制作和小发明，内容涉及物理学、化学、生物学、农业、畜牧业、植物栽培、书法绘画等多个学科领域，其中不少是儿童游戏的内容，如利用化学原理和实验方法进行的字迹变色、显字、脱字的游戏。用新笔蘸碱水，在白纸上写字则字迹变成黄色，在黄纸上写字则字迹变成红色，此即"白笔写字"游戏；用新笔蘸明矾水写字，待字迹干后将纸放入水中，即显示字迹，此即"白笔见字"游戏；将中药黄芩磨成粉末调水蘸着写字于纸上，将纸放入水中，纸受潮下沉，则字迹与纸脱离浮于水面，此即"水面浮字"游戏。此外，还有将未生羽毛的初生小麻雀以腐鼠蛆喂之，使之生长出白羽毛，长成白雀，此即"白雀"游戏。此外还有"催花法""设色法""造墨法""藏笔法""书灯法""捕鱼法""驱蚊法""捕蛇法""禁蛙鸣""养狗不大"等，都是日常生活中易做易行的实验性儿童游戏。[1]

所有这些儿童科学游戏中所包含的科学道理，儿童并不能完全理解，但它们能激发儿童的好奇心和探究的本能，对于培养儿童的科学意识无疑是十分有益的。

六、文艺游戏

文艺游戏是指体现各种文艺形式的儿童游戏，主要包括歌舞、儿童

1　乔卫平，程培杰.中国古代幼儿教育史［M］.合肥：安徽教育出版社，1989：233.

剧、儿童歌谣、讲故事等形式。儿童的文艺游戏与儿童的生活游戏之间的区别在于：文艺游戏借助于一定的艺术手段，有一定的表演程式，表演的内容有故事情节，一如成人的艺术活动。儿童从文艺游戏中所受到的熏陶和训练主要是艺术方面的。文艺游戏是儿童的文化艺术生活的重要组成部分。

除了以上所列举的儿童游戏种类之外，还有大量的儿童随时随地自发而起的游戏活动，这些游戏往往难以明确归类，如各种手工小制作、捉中指、弄手影、"骑马打仗"等等，表明了中国传统儿童游戏的丰富多彩和简单易行。各种儿童游戏不仅数量多，而且质量高，令人眼花缭乱，目不暇接，给严肃有余的中国传统社会和教育注入了一股活泼清新的空气。

第三节　古代幼儿游戏的特点

作为中国传统文化和教育的重要组成部分，中国古代幼儿游戏有着迥异于西方国家的显著特点，这些特点表现出古人对儿童成长的要求和期待，并事实上影响着儿童的身心发展。其中有些方面值得肯定，而有些方面则应当加以分析和批评。

一、崇尚智慧

具有高度的智慧内涵是中国传统儿童游戏的重要特点之一。我们从上述智力游戏中的棋牌类游戏和拼摆类游戏、语言文字游戏、科学游戏以及大量玩具的科学内涵中可以得见。也许世界上还没有哪一个国家的儿童游戏是像中国这样能够如此地锻炼儿童的智慧的。事实上，当今世界的体育运动项目中，中国人的强项之一就是棋牌运动，无论是象棋还是桥牌，中国运动员都有不凡的表现。而围棋属于中国的国粹，中国人深谙此道。至于以麻将为代表的牌戏更被世界视为中国智慧的象征而备受推崇（麻将等中国传统牌戏的副作用又当别论，是另一个话题）。所有这些传统游戏在中国古代都是儿童从小玩耍的。可以这样说，当今中国运动员擅长棋牌，乃至于中国人的聪明智慧世所公认，一定程度上是由于中国人喜好游戏，中国人的游戏充满智慧的内涵和历史的积淀。

从另一方面说，当今世界走、跑、跳、投、拼抢之类竞争性强的力量型运动和游戏不是中国人所十分擅长的，从反面证明了中国传统儿童游戏对智慧的崇尚和对体力运动的轻视。

与崇尚智慧相联系的一个问题就是，中国传统儿童游戏比较忽视儿童身体的锻炼，甚至还有一些并不正确的观念。

首先，以为剧烈运动的游戏不合温文尔雅和"君子勤礼，小人尽力"的道德准则。这类游戏受到批评乃至抵制，人们主张用"合于礼仪"的"雅戏"来取而代之。据说，汉武帝爱好蹴鞠，"群臣不能谏，侍臣东方朔以此艺（弹棋）进之"，汉武帝就"舍蹴鞠而上弹棋焉"（《弹棋经序》）。这是古代以足球为不可取，而以棋戏为高尚的一个事例。此外，像《水浒传》中的高俅擅蹴鞠而就高位，为正直的人们所不齿，也表明相同的价值判断。这样的社会观念必然会影响儿童游戏的选择和开展。

其次，认为剧烈的运动游戏有伤儿童的身体。球戏在唐代十分盛行，甚至经常有女子骑马打马球。对此，教育家、文学家韩愈曾加以批评说："凡五脏之系络甚微，坐立必悬垂于胸臆之间，而以之颠顿驰骋，呜呼，其危哉！"（《韩昌黎集·上张仆射第二书》）韩愈未认识到运动类游戏对人身体锻炼的作用，而仅仅看到了激烈运动所可能产生的负面作用，比较片面。这种观念具有相当的代表性，也使中国传统儿童游戏总体上文弱有余，而勇武不足。

中国古代儿童游戏崇尚智慧的特点具有两面性，难以一概肯定或者否定，对于今天从事幼儿教育工作的人来说，对历史传统应当采取辩证分析的态度。

二、崇尚道德

崇尚道德也是中国古代儿童游戏的重要特点。上述孟子母亲为了教育和培养孟子而三迁其居的故事，可以看出古人对儿童游戏道德内涵的重视。古人从"学什么像什么"，以及"近朱者赤，近墨者黑"的朴素认识出发，对儿童游戏的选择十分慎重。类似孟母的观点在中国古代相当普遍。

据记载，唐代文学家元结家的乳母制作了一种"圆转之器"让孩子游戏。元结的朋友得知此事后大为不满，不仅将此玩具当场烧毁，还义正词严地告诫元结，"圆"代表着圆滑世故之意，为刚正不阿之士所深恶痛绝，人应"宁方为皂，不圆为卿"，意为宁可做一个正直的皂隶，也不做圆滑的卿相，为何要"任造圆转之器，恣令悦媚婴儿？小喜之，长必好之。教儿学圆，且陷不义；躬自戏圆，又失方正"（《涵芬楼古今文钞·恶圆》）。这是一种极端的道德主义，对开展儿童游戏的影响可谓深远。

古人推崇智慧类游戏，其原因之一就是这些游戏具有道德性、政治性，即使某些内涵看似较为抽象的儿童游戏，如棋类游戏，它们受到肯定，也是因为具备道德价值。以象棋为例，象棋中的将、士、象、车、马、炮、兵，实际上分为三组三个等级，各有分工、作用范围和行动方式，尊卑分明，不可逾越，表现出等级观念；象棋中的各个棋子以将（帅）为中心分列两旁，地位最低贱的兵卒处于战争的前沿，而且只许进不许退，行棋过程都是为了保护"老将"不失，表现出忠君观念；象棋中的各个棋子都是男性角色，绝无一个女性棋子，表现出夫权观念。这就使儿童在游戏中潜移默化地受到了传统观念的熏陶。围棋更为抽象，但在古人眼里，下围棋具有修身养性的功用，并使激烈的争斗化为文质彬彬的"对谈""手谈"，依旧有着浓厚的道德内涵。

总之，古人以道德标准作为选择儿童游戏的依据，并人为地赋予儿童游戏以强烈的道德意义。"人少小时未有不好歌舞者，盖天籁之发，天机之动。歌舞，即礼乐之渐也。圣人因其歌舞，教以礼乐，所谓因其势而利导之。"(《五种遗规·养正遗规·陆桴亭论小学》)这段话说得十分清楚，儿童游戏是为了引导儿童学习和遵循礼乐。认识到儿童游戏的道德教育作用并不错，但将其推向极端道德主义则并不可取。

三、崇尚自然

崇尚自然也是中国传统儿童游戏的一个特点，表现在两个方面。

其一，要求儿童教育采用游戏的手段，体现了遵循自然的原则。《学记》中说"藏焉，修焉，息焉，游焉"，要求儿童既要有正课的学习，又要有课后的休息和游戏，这本身就表明对儿童身心发展规律的遵循。事实上，中国传统儿童游戏大都童趣十足，为儿童所喜爱，表明游戏的设计顾及了儿童的天性。即使是反对儿童从事剧烈游戏的观念也包含有不损伤儿童身体，保证其健康自然发展的因素在内。

其二，纵观中国古代儿童游戏，其中绝大部分都是简单易行甚至不需要任何器具的。儿童随时随地都可以信手玩来。如捉中指、弄手影之类的幼儿游戏，不需要借助任何工具，只需一双手，却也趣味无穷。内容复杂的棋类、拼摆类游戏，工具也不复杂：围棋只需要黑白两种棋子；各种杂棋更是只需要几颗石子就可随地下起来；七巧板也简单到只需纸板一张，稍加剪裁即可。

总之，中国传统的儿童游戏充分地利用自然物，不受时间、场地、器具的限制，简单易行却又可玩性极强。这是任何一个国家和民族的儿童游戏所未曾有的。

四、男女有别

中国传统社会的政治道德观念也深深地影响了儿童游戏，尤其重要的表现就是男女有别：女孩子在儿童游戏中没有地位。

从我们所知的百多种儿童游戏来看，真正完全属于女孩子的游戏只有寥寥可数的几种，如乞巧、踏彩球；偏重于女孩子的游戏也为数不多，如荡秋千、踢毽子、斗花草、抓子儿等。即使是这为数极少的几种，也充满了女性期待意识。

乞巧是完全属于女孩子玩耍的游戏。每逢农历七月初七，古代一般家庭都要求女孩子玩乞巧游戏，以求织女娘娘将"巧"传给自己，长大变得心灵手巧。乞巧游戏从南北朝一直流传到清末民初，影响广泛。从中可以看出，对女孩子而言，即使是游戏，也承担着道德使命。女孩子的游戏不似男孩子的游戏有更多"玩"的因素。

中国传统儿童游戏中确实存在着性别歧视的问题，应当批判。

思考题

1. 试述中国古代幼儿游戏的意义。

2. 试列举中国传统幼儿游戏的主要种类。

3. 中国传统幼儿游戏有哪些特点？

4. 中国传统幼儿游戏给人以什么样的启示？

第七章　中国幼儿教育的近代转折

　　鸦片战争是中华民族一段屈辱抗争历史的开始，也揭开了中国近代史的序幕。面对国门被强迫打开后变化的形势，封建传统教育已再难起到维护中国社会生存发展的作用。中国的教育开始了艰难的改革历程，逐渐由以本民族文化传统为中心的封闭型向与世界文化交流的开放型转变。受近代世界幼儿教育发展趋势的影响，中国幼儿教育也打破了单一家庭教育的模式，朝建立和推广社会性幼儿教育机构的方向发展。

第一节　清末社会与教育的变革

　　1840年鸦片战争以后，中国社会的政治、经济、文化教育结构开始改变，进入了近代社会。中国近代社会的变革是在外力压迫下进行的。中国近代教育的变革也一样：不是中国封建传统教育的自然演变，而是在一种完全不同的异质文化的强迫切入下产生和发展的。所以，中国近代教育的发展有很大的被动性。从1840年鸦片战争到1911年辛亥革命推翻清王朝，中国社会和教育的变革发展可以粗略地分为以下几个阶段。

从 1840 年鸦片战争爆发到 1861 年清政府设立总理各国事务衙门为第一阶段。在这一时期，以英国为首的西方资本主义列强先后对中国发动了两次鸦片战争，强迫清政府签订了一系列不平等条约，开始对中国进行无情的经济掠夺和政治压迫。同时，以太平天国运动为主体的农民革命也对清王朝的统治产生了强烈的冲击。在深重的国家民族危机面前，一部分中国人开始觉察到西方资本主义文明所显示的优越性，呼吁向西方学习，要求对传统教育进行改良的思想萌芽并得到发展。在鸦片战争前，龚自珍就曾经对当时的中国社会，包括传统教育进行过猛烈的抨击。鸦片战争以后，在内外交困的情况下，一些开明的地主阶级知识分子提出了向西方学习的口号。主要以魏源为代表，他提出"师夷长技以制夷"，在向西方学习的过程中起了先导的作用。同时，曾国藩、李鸿章、左宗棠、奕䜣等人也在镇压农民起义、与洋人打交道的过程中逐渐成为统治集团中举足轻重的人物。作为后来形成的洋务派集团的代表，他们成为"新式教育"的倡导者和组织者。

从 19 世纪 60 年代初到 1894 年中日甲午战争爆发为第二阶段。这一时期，由洋务派主持领导的洋务运动占据重要地位。在洋务运动中，清政府兴办各种洋务事业，如开设近代工厂，制造军舰、洋枪、洋炮，修筑铁路，设办邮电，采用洋操练新兵等。在洋务运动的推动下，中国传统教育开始向近代教育过渡，传统教育的主体中出现了近代教育的新因素。首先，从 1862 年京师同文馆在北京创立开始，之后 30 多年的时间里，先后创办了约 30 所完全不同于封建学校的"新式学堂"，它们以传授西方语言文字和科学技术为主，其中特别重视军事学校的创办。其次，组织实施了两次规模较大的留学计划。一次是从 1872 年开始，在先后 4 年的时间里共派遣了 120 名幼童到美国留学。另一次是从 1877 年开始，先后派遣 40 多名学生到欧洲（主要是英国和法国）学习海军驾驶与制造技术。他们中的许多人后来成为北洋海军的骨干。这段时间里，外国传教士在中国办的教会学校有较大程度的发展，这也改变了中国传统教育的结构。整体上讲，从这一时期开始，以近代自然科学为中心的"新式教育"已在中国教育中占有一席之地。

1894年中日甲午战争至1911年辛亥革命推翻清朝政府为第三个阶段。在这一时期，资产阶级作为一个政治派别登上历史舞台。早期资产阶级改良派的维新变法思想在甲午战争前就已经萌芽，它的基本倾向是对洋务派仅仅在外交、军事等方面作被动的对外应付表示不满，而提倡在政治、经济、文化教育等各个方面进行全面的内部改革。这种思想因为甲午战争失败而形成思潮，进一步发展成为维新变法运动，到1898年"百日维新"达到高潮。"百日维新"虽然遭受挫折，但是，在1900年八国联军入侵的刺激下，清政府不得不于1901年宣布实行"新政"，"百日维新"中的改良措施基本上得到实施。在这一历史过程中，中国教育发生了深刻的变革，可以说中国传统教育制度趋向崩溃，近代教育在形态上得到确立。具体表现为以下四点。第一，结束了延续1 300年之久的科举制度。经过废除八股、逐年减少录取名额，科举制度于1905年正式废除。第二，新式学堂代替传统的书院和儒学。明确命令将各省府县的书院改为大、中、小学堂，撤销原有的府州县的儒学专门学校。第三，1904年1月《奏定学堂章程》颁布，这是中国近代史上第一个颁布并实行的法定学制，为中国教育的近代化提供了制度基础。第四，留学教育形成高潮。首先是在清末"新政"鼓励下产生的留日高潮，在1906年达到顶峰。其次是在1908年美国提出退还"庚子赔款"发展中国教育的背景下逐渐形成了留美高潮。

清末社会变迁和教育变革的过程，同时也是"西学东渐"的过程。近代西方幼儿教育观念得以引入和较广泛地传播，最终为清末学制所确认。

第二节　近代西方幼儿教育观念的引入

　　组织化的幼儿社会教育机构产生于 19 世纪初期。1816 年，英国空想社会主义者欧文（Robert Owen）在苏格兰新拉纳克创办了一所幼儿学校，招收 2—5 岁幼儿，目的是谋求儿童的健康、快乐和自由活动。这是欧洲最早的幼儿教育机构。1837 年，德国著名的幼儿教育家福禄培尔（Friedrich Wilhelm August Froebel）在卡伊尔霍附近一座名为勃兰根堡的小城开办了一所幼儿教育机构，专收 3—7 岁儿童。1840 年，他将此命名为"幼儿园"（Kindergarten），从此以后 Kindergarten 便成为表示幼儿园的专用词汇而传遍全球。

　　福禄培尔开办了训练幼儿园教师的讲习所，并称幼儿园的教师为"园丁"。幼儿园因此最先在它的诞生地德国得到较快的发展。从 19 世纪五六十年代开始，幼儿园作为典型的幼儿社会教育机构，与福禄培尔的儿童教育学说一道，逐渐在欧美各国流行。社会性幼儿教育机构的发展适应了西方资本主义向大工业生产发展的形势。早期以纺织业为主的西方大工业，需要吸收大量女工进入工厂，幼儿的抚养和教育再完全由家庭来承担已不相宜了。

　　近代西方幼儿教育观念集中而系统的引入是在清末"新政"时期，主要体现在如下方面。

一、介绍和引进日本幼儿教育

　　日本于 1868 年"明治维新"以后，开始大力发展西学教育。很快，日本的近代启蒙思想家们通过考察欧美教育状况，以及在与日本境内的西方传教士接触过程中，认识到幼儿教育在国民教育中的基础性地位和在日本实施幼儿园教育的必要性。在他们的倡导下，1876 年，东京女子师范学校附属幼稚园成立。这是日本最早由政府设立的官立幼稚园。该园制订了一整套规章制度，包括幼稚园规则、保育科目、保育时间表等，成为日本幼儿教育组织系统化的开端。同时，福禄培尔和欧美有关幼儿教育的理论学说也被翻译过来，成为日本早期幼儿教育实践的指南。

经过一段时间的发展，到19世纪90年代，日本的幼儿教育已走出早期移植模仿欧美幼儿教育思想和办学模式的阶段，并于1899年制订了幼儿教育的独立规程——《幼稚园保育及设备规程》。幼稚园的保育内容也由早期的以福禄培尔的"恩物"为主，发展到以游戏、唱歌、谈话和手技等四项为主，形成了一套具有日本民族特色的幼儿教育模式。

在维新运动高潮时期，清政府就确立了优先向日本派遣留学生的政策。制定这一政策的原因主要有两个方面。首先是甲午战争后，清政府急于寻求日本迅速富强的经验。其次是留学日本较留学西洋有诸多便利，如路近费省，中日文字接近易于通晓，一切西书均经日本择要翻译，刊有定本，日本的风俗习惯近似于中国，君主立宪的政治制度也可为中国仿效等。维新运动虽以戊戌变法的失败而告终，但继之而起的清末"新政"坚持并加强了向日本倾斜的留学政策。于是，20世纪初掀起一次留学日本和对日本进行考察的高潮。

在到日本考察游历的职官学者中，许多人根据在日本的观感，从教育作为国家富强的基础以及儿童能够在各种各样的游戏中促进身心发展和德性培养的意义上，阐述了发展社会性幼儿教育机构的必要性。他们还在对日本幼儿教育实施状况的考察中，留下了许多具有现场感的记录；在他们出版的东游日记中，也有许多涉及幼儿教育的篇章。其中不乏对幼儿教育的学理介绍，如戊戌变法失败后逃亡日本的梁启超，在1902年撰写的《教育政策私议》一文中，列表叙述了日本学者关于儿童身心发展分期的理论，表明儿童身心发展具有明显的阶段性特征，认为儿童5岁以前划归为幼儿期，属家庭教育和幼稚园教育阶段。文中描述了儿童在身体、知、情、意、自观力等方面的基本发展状况。梁启超的介绍虽然还比较浅显，但无疑有利于树立人们对幼儿教育的科学认识。这些来自有一定政治和文化影响力的人物的考察报告，对引发国家与社会兴办幼儿教育的动机有直接的作用。

当时的留日学生深受教育救国思潮的影响，读师范、学教育者不在少数。他们除在课堂中系统学习教育、心理、教授法、学校管理等科目的理论知识之外，还有一定机会参加考察和见习活动，"一星期间，恒有一二日，由教员率领学生，至男女学校及幼稚园，查看考验"（《浙江潮》第 7 期）。1904 年中国蒙养院制度确立后，留日学生中甚至有了专门派往学习幼儿教育的人员，他们担任了输入日本幼儿教育的主角。

由罗振玉主编的清末教育杂志《教育世界》对日本教育进行了系统介绍，其中具有代表性的幼儿教育文献主要有两部。其一是载于 46 号（1903 年）的《幼稚园恩物图说》，它是对日本学者关信三《幼稚园法二十游戏》的译介。关信三是日本第一所官立幼稚园——东京女子师范学校附属幼稚园的第一任监事。他在书中通过通俗易懂的插图对福禄培尔的二十种恩物的游戏方法进行解说。《幼稚园法二十游戏》是日本早期普及恩物保育知识的具有相当权威的教材。其二是载于第 77 号（1904年）的《幼稚园保育法》，它的原著者是当时东京女子高等师范学校的教授东基吉，此书刚一出版即被介绍到中国。东基吉更是推进日本幼儿教育的核心人物。日本第一部关于幼儿教育的独立规程《幼稚园保育及设备规程》就是在他为首的"福禄培尔会"的推进下由文部省制定的。

二、以康有为《大同书》为代表的幼儿公育思想

在国外传入的近代幼儿教育思想的影响下，国人也提出了全新的幼儿教育理想方案，其中以康有为在《大同书》中论述的儿童公养公育体系

最为完整系统。

（一）《大同书》及其社会理想

康有为（1858—1927）是维新变法时期资产阶级改良派的代表和领袖，广东南海人。康有为一生著作甚丰，《大同书》是他的代表作之一。

《大同书》成书于1901年至1902年间，但它的基本思想早已产生。其初稿名为《人类公理》，在1890年前即已撰成。康有为在广州万木草堂（成立于1891年）讲学期间，就曾向他的弟子梁启超等讲过"大同"学说，此即后来《大同书》的基本内容。

康有为认为，现实世界一切苦难的根源皆因有"九界"的存在。所谓"九界"是："一曰国界，分疆土、部落也；二曰级界，分贵、贱、清、浊也；三曰种界，分黄、白、棕、黑也；四曰形界，分男、女也；五曰家界，私父子、夫妇、兄弟之亲也；六曰业界，私农、工、商之产也；七曰乱界，有不平、不通、不同、不公之法也；八曰类界，有人与鸟、兽、虫、鱼之别也；九曰苦界，以苦生苦，传种无穷无尽，不可思议。"（《大同书·入世界观众苦》）康有为描绘的"大同"理想社会的蓝图，是一个破除了"九界"，即消灭了国家、阶级、种族、家庭，消除了性别、职业差别，实现了天下太平、仁爱万物、人生极乐的社会。

（二）儿童公养公育思想

儿童公育思想是与康有为"去家界"的理想相联系的。康有为认为，在大同社会里，家庭是不应该存在的，主要理由有三。其一，大同社会，男女以情好结合，完全是自由自愿的，分离也是完全自由自愿的；婚姻是男女"情志相合"的一种协议，称为"交好之约"，不得有夫妇之名，不受家庭形式的约束，"不得为终身之约"（《大同书·去形界保独立》）。其二，一个家庭中的人员，特别是中国传统的大家庭，人数众多，存在夫妻之间、姑嫂之间、婆媳之间、兄弟妯娌之间，还有继父母和继子女之间的种种复杂关系，他们会因为性格、角色或财产方面的原因产生种种矛盾。家庭以一种强制的形式将他们固定在一起，不仅违反了大同社会人和人之间关系的准则，儿童也不可能在这样的家庭环境中得到良好的教育。其三，"家"的观念是和"私"的观念紧密联系的，家庭会引发私狭、奸诈、贪盗等种种罪恶，也会导致儿童教育事实上的不平等，"但教其子孙而不教人之子孙，且但教一己之子孙而不教群从之子孙。于是富贵之子孙得所教养者，身体强健，耳目聪明，神气王长，学识通达矣；贫贱者之子孙无所教养者，身体尪弱，耳目聋盲，神气颓败，学识暗愚"（《大同书·去家界为天民》）[1]。废除家庭之后，儿童是整个社会的儿童，不再是某个家庭或个人的子女；对儿童的抚养和教育必须由社会来承担。康有为设计的儿童公育体系，从母亲受胎怀孕进入人本院接受胎教时起，到出生后进育婴院，然后再进入慈幼院，直到进入小学院、中学院和大学院。

1. 人本院

康有为继承和发展了中国古代的胎教思想。他认为，胎儿时期是人生的关键时期："生人之本，皆在胚胎，人道之始，万化之原也。"对人的教育必须在其"未成形质以前"就开始。他认为，胎教的好坏直接关系着人一生教育的成败："胎生既误，施教无从。"胎教还关系到优生，是"人种改良之计"。

进行胎教的场所是人本院。孕妇入院的时间根据社会发展的水平和资源条件来决定，最好是一怀孕就入院。康有为对人本院的环境条件、卫生保健、人员设置、教育等方面提出了详尽的要求，其中主要方面可概括为三点。

1　以下康有为关于儿童公育思想的引文，未注出处者均出自该书。

　　　　　　　　　　　　　　　　中国幼儿教育史

（1）环境条件

康有为特别注意环境因素对人的影响，认为"胎孕多感地气"，他甚至把一个人的外貌体征、性格气质以及妇女的生育率等都归于不同地势、气候等地理环境作用的结果。胎教地区最好选择在地球的温带和近寒带之间，院址最好"择平原广野、丘阜特出、水泉环绕之所，或岛屿广平、临海受风之所，或近海广平之地"。由于大同时代国界消亡，交通迅捷发达，孕妇迁移起来已非常方便。

孕妇的居室要宽敞清洁、通风去湿，其外景应"楼观高峻，林园广大，水池环绕，花木扶疏，皆务使与孕妇身体相宜，俾其强健"。院内应有品种丰富、内容健康的书画、音乐，随时供孕妇阅读欣赏。

（2）胎教人员的选择与职责

为了使胎教得到正确的实施，孕妇入人本院后，一切衣食住行都应由专门的人员来安排、照顾，这些专门人员的选择要非常慎重。人本院的管理人员应从有医生经历的女性中选举产生，择其"仁慈智慧尤深者"担任。一般工作人员有女医、女师、女保、女傅等。女医对孕妇的健康情况和胎儿的发育情况进行每日两次的定时检查；女师每日给孕妇"讲人道之公理，仁爱慈惠之故事，高妙精微之理"，以增进其品德智慧；女保负责讲授孕期生理卫生、胎儿保健和分娩育子的常识；女傅与孕妇同起居，安排和监督孕妇的日常生活。女保、女傅均以曾业医者为佳。

（3）孕妇对自身的要求

胎教的一切措施都是通过影响母体环境而波及胎儿的，"故母仪既教之学校之先，更敬慎之于既妊之后，不使物感情移而误其胎元也"。孕妇入人本院之后，便应"以高洁、寡欲、学道、养身为正谊"。当然，人本院内外都要给予孕妇以极大的尊敬和爱护。对孕妇的尊敬和爱护不是针对孕妇个人的，因为妇女生育后代是为天生子，为公尽职。"孕妇代天生人，为公产人，盖众人之母也。"所以，"公众宜为天尊之，为公敬之"。

2. 育婴院和慈幼院

婴儿断乳之后，即送入育婴院抚养，三岁后送入慈幼院。两院也可合并，不设慈幼院。育婴院和慈幼院是幼儿教育的主要承担机构。康有为对育婴院和慈幼院提出了多达 17 条具体措施，可归纳为以下主要方面。

第一，院址可选择与人本院同处，或与人本院相近，以便于婴儿移送。地理气候条件也大致与人本院相同。建筑结构和环境布置上应做到"楼居少而草地多，务令爽垲而通风，日临池水以得清气，多植花木，多蓄鱼鸟，画图雏形之事物，皆用仁爱慈祥之事以养婴儿之仁心。凡争杀、偷盗、奸诈种种恶物，皆当屏除"。

第二，育婴院和慈幼院的工作人员主要分为管理者、医生和女保三类。管理者应选择那些"仁质最厚"，熟悉"养生学"的医生担任；医生负责诊视幼儿的身体，节度幼儿的衣着、饮食和作息；女保负责规定的执行和对幼儿的看护。女保，顾名思义，应由女性担任，因为"男子心粗性动而少有耐性，不若女子之静细慈和而有耐性也"。并且，只有那些"德性慈祥、身体强健、资禀敏慧、有恒心而无倦性者"，才有担任女保的资格。对女保应保持高度尊敬，社会应用"殊荣异礼以待之"。

第三，对幼儿的保育目标是："养儿体，乐儿魂，开儿知识。"

第四，除保证幼儿身体健康之外，保育内容还应包括以下三个方面。其一，语言。当幼儿能开口说话时便应有目的地教幼儿学习语言。语言的学习应和幼儿对事物的认识结合进行，应将世界百物"制雏形或为图画"，不断增加儿童的知识。其二，歌曲。当幼儿有初步吟唱能力时，便挑选能反映"仁慈爱物之旨"的歌乐，让儿童吟唱。其三，手工。等儿童有了一定的知识基础后，便"将世界有形各物，自国家至农工商务，皆为雏形"，教儿童模仿制作，以达到熟练自然的程度。

康有为从大同世界必须消灭家庭出发，设想了比较完整的从胎教到婴幼儿教育的儿童公育体系，这在以前是没有过的。它虽带有明显的乌托邦色彩，但能引导人们对普及社会性幼儿教育机构的憧憬。康有为的这些思想是在综合儒家"大同"思想、中国传统胎教和早期教育思想、西方传入的近代幼儿教育观念的基础上形成的，是近代中西文化交流在特定时代环境下的结晶。

三、西方传教士对发展教会幼儿教育的倡导

鸦片战争后，西方列强开始利用和清政府签订的一系列不平等条约不断对中国进行文化教育渗透。当时，西方在中国从事文化教育活动的主要是一批传教士。他们在中国开教堂、办学校、设医院。这些教会机构有时也附设有育婴堂、孤儿院，但基本上属于"慈幼"的性质。约从 19世纪 80 年代起，外国教会在中国沿海的福州、宁波开办近代性质的幼儿教育机构，以后数量不断增加。根据林乐知所著《五大洲女俗通考》记载，至《奏定学堂章程》颁布前夕的 1903 年，教会在中国设立的幼教机构"有小孩察物学堂六所，学生一百九十四人（男女各半）"。小孩察物学堂即幼稚园。整体来说，此前幼儿园的发展还处在自发状态，并未纳入教会教育的整体规划之中。

1904 年，《奏定学堂章程》颁布，该学制的日本化倾向对一向倡导以西方教育模式主导中国教育改革方向的传教士们是一个沉重的打击，刺激传教士在发展教会学校、建构独特的教会教育体系方面付出更大的努力，幼儿教育也被自觉地纳入教会教育系统。1905 年 10 月，美国传教士林乐知在《万国公报》上发表的《论中国亟需设立幼稚园》一文，就明显是向基督教教会发出的重视幼儿教育的呼吁。[1]

林乐知郑重强调了幼稚园的宗教目的，他说："中国之宜设幼稚园，

1　李楚材.帝国主义侵华教育史资料——教会教育［M］.北京：教育科学出版社，1987：213—215.

如此其急也。吾党传道之士，苟知劝道华人之法，惟幼稚园之收效为最大。吾知其必置他事于缓图，而以是为先务，非吾之过甚其辞也，幼稚园之设，即以道德救儿童也。"[1]

林乐知认为幼稚园时期儿童的最大特点是喜欢游戏。"盖儿童之视游戏，一如其视饮食，其宗教在是，其世界在是，一切事物，无不以是为中心点。是故游戏者，儿童之事业，亦犹工作者。"[2]"然则游戏者，实即儿童之工作。"[3]因此，幼稚园的活动应以游戏为中心，并通过游戏培养儿童的宗教观念，"故上帝之宝座，可藉教室之讲台而至者，藉儿童之游戏而亦至"[4]。

也就是在这期间，基督教在华的最大教育组织——中华教育会下属的诸多推行委员会中增设了幼稚园委员会，反映了教会希望发展幼儿教育的愿望。[5]西方传教士在中国倡导幼儿教育，兴办幼儿园是站在教会的立场，带有明显的宗教、文化、政治目的，但客观效果是使得中国土地上出现了最早的近代幼儿社会教育机构，对中国近代幼儿教育的发展具有一定启发作用。

第三节 《奏定蒙养院章程及家庭教育法章程》

1901年，面对日益加剧的社会政治危机，清政府宣布实行"新政"。清末"新政"是中国传统教育制度趋于崩溃，近代教育在形态上得到确立的时期。其标志性事件便是科举制度的废除和清末学制的建立。

作为清末"新政"的一个方面，1901年，清政府诏谕兴学，明令撤

---

1 2 3 4 李楚材.帝国主义侵华教育史资料——教会教育［M］.北京：教育科学出版社，1987：213—215.

5 朱有瓛.中国近代学制史料（第四辑）［M］.上海：华东师范大学出版社，1993：67.

销各省府州县原有的书院和儒学，代之以新的大、中、小学堂。此后，各地纷纷创办起各种新式学堂。新式学堂的创办，客观上提出了建立统一学制的要求，于是，清政府在1902年颁布了近代中国的第一个学制《钦定学堂章程》，又称"壬寅学制"。但是这个学制未付施行。清政府于1904年1月颁布了《奏定学堂章程》，也称"癸卯学制"，并在全国施行。它仿照西方三级学制系统制定，第一阶段为初等教育：包括蒙养院、初等小学堂、高等小学堂。"癸卯学制"系统如图9所示。

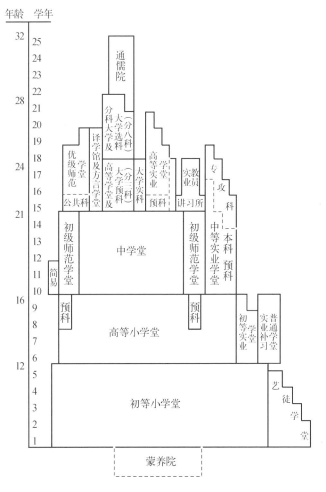

图9 "癸卯学制"系统图

"癸卯学制"包含各级各类学校的具体章程，其中关于幼儿教育的是《奏定蒙养院章程及家庭教育法章程》（以下简称《章程》）。这是中国近代第一部关于幼儿教育的法规，它的颁布标志着我国幼儿教育纳入国家规划。

一、《章程》的基本内容

《章程》分"蒙养家教合一""保育教导要旨及条目""屋场图书器具""管理人事务"四章，对幼儿教育机构的名称，保育教导的对象、宗旨、科目及内容、年限、设备、管理等方面都作了比较明确的规定。

幼儿教育机构的名称为"蒙养院"，其保育教导的对象是 3 至 7 岁的幼年儿童。《章程》明确指出蒙养院相当于各国之幼稚园（即今天的幼儿园）。《章程》的核心部分是第二章"保育教导要旨及条目"，规定了保育教导的基本原则（要旨）为如下四项。

1. 保育教导儿童，专在发育其身体，渐启其心知，使之远于浇薄之恶风，习于善良之轨范。

2. 保育教导儿童，当体察幼儿身体气力之所能为，心力知觉之所能及，断不可强授以难记难解之事，或使为疲乏过度之业。

3. 保育教导儿童，务留意儿童之性情及行止仪容，使趋端正。

4. 儿童性情极好模仿，务专意示以善良之事物，使则效之，孟母三迁即此意也。

对蒙养院的保育方法，《章程》要求"就儿童最易通晓之事情，最所喜好之事物，渐次启发涵养之，与初等小学之授以学科者迥然有别"，强调从儿童的实际生活经验和兴趣出发。

保育科目有游戏、歌谣、谈话、手技四项，每项科目的具体要求如下。

1. 游戏

游戏分为随意游戏及同人游戏两种：随意游戏者使幼儿各自运动，同人游戏者合众幼儿为诸种之运动，且使合唱歌谣，以节其进退。要在使其心情愉快活泼，身体健适安全，且养成儿童爱众乐群之气习。

2. 歌谣

歌谣俟幼儿在五六岁时渐有心喜歌唱之际，可使歌平和浅易之小诗，如古人短歌谣及古人五言绝句皆可，并可使幼儿之耳目喉舌运用舒畅，以助其发育，且使心情和悦为德性涵养之质。

3. 谈话

谈话须择幼儿易解及有益处、有兴味之事实，或比喻之寓言，以期养其性情兴致。与小儿对话时，且就常见之天然物及人工物等指点言之，并可启发其见物留心之思路。其所谈之话，儿童已通晓时，保姆当使儿童演述其要领。演说之际务使声音高朗，语无滞塞，尤不许儿童将说话之次序淆乱错误。

4. 手技

手技授以盛长短大小各木片之匣，使儿童将此木片作房屋门户等各种形状。又授以小竹签数茎及豆若干，使儿童作各种形状，又使用纸作各种物体之形状。更进则使用黏土作碗壶等形。又使于蒙养院附近之庭院内，播草木花卉之种于地，浸润以水与肥料，使观察其自发生以至开花结实等各形象。诸如此类，要在使引导幼儿手眼，使之习用于有用之处，为心知意兴开发之资。

二、《章程》的基本特点

由于"癸卯学制"是"中体西用"指导思想下的产物，关于各级学校的教育宗旨明确强调："至于立学宗旨，无论何等学堂，均以忠孝为本，以中国经史之学为基，俾学生心术壹归于纯正，而后以西学瀹其智识，练其艺能，务期他日成才，各适实用，以仰副国家造就通才、慎防流弊之意。"（张百熙《重定学堂章程折》）这就表明，中国固有的文化传统、道德、纲常丝毫不可丢弃，在此前提下有限地吸收一些西方先进的教育制度和观念，这就影响到《章程》的内涵及其特点。《章程》的特点主要可归纳为以下几个方面。

第一，限制女子教育和发展幼儿教育之间存在矛盾。

"癸卯学制"整体上体现了"中体西用"的指导思想，这在《章程》中也有明显的反映，尤其突出地表现在限制女子教育和发展幼儿教育的矛盾上。

戊戌变法前夕，康有为、梁启超等维新改良派人士就极力提倡振兴女子教育，并为此著文呼吁。但变法失败后，以慈禧太后为首的保守派认为女子接受学校教育会引起社会道德的混乱，反对在学制上给女子教育以正式地位，《章程》也明确指出："惟中国男女之辨甚谨，少年女子断不宜令其结队入学，游行街市，且不宜多读西书，误学外国习俗，致开自行择配之渐，长蔑视父母夫婿之风。"但《章程》同时指出，蒙养院作为幼儿的保育教导之所，它的保育人员又应该依照各国通例，由女师范生来担任。这样，在同一章程里就出现了难以调和的矛盾，要求发展幼儿教育而又不放开对女子教育的限制，陷入了非常尴尬两难的境地。

"既不能多设女学，即不能多设幼稚园。"为了调和这一制度本身的矛盾，《章程》特别地设立了"蒙养家教合一"章，其中明确指出了蒙养院、家庭教育、女子教育三者之间的关系是"以蒙养院辅助家庭教育，以家庭教育包括女学"。就是说，幼儿教育和女子教育仍然以传统的家庭教育形式为主，蒙养院仅作为家庭教育的一种补充形式。家庭教育仍是幼儿教育的主要途径，"保姆学堂既不能多设，蒙养院所教无多，则蒙养所急者仍赖家庭教育"。

第二，幼儿教育机构与幼儿教育师资培训机构、社会慈善机构结合，缺乏独立地位。

由于禁办女子学校，没有幼教师资，《章程》规定就各省府厅州县已有的育婴堂及敬节堂内附设蒙养院。育婴堂和敬节堂是清末设立得比较普遍的慈善机构。育婴堂收养失去依靠的贫、孤、弃儿，后来也渐渐地收纳私生子女和妓院婴儿。为了哺育这些苦难儿童，堂内雇有乳母。敬节堂主要是收容那些贫苦无依的寡妇。《章程》指定，育婴堂和敬节堂的乳母、寡妇等人以及附近"拟受人雇充保姆之贫妇"在附设的蒙养院内进行培训，学习内容是中国传统的女性读物，如《孝经》、"四书"、《列女传》、《女诫》及《教女遗规》等，也有少量从国外翻译的教育、家政学书籍。学有成效者发给保姆凭单。但这些人的素质参差不齐，绝大多数人根本就不识字，不可能希望把她们培养成合格的幼教师资。《章程》规定，在上属两种蒙养院附近的幼儿，如其父母愿意，可将他们送入院内接受教育，"以便院中学保姆者练习实地保育之法"。

以上可见，"癸卯学制"虽然包含专门的幼儿教育章程，但给予社会性幼儿教育机构的地位是非常有限的。特别是《章程》把幼儿教师和乳母、寡妇、保姆一概而论，将蒙养院和社会慈善机构混为一谈，幼儿教育地位的微末可见一斑。这和近代教育中幼教事业的崇高地位以及幼儿教师的美好形象是不相称的。但是，它毕竟在中国传统家庭教育之外，在制度上为幼儿教育开辟了一条路径。

第三，受日本影响。

与清末教育改革整体上向日本借鉴的形势相适应，《章程》也深受日本影响。特别是其中关于保育教导宗旨与科目、蒙养院设备等方面的规定，基本上是对日本 1899 年制定的《幼稚园保育及设备规程》的移植。

第四节　清末幼儿教育的实施

一、园所的兴办

在 1904 年清末幼儿教育章程颁布以前，国内具有近代性质的幼儿教育机构多为教会创办，为数也十分有限，不为国人所注意。由国人自办的以湖北幼稚园最为著名。

湖北幼稚园是我国第一所官立幼儿教育机构，也是第一所由国人自办的社会性幼儿教育机构。1903 年秋，该园由湖北巡抚端方在武昌阅马场创办，它的诞生直接受当时担任两湖总督的张之洞热心学务的影响。端方任命一名曾留学日本的人员到日本聘请保育人员，采购园所设备。后来，毕业于东京女子高等师范学校的户野美知惠等三名日本幼教人员受聘来华。户野美知惠亲任园长，并拟定了《湖北幼稚园开办章程》。

湖北幼稚园基本上以日本女子担任教师，因此也比较全面地照搬了日本的幼儿教育制度和方法。《湖北幼稚园开办章程》中的保育要旨与日本的《幼稚园保育及设备规程》基本相同，规定为："一、保全身体之健旺，体育发达基此；二、培养天赋之美材，智育发达基此；三、习惯善良之言行，德育发达基此。"[1] 该园规定，正常招生的幼稚生年龄"以四岁上下为率，二年卒业"。[2] 保育科目有七项：行仪、训话、幼稚园语、日

1　中国学前教育史编写组.中国学前教育史资料选［M］.北京：人民教育出版社，1989：103.

2　同上：104.

语、手技、唱歌、游戏。[1]虽然说"大概与日本幼稚园科目有出入",但中心内容还是与当时日本幼稚园的四项基本科目:谈话、游戏、唱歌、手技相一致。这所幼稚园不仅教幼儿学习日本语,唱的儿歌也是由日本幼稚园歌曲改订的。据说园舍设计、幼儿的服装也都是采用日本的样式。1904年《章程》颁布后,园所更名为武昌蒙养院。

清末幼教章程颁布后,经济、文化相对发达的京津、苏浙沪地区以及直接受热心兴学的张之洞影响的两湖地区率先办起了幼儿教育机构。其中影响较大的有上海务本女塾附属幼稚舍(1904年设立,1907年改为公立,更名为上海公立幼稚舍)、湖南蒙养院(1905年)、天津严氏蒙养院(1905年)、南京旅宁第一女学附设幼稚园(1906年)、上海爱国女学附设蒙养院(1907年)等。其他省区创办幼儿教育机构的消息也屡屡见诸报刊。至1907年,进入蒙养院的幼儿已有4 893人。[2]

上述幼儿教育机构,有官立、私立,也有先由私人创立后由官府接办改为公立的。现各举一例予以介绍。

(一)湖南蒙养院

湖南蒙养院由巡抚端方于1905年创办,在清末动荡的年代,历经搬迁,至1911年辛亥革命爆发,宣告停办。该院聘日本女子春山雪子、佐滕操子为保姆,招收3岁以上未届学龄的男女幼儿。根据该院拟定的《湖南蒙养院教课说略》介绍,创立该园的本意是针对贫贱家庭的儿童,弥补他们家庭教育的不足,以便将来小学堂内的儿童不论贫富贵贱,都可接受共同教育,其思想观念颇具平民色彩。[3]

《湖南蒙养院教课说略》提示,该院课目为七项三组,具体如下。

1　中国学前教育史编写组.中国学前教育史资料选[M].北京:人民教育出版社,1989:104.

2　张沪.张宗麟幼儿教育论集[M].长沙:湖南教育出版社,1985:390.

3　朱有瓛.中国近代学制史料(第二辑):上册[M].上海:华东师范大学出版社,1987:762—765.

第一组：

谈话：分修身话和庶物话两种，分别示以"作人之道"和"事物之名称"。

行仪："专在践履上讲求"，通过实践养成儿童的行为规范。

以上为"小学中修身之第一步，为德育之始基"。

第二组：

读方：即识字教育，不作书写要求。

数方：通过"指数器"让儿童采用不同的方法计数，养成初步的数概念。

手技：主要通过对福禄培尔"恩物"的搭配排比，培养儿童的想象能力和几何概念。

以上"为智育之始基"。

第三组：

乐歌：包含体操和舞蹈。

游戏：室内室外均可进行，种类丰富多样，务求活泼有趣。

以上"为体育之始基"。

七项课目在发展儿童的德、智、体方面虽各有侧重，但相互渗透，不可分割。

（二）天津严氏蒙养院

这是清末著名的私立幼稚园，它的创办人是严修（1860—1929）。严修祖籍浙江慈溪，曾任清朝翰林院编修、贵州学政、学部侍郎等职，在清末教育改革中提出颇多建议，颇有建树。他所创办的天津私立第一学堂后来改为南开学校，由小学发展到中学，再发展到大学，成为著名的高等学府。1902年，他创办了严氏女塾，推行女子教育。后来，他几次到日本考察，认识到发展幼儿教育的重要性，于是在1905年创办了严氏保姆讲习所，以培养幼儿教育的师资。严氏保姆讲习所是在严氏女塾的基础上发展起来的，讲习所的教师是从日本聘请来的大野铃子等人。同时，也就设立了严氏蒙养院，作为保姆讲习所的实习场所。

严氏蒙养院招收4至6岁的幼儿。保育课目有：游戏、手工、唱歌、故事。设备如钢琴、风琴、桌椅，各种教具和玩具等都是从日本购进的。所以，严氏蒙养院也基本属于从日本移植的性质。

（三）上海务本女塾附属幼稚舍（上海公立幼稚舍）

1902年，吴怀疚在上海创办私立务本女塾，内有师范科，分甲、乙两级。1904年附设幼稚舍，由其妻葛尚平专门管理，师范科甲级生练习管教。[1]1907年接受地方政府拨款，改为公立，故更名为上海公立幼稚舍。

所定章程规定：幼稚舍兼收5至8岁的男女儿童，其宗旨为"调护儿童身心，改良家庭习惯"。学科分谈话（内含修身、博物）、手工（纸、木、豆等）、识字、图画、游戏、唱歌。根据其所订的课程单，实际还包括习算、习字、温字的课目，这显然是和招收的儿童年龄偏大有关。[2]

二、幼教师资的培训和幼儿教育专业知识的传播

自从幼儿园的首创者福禄培尔明确主张由女子担任幼教工作以来，世界上幼儿教育的教师通例由女性担任。因此，在中国，幼教师资培养的首要问题就是如何在教育领域内打破女禁的问题。

中国境内最早的女学是由传教士创办的，它是1844年英国女传教士

---

1 朱有瓛.中国近代学制史料（第二辑）：下册［M］.上海：华东师范大学出版社，1987：589.

2 同上：760—761.

爱尔德赛（Aldersay）在宁波创办的宁波女塾，是西方殖民教育的产物。此后，教会女学得到不断发展。从19世纪七八十年代开始，一些有识之士就不断地向国人发出注重女学的呼吁，其倡导女子教育的声浪一浪高过一浪。到19世纪末，在维新思潮的推动下，1898年6月，上海电报局局长经元善在沪发起创办了经正女学，它是近代第一所中国人自办的女子学堂。进入20世纪后，全国各地不同形式的女子学校相继出现，如严氏女塾（1902年）、上海务本女塾（1902年）、蔡元培在上海开办的爱国女学（1902年）、湖北幼稚园附设女学堂（1903年）等。1904年《奏定学堂章程》明令禁办女子学堂，对女学的发展起到一定的限制作用，特别是限制了一些官办女学，如湖广总督张之洞便将湖北幼稚园附设的女学撤销。但是，业已兴起的女学之风毕竟不是一纸条文所能禁止的，以私立名义和其他形式创办的女学仍有增无减。即使个别撤销的官办女学也以另一种形式得以延续，如张之洞在撤销湖北幼稚园附设女学的同时即宣布："所有原在该学堂有夫家之妇人，有愿学习女子师范、家庭教育及保育教导幼儿之事者，准其分别附入敬节学堂及育婴学堂内一体教授……其未出嫁之室女，即毋庸附入此两学堂，以示限制而昭区别。如有少年处女，志切就学者，该女子父兄尽可邀约亲族戚谊公同筹商，于巨绅世族家中开设女义学……"[1]

在女学兴起的同时，幼教师资的培训也开始起步。亦如女学一样，最早的幼教师资训练班也是由传教士创办的。进入20世纪之前，英美传教士已设立各种幼稚师资培训班多所，它们分布于苏州、上海、厦门等地。[2]在中国人自办的女学中，有些最初就是为培养幼教师资而设立的，如湖北幼稚园附设的女学，原本就是为了专门教授幼儿师范课程，称为"保

1　朱有瓛.中国近代学制史料（第二辑）：下册［M］.上海：华东师范大学出版社，1987：757.
2　中国学前教育史编写组.中国学前教育史资料选［M］.北京：人民教育出版社，1989：453.

育科"，堪称是中国人自办的最早的幼稚师资培训班。有些女学是在发展到有一定基础之后，就从原女学中挑选生员，加以幼儿教育的专业培训，如天津严氏保姆讲习所、上海公立幼稚舍创办的保姆讲习所都属于此类。1904 年，务本女塾附设幼稚舍时，经理吴怀疚就派吴朱哲到日本保姆养成所学习，她于 1907 年学成归国后即于上海公立幼稚舍内创办保姆传习所。[1]

在清末迅速发展、开放的形势下，《奏定学堂章程》对女学的限制越来越不得人心，振兴女学已成为不可阻挡的时代潮流，就连慈禧太后也不得不正视这一事实。她于 1906 年 2 月面谕学部，振兴女学。1907 年，学部颁布《女子小学堂章程》和《女子师范学堂章程》，这标志着我国女子教育终于在学制上取得合法地位。在学制上开放女禁的同时，幼教师资的培养也在学制上得到正式确认。《女子师范学堂章程》规定女子师范学堂的要旨是培养女师范生符合"小学堂教科、蒙养院保育科之旨趣，使适合将来充当教习、保姆之用"[2]。除女子师范学堂将幼教师资作为自己的办学目标之一外，各地先后又设立了一些专门的保姆班。到辛亥革命前夕，"全国女学生的数目已经有二三十万，学幼稚教育的人数也大增了"[3]。

随着幼教师资培训工作的开展，必然地要将幼儿教育的理论和专业知识系统地引入教学内容之中。如上海公立幼稚舍保姆传习所，学习课目中有保育法、儿童心理学、教育学等。后来，保育法与儿童心理学由张景良、吴家振编辑成《保姆传习所讲义初集》，于宣统元年（1909 年）由中国图书公司发行。其中，"保育法"共分十六章，分别为：绪论、幼稚园之主旨、幼稚园之必要、幼稚园之教育、幼稚园与家庭之联络、保

1　中国学前教育史编写组.中国学前教育史资料选［M］.北京：人民教育出版社，1989：114.

2　同上：99.

3　张沪.张宗麟幼儿教育论集［M］.长沙：湖南教育出版社，1985：101.

姆之资格、保育事项、论游戏、论唱歌、谈话、手技、恩物之种类、恩物之理、保育时间、入园年龄与分组法、看护术。从这些章目可以看出其内容相当详备。"儿童心理学"共分六章，主要介绍各种心理类型的儿童特点，六章分别为：引言、原气质之分类、快豁儿之特色、刚愎儿之特色、忧郁儿之特色、沉钝儿之特色。[1]

这些教科书主要参照日本的同类书籍编辑而成，其出版发行无疑促进了幼儿教育专业知识的传播。

三、清末幼儿教育的特点

考察清末幼儿教育的实施，不难发现有如下特点。

第一，直接或间接地受日本的影响。师资上或直接聘请日本教习任教，或聘请从日本学习幼儿教育回国的人员。设备、玩具多从日本进口或是其翻版。在课目设置和组织形式上模仿日本，形成以游戏、手工、谈话、唱歌为核心的课目体系，各课目按预先安排的课目表进行。

第二，极少有单独设立的幼儿教育机构，一般都附设于女子学堂或女子师范学堂，作为这些学堂内所设保姆讲习所或保育科学生的见习、实习基地。在清末幼儿教育发展的起步阶段，其情况往往是这样：幼教师资的培养和幼儿园的日常教育活动是结合进行的。少数幼儿教育专家（多从日本聘请或从日本进修回国）一方面是保姆讲习所的教员，另一方面又是幼儿园的总指导；幼儿园的日常保育工作常常由保姆讲习所或保育科的学生担任，两者相资为用。

第三，在办园目标上多抱为小学准备的宗旨，一般在开办章程中都有"以备小学堂之基础""为将来小学之预备"之类的字句，甚至直言上过幼

1　祝士媛，唐淑.幼儿教育百科辞典［M］上海：上海教育出版社，1989：327.

儿园的幼儿"将来就学自然高人一等"。因此，有些幼儿教育机构特别设有习字、习算的课目也就不足为怪。招生对象多面向富人，常常收较高的学费。

思考题

1. 评述康有为的儿童公育思想。

2. 概述《奏定蒙养院章程及家庭教育法章程》的基本内容和特点。

3. 清末幼儿教育的实施及其特点如何？

4. 评价清末幼儿教育向日本借鉴的基本特征。

第八章　北洋政府时期的幼儿教育

　　辛亥革命推翻了清王朝的统治。1912 年 1 月，以孙中山为首的南京临时政府成立，中华民国建立。但不久后，政权落入袁世凯手里，从这以后到 1927 年南京国民政府成立的一段时期，为北洋军阀政府统治时期。这是一个动荡和变革的年代。特别是在新文化运动所创造的多元开放的文化背景下，当时世界上的各种新思潮，包括各种教育理论学说几乎同时被介绍到中国来，对文化教育的发展产生了深刻的影响，也对幼儿教育的发展提出了新的要求。

第一节　儿童教育学和心理学的传播与研究

　　鸦片战争以后，随着西学东渐的一步步深入，西方教育理论和儿童学研究成果也零星地被介绍进来。在清末制定学制和发展新式学堂的过程中，近代儿童心理学和教育学知识有了初步传播。但是中国真正开始对西方儿童教育和心理学成果进行系统输入并着手中国的儿童学研究，是在中华民国成立以后，特别是新文化运动时期。

一、福禄培尔教育思想的传播

清末输入日本幼稚园模式的过程中，福禄培尔（Friedrich Wilhelm August Froebel，当时的译法有"扶礼培氏""福洛培尔""弗勒别尔""佛罗卜尔"等）的名字也因此传入中国。当时，日本幼稚园经过二十多年的发展，在目标、课程、教材等方面已形成了具有日本民族特色的一套，并不完全根据福禄培尔的思想。清末传入的福禄培尔的学说基本都是从日本转手而来的，经过了日本人的改造。

中国直接从西方系统地介绍福禄培尔的幼儿教育思想是在中华民国成立以后。1912年，《教育杂志》第四卷第七号上刊登了谢天恩撰写的《美国幼稚园略述》。该文主要介绍了福禄培尔遵循自然的教育原则。作者指出，在福禄培尔之前，教育儿童主要是通过外部训练的方式来改变儿童的心理，其方法是机械的。从福禄培尔开始，人们认识到教育儿童的方法应当由内及外，即根据儿童心理的自然发展，发挥儿童作为教育主体地位的作用。1914年，该刊又在第六卷第一号上发表了《德国柏林裴斯泰洛齐福禄培尔馆》一文，这是作者的一篇参观报告。报告突出介绍了裴斯泰洛齐福禄培尔馆在由福禄培尔的弟子虚拉翟尔夫人主理期间，秉承福禄培尔重视游戏的幼稚园教育主张。作者借此宣传福禄培尔幼稚园教育思想的真谛。在介绍福禄培尔的文章中，以1919年4月发表于《新教育杂志》的《福禄培尔传》对福禄培尔的生平和教育实践介绍最为详细。

五四运动以后，中国幼儿教育界对福禄培尔的生平及教育思想都已耳熟能详，不仅在实践中运用其学说，并在理论上对其进行分析评价。如张宗麟在《幼稚教育概论》（1928年由上海中华书局出版，但完稿于1926年前）中即认为福禄培尔的学说存在三点不足。其一是哲学观点上的错误。福禄培尔从一元论和世界整体观出发，在恩物设计中以圆为起点，以整体为归宿，强调儿童之心即宇宙之心。其二是教育心理学观点上的错误。福禄培尔认识到游戏是儿童的天性，但不知道音乐也为幼儿所喜爱，所以在课程中无音乐科，在恩物中无乐器。所设计的恩物也偏于细小，和儿童肌肉发展的程度不相符合。其三是对宗教的迷信。福禄培尔在幼稚园教育中特别看重宗教的作用，使得对儿童的教育成为"为上帝而教育，非为儿童而教育，非为国家培植国民"[1]。但张宗麟对福禄培尔注重自然、取消责罚，以爱的感化为宗旨，以儿童自由为目标的幼稚园教育思想给予了充分的肯定。不管这些评价是否合理，其表明，五四运动后，我国在幼稚园教育理论上已走出了照搬的阶段。

二、蒙台梭利教育思想的传播

1913 年，《教育杂志》第五卷第一期发表了志厚译的《蒙台梭利女史之新教育法》，它应是我国最早介绍蒙台梭利（Maria Montessori）儿童教育思想的文章。该文全面介绍了蒙台梭利于 1907 年创办的"儿童之家"的情况，并分析了其教育方法的心理学原理。当年，该刊又在第五卷第五号发表了悫生的《蒙台梭利新教育之设施》一文，着重介绍了蒙台梭利教育法的特色，蒙台梭利学校的教具和新教育法成效等。作者赞同蒙台梭利注重儿童早期感觉训练的观点，呼吁在中国的幼儿园和小学中采用蒙台梭利的教育方法和教具。1914 年，商务印书馆出版了日本人今西嘉藏著、但焘译的《蒙台梭利教育法》。该书较为详细地论述了蒙台梭利教育法原理，译者充分肯定了蒙台梭利的"儿童之家"根据儿童兴趣，从儿童出发的教育方法，并急切地希望它能在中国推广。1914 年、1915年前后宣传和介绍蒙台梭利教育思想最有力者还有顾树森等人，形成了

1　张沪.张宗麟幼儿教育论集［M］.长沙：湖南教育出版社，1985：16.

一定的声势。

在宣传蒙台梭利儿童教育思想的高潮中，江苏省教育会还设立了蒙氏教育法研究会，研究蒙台梭利的教育制度及其方法。商务印书馆也特意仿制发行了蒙台梭利的教具，购买这种教具的幼儿园颇多。1923 年，国立北京女子师范大学附属蒙养园招新生两班，试验蒙台梭利的教学法，一时间蒙台梭利教学法遂成为幼儿教育界注目的中心。[1] 后来，因试验者反映蒙台梭利教学法采用的教具过多，不合中国国情，难于推广，蒙台梭利热从此也便慢慢降温。

有些学者还从理论上对蒙台梭利教育法进行了批评。蒙台梭利依据官能心理学（faculty psychology）的观点，认为儿童心理上的各种智能，可以对应地通过某种特殊训练得到发展和提高，儿童今后便可以将这种智能普遍运用到万事万物中。这种形式训练说在 20 世纪 20 年代已受到多数心理学者、教育学者的怀疑和否定。[2]

三、杜威实用主义教育思想的传播及其对幼儿教育的影响

杜威（John Dewey）的实用主义教育学说从民国初年开始，即经蔡元培等人的介绍而与中国的教育界见面，但作为一种思潮在中国兴起，则是在 1919 年杜威来华以后。

1919 年 2 月，杜威访问日本东京帝国大学；5 月，受北京大学等机构邀请来华讲学。杜威在中国停留达两年零两个月之久，足迹遍及中国 11 个省及北京、上海等大城市，每到一处都登台演讲，宣传实用主义哲学和教育学说。这期间，各大报刊也竞相登载杜威的讲演，出版杜威的主

---

1 戴自俺 . 张雪门幼儿教育文集［M］. 北京：北京少年儿童出版社，1993：461.
2 参阅：张沪 . 张宗麟幼儿教育论集［M］. 长沙：湖南教育出版社，1985：17.

要著作《民主主义与教育》等，其信奉者如胡适、陶行知等也发表各种推崇的文字和演讲，掀起了宣传实用主义教育的高潮。

杜威实用主义教育思想的基本命题有"教育即生活""学校即社会""做中学"等。落实到幼稚园教育，这种思想与福禄培尔和蒙台梭利的思想有所不同。福禄培尔和蒙台梭利以恩物、教具等作为课程材料，希望通过恩物与教具来发展儿童的创造力和思考能力。实用主义教育学说不认为通过形式训练获得的某种智能可以迁移到万事万物，强调课程和教材的中心应是与儿童生活密切相关的自然和社会，只有从儿童实际生活中发生的问题与困难出发，才能真正训练儿童对生活的思考和创造能力。

杜威认为"儿童是教育中的太阳"，提出了教育中的儿童中心论观点。儿童中心论反对过去教育中的成人中心、书本中心和教师中心的传统，主张从儿童自发的兴趣和需要出发，以儿童自身的活动为教育过程的中心。

实用主义教育思想在教学中的一个范式便是设计教学法。美国教育家克伯屈（William Heard Kilpatrick）是倡导这一模式的代表人物。设计教学法"要求废除传统的班级授课制，摒弃教科书，打破学科界限，儿童根据自己的兴趣决定学习目的和内容，在学生自己设计、自己负责实行的单元活动中获得有关知识和解决实际问题的能力"[1]。

实用主义教育思想和设计教学法传入中国后，对幼稚园教育产生了一定影响，如当时南京高等师范附属小学的幼稚园便是一例。该园创办于1919 年 7 月，正值杜威来华期间。1920 年迁至一座杜威来南京高等师范附属小学访问时刚刚建造，后来被命名为"杜威院"的新式楼房里。我们从它创办的时间和院舍的名称已可大略揣摩出它的基本指导思想。这

1　顾明远.教育大辞典（简编本）[M].上海：上海教育出版社，1999：390.

　　　　　　　　　　　　　　　中国幼儿教育史

所幼稚园的儿童大多是 3 至 6 岁的教员子女。课程内容取材于儿童经验里最切实的材料。无论是自然界方面还是社会生活方面的材料都按时令排列，在适宜的时间安排与时令对应的内容。课程内容涵盖了音乐、修身、社会生活、自然研究、工艺美术、体育卫生、国语文学、数量常识等方面，但不分科，而是融汇成一个整体，就是幼稚园儿童的全部生活。实施课程的活动项目有谈话、游戏、手工、音乐等，且预先有时间安排。但活动中不严格执行，照顾儿童的兴趣和活动，重视儿童独立自主精神的培养等。[1]

四、儿童心理学的输入与研究

在 20 世纪 20 年代以前，我国对西方儿童心理学研究成果的介绍比较分散，缺乏系统的书籍。20 世纪 20 年代以后，儿童心理学的专门译著才开始出现，主要有：艾华编的《儿童心理学纲要》（1923 年商务印书馆版）、陈大齐译德国人高五柏（R. Gaupp）著《儿童心理学》（1925 年商务印书馆版）等。与此同时，儿童心理学也被列入师范学校和高等师范学校的课程之中。这期间，陈鹤琴在系统介绍西方儿童心理学成果和开创中国自己的儿童心理学研究上具有开拓性贡献。

陈鹤琴 1919 年从美国留学回国后，即担任南京高等师范学校的"儿童心理学"课程教授。他认真研究借鉴了西方学者关于儿童心理研究的理论成果，1921 年，先后在《新教育》杂志、南京高等师范学校《教育汇刊》发表了《儿童心理及教育儿童之方法》《儿童之好问心与教育》等文章。其间，1920 年 12 月 26 日，其长子陈一鸣出生。陈鹤琴以一鸣为实验和研究儿童心理的对象，从一鸣出生开始对其身心发展进行了长达

1　中国学前教育史编写组 . 中国学前教育史资料选［M］. 北京：人民教育出版社，1989：114.

808 天的连续观察和文字摄影记录，观察记录包括幼儿动作、能力、情绪、言语、知识、绘画、思想等方面的发展情况。之后，他又陆续发表了《我对于儿童的惧怕心之研究》《研究儿童知识之方法》《理解性之学习法》等儿童学研究与介绍的文章。1924 年，他根据对一鸣成长的观察与研究，编成《儿童研究纲要》，作为儿童心理课程的讲稿。[1] 作为以上研究的整体性成果，陈鹤琴的《儿童心理之研究》于 1925 年由商务印书馆出版，被列为"大学丛书"之一。

《儿童心理之研究》是我国学者试图通过对西方儿童心理科学广泛深入的研究，并依靠自己的实验观察，建立我国儿童心理学学科体系的最早尝试。

首先，《儿童心理之研究》是对世界儿童心理科学成果的综合展示。在系统性、全面性方面，它在我国当时介绍国外儿童心理研究的成果中都走在了前列。全书共二十四章，内容涉及儿童身心发展的各个领域：儿童身体、动作的发展；儿童的基本心理特征，如模仿、暗示感受性、好奇、惧怕等；儿童的生活与生活环境，如游戏、玩具、哭与动作的抑制；儿童各种能力的发展，包括一般知识、言语、美感、绘画、思想、道德等方面。《儿童心理之研究》展示了儿童在感知、记忆、想象、情感、意志等方面能力的发展情况，以及儿童学习的一般特征。另外，陈鹤琴还特别地介绍和研究了男女儿童在心理发展的各方面的差异；特殊儿童，如聋哑与口吃儿童的心理特征，言语、记忆等方面的发展情况以及与普通儿童的区别。

其次，《儿童心理之研究》不是单纯的翻译和编译性著作，而是我国学者最早一部集西方研究成果和自己研究成果于一体的儿童心理学著作。如前述艾华的《儿童心理学纲要》、陈大齐译《儿童心理学》，在理论上

1　北京市教育科学研究所.陈鹤琴全集（第六卷）[M].南京：江苏教育出版社，1992：699—700.

没有自己系统的见解，在实际上缺乏系统的中国自己的研究材料。陈鹤琴《儿童心理之研究》的可贵之处，就在于他一方面广泛参考国外儿童心理学的著作，吸收其有用的内容；另一方面则以中国儿童为研究对象，特别是对其长子一鸣的追踪观察，取得了第一手材料，是一部结合中国实际的儿童心理学专著。[1]

最后，陈鹤琴对一鸣的研究是现代中国学者参照西方儿童学研究的手段，采用长期观察、追踪记录的方法，以中国儿童为对象对儿童心理发展规律进行个案研究的开端。其中所采用的摄影记录方法，在当时世界上也算是一种先进的手段，从而使他的研究成果更富有科学性、明确性。《儿童心理之研究》出版后，陆续有人开始从事类似的研究，其中有葛承训的《一个女孩子的心理》、费景瑚的《均一六个月心理的发展》，都是直接受到陈鹤琴这一个案研究的影响。[2]

儿童心理学的系统输入和研究，促进了我国幼儿教育的科学化和中国化。

第二节　幼儿教育思潮的发展

在新文化运动和五四运动的影响下，人们对幼儿教育的观念发生了深刻的变化，出现了一些对幼儿教育产生重大影响的思潮。

一、对传统儿童观的批判

儿童观是一个如何看待和对待儿童的观念问题，它比较集中地表现

1　朱智贤.朱智贤心理学文选［M］.北京：人民教育出版社，1989：250.

2　同上：251.

为家庭中家长的子女观。在中国封建社会，由于受封建宗法制儿童观的制约，家长习惯于把儿童视为自己的隶属品。这种观念通常表现为强调儿童的服从性和家长对子女的支配地位，家长可以随意向孩子施以体罚、羞辱等肉体和精神的惩罚，或者走向另一个极端，溺爱子女，视子女为自己的宠物。这都是不尊重儿童人格的表现。

辛亥革命以后，随着蔡元培培养"共和国健全人格"教育目标的提出，传统的封建儿童观受到强烈冲击。经过新文化运动和五四运动，一种符合科学、民主、平等的时代精神的儿童观已在新生一代知识分子的思想中占据主导地位。这里以鲁迅和陈鹤琴为例进行介绍。

在五四运动前后，鲁迅曾以辛辣的笔触对中国传统的子女观和儿童观进行了深刻的批判。他说："中国的孩子，只要生，不管他好不好，只要多，不管他才不才。生他的人，不负教他的责任。"[1]"小的时候，不把他当人，大了以后，也做不了人。"[2]"中国娶妻早是福气，儿子多也是福气。所有小孩，只是他父母福气的材料，并非将来的'人'的萌芽。"[3]

父母在将子女作为"材料"的同时，便自然地要子女接受支配。所以在中国，"亲权重，父权更重"[4]"父对于子，有绝对的权力和威严；若是老子说话，当然无所不可，儿子有话，却在未说之前早已错了"[5]。鲁迅认为，这种长者本位的传统是违背了生物和社会进化的一般规律的，"本位应在幼者，却反在长者；置重应在将来，却反在过去。前者做了更前者的牺牲，自己无力生存，却苛责后者又来专做他的牺牲，毁灭了一切发展本身的能力"[6]。

鲁迅呼吁一切觉醒了的人们，"各自解放了自己的孩子。自己背着因袭的重担，肩住了黑暗的闸门，放他们到宽阔光明的地方去；此后幸福

---

1 2 3　鲁迅.热风［M］.北京：人民文学出版社，1978：8.

4 5　董操，陶继新，等.鲁迅论儿童教育［M］.济南：山东教育出版社，1985：65.

6　同上：68.

的度日，合理的做人"[1]。除了用天性无我的爱，为后起的新人担当责任、作出牺牲外，具体还要做三点。第一要理解。儿童不是"成人的预备"，也不是"缩小的成人"，儿童与成人的世界截然不同。成人对于儿童，"倘不先行理解，一味蛮做，便大碍于孩子的发达。所以一切设施，都应该以孩子为本位"[2]。第二是指导。成人应是儿童的指导者和协商者，而不是命令者。成人要用自己全副的精神，指导和培养他们具有"耐劳作的体力，纯洁高尚的道德，广博自由能容纳新潮流的精神"[3]。第三是解放。"子女是即我非我的人"[4]"因为即我，所以更应该尽教育的义务，交给他们自立的能力；因为非我，所以也应同时解放，全部为他们自己所有，成一个独立的人"[5]。

如果说鲁迅作为一名反封建的战士，侧重于揭露和批判传统家庭伦理对儿童人格的禁锢和摧残，陈鹤琴作为一名幼儿教育专家，则更多从家庭教育的有效性方面对家长提出了要求。

在《家庭教育》（1925年商务印书馆版）一书中，陈鹤琴认为要建立起家长与子女之间人格上的平等关系。做父母的对待子女应当保持相当的礼貌。他批评某些家长以声色俱厉的态度对待子女，"好像专制时代的主人们对待他们的奴隶一样"[6]。这样，子女虽然迫于父命而勉强服从，但总做不到心悦诚服。他认为，有些父母以为用严厉的态度可能赢得子女的敬畏，"父严子孝，法乎天地"是万古不变的。这往往适得其反。陈鹤琴认为，良好的家庭教育应该建立在良好的亲子关系上。父母应做子女的亲密朋友。这不仅因为父母和子女在人格上应该平等，实在也更有利于对子女的教育。首先，可以培养亲子之间浓厚的亲情，增强家庭教育中的情感力量。其次，在与子女的接触过程

1　董操，陶继新，等.鲁迅论儿童教育［M］.济南：山东教育出版社，1985：66.

2 3 4 5　同上：72—73.

6　北京市教育科学研究所.陈鹤琴全集（第二卷）［M］.南京：江苏教育出版社，1989：804.

中，父母可以了解子女的性格、爱好和情趣、知识程度以及不良行为等，提高家庭教育的针对性和理性程度。另外，家庭教育本来就应是常时性的，应该随时随地施以影响，只有常和子女相处的父母才能做到这一点。[1]

尊重儿童的独立性、自主性也是五四新文化时代精神对儿童观的基本取向。封建教育要养成人的服从的品格，因此在儿童教育上特别注意驯顺性和对环境的单纯适应性的培养，抹杀儿童的独立性和自主性。在家庭教育中，特别是在溺爱型的家庭教育中极易养成子女对成人的依赖人格。陈鹤琴提倡让孩子有充分发展其独立性、自主性的机会，还特别提出"小孩子在家里应当帮助他的父母做点事体"[2]"凡小孩子能够自己做的事情，你千万不要替他代做"[3]等。陈鹤琴认为，小孩子不去做事，就不能得到做事的经验；对于儿童，做事可以养成独立的精神。

二、儿童公育思潮的发展

在维新变法时期，康有为从建立大同社会的理想出发，提出了完整的儿童公育体系。中华民国成立以后，特别是在教育革新浪潮下形成的学术理论与具体实践上的百家争鸣气象，使得幼儿教育的许多问题得到具体展开。具有不同思想倾向的知识分子对发展社会幼儿教育机构，实现儿童公育进行了探讨，提出了设想，不仅丰富和深化了人们对建立社会性幼儿教育机构的认识，也开阔了人们考察幼儿教育的视野。在清末蒙养院初创时期，人们普遍局限于就幼儿教育讨论幼儿教育，认为幼儿进蒙养院或幼稚园的目的是将来就学高人一等，仅仅把幼儿教育看成儿童

1　北京市教育科学研究所.陈鹤琴全集（第二卷）[M].南京：江苏教育出版社，1989：719.

2　同上：828.

3　同上：854.

196　　　　　　　　　　　　　　　　　　　　　　　　　　　中国幼儿教育史

自身发展的问题。五四运动前后，幼儿教育问题已被纳入妇女解放、社会分工、社会组织结构的改良这样一些社会性问题中去，创办幼儿教育机构、实现儿童公育被看成是一种社会发展的必然趋势。下面是有关代表人物的论述。

1918 年，刘半农在《新青年》五卷二号上发表的《南归杂感》一文中，从解放妇女出发，主张对中国传统的家自为政的社会结构进行改组，其中包括在所住的街坊内开设公共教养所一处，抚养全街各户 5 岁以下的儿童；开设幼稚园一处，教育全街各户 5 岁以上 7 岁以下的儿童。设立这些机构的目的在于解放妇女，使妇女从繁重的育儿家务中解脱出来。

1919 年 3 月，北京大学校长蔡元培在向北京青年会所作的名为"贫儿院与贫儿教育的关系"的演讲中，明确表示对家庭教育的怀疑。[1]蔡元培认为，中国传统家庭不适宜成为儿童生长和接受教育的环境。他的讨论集中在两个方面：第一，"教育是专门的事业，不是人人能担任的"；第二，"有子女的人，不是人人有实行教育的时间"。很显然，蔡元培认为，实施教育需要经过专门的培训，并不是每个家长都具备教育者的资格。他的论述同时也暗示了，在社会分工越来越细，人类活动越来越社会化的情况下，幼儿教育也必然地要走社会化的道路。所以蔡元培主张："一个地方必须于蒙养院与中小学校以外，有几个胎教院、几个乳儿院，都由专门的卫生家管理。""有了这种设备，不论那个人家，要是妇人有了孕，便是进胎教院。生了子女，便迁到乳儿院。一年以后，小儿断乳，就送到蒙养院受教育，不用他的母亲照管。他的母亲就可以回家，操他的家政，或营他的职业了。"

在 1922 年发表的《美育实施的方法》一文中，蔡元培明确表示："我

1　讲稿详见：高平叔.蔡元培教育文选［M］.北京：人民教育出版社，1980：77—81.

从不信家庭有完美教育的可能性。"[1]他设计的学前教育体系是公立的胎教院、育婴院和幼稚园，他还特别地对胎教院、育婴院的环境提出了符合美育的要求。

另外，一些早期的马克思主义者也将幼儿教育问题作为自己理论研究的对象。如恽代英在五四运动前后，就在《青年进步》《解放与改造》等刊物上发表多篇关于儿童公育的文章。1920年，他在《中华教育界》第十卷第六期上发表的《儿童公育在教育上的价值》一文，运用唯物史观，将儿童公育作为社会发展的必然和社会进步的基础提出来。[2]

一方面，恽代英认为，儿童公育是未来新社会结构中一个不可替代的组成部分，随着私有制的瓦解，家庭地位的削弱，儿童必然要通过公共机关来加以集中培养；另一方面，他也从改良教育进而改良社会的角度，论述了实行儿童公育的必要性。

其一，儿童公育是为了使教育能够普及人的一生。从德育方面而言，"人类的本能，多在幼稚的时候逐渐发达，在这个时候，若无合当的指导，易因彼此仿效，发达于错误的方面"，若能于每个儿童，在"他本能初萌芽的时候能与以适当的引导，不难信他们都可成为善人"。就智育而言，"人类求知的欲望又在学龄以前早已发达。普通的人，每每把儿童这个正好求学的时机，任意虚掷了"。

其二，儿童公育是让教育普及于全民、实现教育平等的必要途径。人类是应该平等的，一切不自然的区别，都是不合理而应加以矫正的。"不能说有钱的人的子女，便当受良善些的教育；没有钱的，便当受不良善些的教育。""不能说有知识的人的子女，便当受良善些的教育；没有知识的，便当受不良善些的教育。"

1　高平叔.蔡元培教育文选［M］.北京：人民教育出版社，1980：154—159.

2　参见：恽代英.恽代英全集（第四卷）［M］.北京：人民出版社，2014：279—295.

其三，儿童公育是为了给儿童创造一个良好的教育环境，提供一个合适的教育场所。撇开因贫富差异而导致家庭的居住环境差异不谈，即便是中产之家乃至富人，又有几个能使家庭中的环境布置处处合乎教育的性质，合乎引起儿童良好的刺激？况且要使每个家庭都成为完备的教育场所，具有完满的教育设备，对于社会而言，也是一项极不经济的事。更重要的是，"只有儿童公育，能集合许多夫妇所生育的儿童在一处，从很小时让他习于相处之道"，这样培养出来的儿童，比在单个家庭中培养出来的儿童，更易形成社会的观念，也更容易适应社会的生活。

其四，便是从教育者的职业资格来说。"教育者必须具备教育能力，与对受教育者的爱感"。"这两个资格，宁是教师比父母易于修养得到。因为父母是几乎人人要做的，要人人学一样的教育能力，是必然不可成功的事。教育者是只一部分人做的，在这一部分人中间给以圆满的教育者的修养，而迎机以启沃他爱后代的情感，是不难能的。"

五四运动前后，在思想理论上对幼儿教育问题的关注引导了幼儿教育实践活动的进一步自觉。

三、幼儿园教育平民化思潮的兴起

从清末创办蒙养院至 19 世纪 20 年代中期，除一些具有社会慈善性质的幼儿教育机构以外，一般的幼儿教育机构都以招收富裕人家的子女为主。在新文化运动时期，幼儿园教育平民化已开始成为理论研究和思想宣传的内容，但形成思潮以至于对实践产生影响，则和陶行知的活动分不开。

1923 年 8 月，陶行知等人在北京发起成立了"中华平民教育促进总会"。陶行知除继续担任中华教育改进社总干事外，辞去了他在东南大学的所有职务，将主要精力投入到以平民为对象的识字运动中去。

在从事平民教育的过程中，陶行知一直关注着我国幼儿园教育的平民化。1926年10月，他在《新教育评论》第二卷第十九期上以"幼稚园应有之改革及进行方法"为题发表了他于同年九月写给江苏省省长的信。在文章中，他指出，当时中国幼儿园存在的三种弊端：第一，"取法外国，不适国情"；第二，"费用太大，不能普及"；第三，"所收儿童，多属贵族"。同时分析了在农村设立幼儿园的必要性和可行性。[1] 在一个月的时间内，他又先后发表了《创设乡村幼稚园宣言书》[2] 和《幼稚园之新大陆——工厂与农村》[3]，进一步把当时幼儿园的三种弊端概括为三种病——外国病、花钱病和富贵病，并发出了创办中国的、省钱的、平民的幼儿园的呼吁，号召幼儿教育工作者走向工厂与农村，指出工厂、农村才是幼儿园发展具有广阔前景的新大陆。他在文章中写道：

最需要幼稚园的地方是什么？最欢迎幼稚园的地方是什么？幼稚园应当到而没有到的是什么地方？幼稚园还有什么新大陆可以发现？

（一）女工区域是需要幼稚园的。妇女上工厂做工，小孩子留在家里，无人照应，最感痛苦。若带在身边，那么工厂里的特殊紧张之环境，便要阻碍儿童的发育。倘使工厂附近有相当之幼稚园，必能增进儿童之幸福而减少为母者精神上之痛苦。同时女工既不必心挂两头，手边又无拖累，则做工效率，自然也要增加好多。所以为儿童教育计，为女工精神计，为工业出产效率计，这种工厂附近必须开办幼稚园。这是幼稚园的第一个新大陆，我希望幼稚园同志快来探获。

1　华中师范学院教育科学研究所.陶行知全集（第五卷）[M].长沙：湖南教育出版社，1985：135—136.

2　华中师范学院教育科学研究所.陶行知全集（第一卷）[M].长沙：湖南教育出版社，1985：618—621.

3　同上：625—626.

（二）农村也是需要幼稚园的。农忙的时候，田家妇女们忙个不了，小孩子跟前跟后，真是麻烦。哥哥姊姊也要帮忙操作，无暇陪伴弟妹玩耍，所以农忙一到，乡村小孩子就要缺乏照料。倘使农村里有了幼稚园，就能给这些孩子一种相当的教育，并能给农民一种最切要的帮助。

当时正在积极从事幼稚园改革试验的陈鹤琴等人也本着幼儿教育平民化的精神，计划试验能最普遍设立的幼稚园，试验怎样能最经济，怎样可以用极少的金钱，办极好的幼稚园；并初步确定了幼儿教育要面向农村，为农民服务的方向，提出要试验出花 200 元开办费可以办一所极好的幼稚园；一个极小的村庄里，只要有一位妇女能做幼稚教师，与邻居合作，就可以举办一所家庭幼稚园。[1]

幼稚园教育平民化思潮的兴起为南京国民政府时期乡村幼儿教育试验运动的开展奠定了思想基础。

第三节　幼稚园制度的确立

一、民国初年的蒙养园制度

1912—1913 年中华民国公布的"壬子·癸丑学制"，将幼儿教育机构由清末《奏定学堂章程》中的"蒙养院"改名为"蒙养园"。学龄前教育的蒙养园和大学本科后教育的大学院作为正式学校教育机构的附属部分，在正规学制系统中不计算学制年限。这一规定沿袭了清末《奏定学堂章

1　北京市教育科学研究所．陈鹤琴全集（第二卷）[M]．南京：江苏教育出版社，1989：15.

程》的做法。同时公布的《师范学校令》和《师范学校规程》中都有关于蒙养园的说明。《师范学校令》第十条："女子师范学校于附属小学校外，应设蒙养园，女子高等师范学校于附属小学校外应设附属女子中学校，并设蒙养园。"[1]《师范学校规程》中也规定："地方长官遇有特别情形……或以公立私立之蒙养园代附属蒙养园。"[2]

民国初年对幼儿教育的规定与清末对蒙养院的规定中，幼儿教育机构都处在附属而非独立的地位，但也有所不同。清末学制将幼儿教育机构附属于校外慈善机构（1907年颁布《女子师范学堂章程》后有所改变）。民国规定幼儿教育机构附属于正规学校教育机关，但就总体上说，只规定女子师范学校应附设蒙养园，除此之外只能在"特别情形"下才可设立，毕竟对蒙养园的设立范围有所限制。

蒙养园的发展真正有了法律的保障是在1916年修正的《国民学校令》和《国民学校令施行细则》颁布以后。《国民学校令》第十一条规定："国民学校得附设蒙养园及类于国民学校之各种学校。"[3]国民学校教育是当时法律规定的所有学龄儿童都必须接受的义务教育，蒙养园附设于此，从法制上说，为蒙养园的普遍设立提供了可能。因此，在同时公布的《国民学校令施行细则》中也相应的有了蒙养园的施行细则，兹录于下[4]：

第七十三条　蒙养园以保育满三周岁至入国民学校年龄之幼儿为目的。

第七十四条　保育幼儿，务令其身心健全发达，得良善之习惯，以辅助家庭教育。

1　朱有瓛.中国近代学制史料（第三辑）：下册［M］.上海：华东师范大学出版社，1992：437.

2　同上：450.

3　朱有瓛.中国近代学制史料（第三辑）：上册［M］.上海：华东师范大学出版社，1990：129.

4　同上：149—150.

幼儿之保育，须与其身心发达之度相副，不得授以难解事项及令操过度之业务。

幼儿之心情容止，宜常注意使之端正，并示以良善之事例，令其则效。

第七十五条　保育之项目，为游戏、唱歌、谈话、手艺。

第七十六条　保育之时数，由管理人或设立人定之，报经县知事之认可。

第七十七条　蒙养园得置园长。

第七十八条　蒙养园保育幼儿者为保姆。

保姆须女子有国民学校正教员或助教员之资格，或经检定合格者充之。

前项之检定，由国民学校教员检定委员会行之。

第七十九条　蒙养园长及保姆之任用、惩戒，依国民学校教员之例。

区立蒙养园长及保姆之俸额及其他给与诸费，县知事依照国民学校教员之规定，参酌地方情形定之。

第八十条　蒙养园之幼儿数，须在百人以下；但有特别情事者得增至百六十人。

第八十一条　保姆一人所保育之幼儿数，须在三十人以下。

第八十二条　蒙养园应设备游戏园、保育室、游戏室及其他必要诸室，室以平屋为宜。

恩物、绘画、游戏用具、乐器、黑板、桌椅、钟表、寒暑表、暖房器及其他必要器具，均须齐备。

其中特别值得注意的是对幼儿教育师资的资格有了明确的规定，这实有利于蒙养园教育质量和地位的提高。

二、"壬戌学制"中幼稚园地位的确立

五四运动后，幼儿教育受到越来越多的教育界人士的重视。1920年，全国教育会联合会讨论新学制系统时，便有人提议将幼儿教育纳入初等教育系统之内，这一提议最终得以实现。

1922年，北洋政府颁布"壬戌学制"，又称"六三三学制"，学制系统如图10所示。

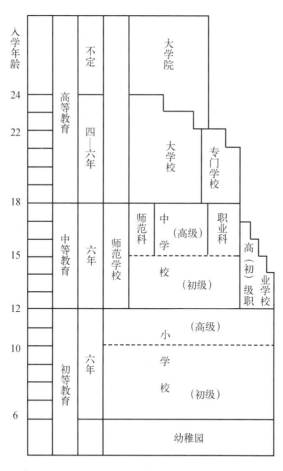

图10 "壬戌学制"学校系统图

"壬戌学制"规定，初等教育阶段包括幼稚园、初级小学、高级小学。该学制关于幼儿教育的部分较以前学制主要有两点变动：一是将幼儿教育机构定名为"幼稚园"，二是将幼稚园纳入初等教育范围，加强了幼儿教育的地位。学制说明的第六条指出："幼稚园收授六岁以下之儿童。"至此，"幼稚园"开始作为幼儿教育机构的法定名称，在实践中也基本上得到了统一。幼儿教育在学制中也有了确定的合理的地位。

第四节　幼儿教育的实施

一、幼稚园数量的发展

中华民国成立以后，一方面，由于女子教育的进一步开放，各种途径培养出来的幼儿教育师资日渐增多，这为幼稚园的发展提供了可能；另一方面，当时除极少数热心人士外，一般人都视幼儿教育为无足轻重，同时，北洋政府时期内战频仍，政治动荡，经济崩溃，在一般教育尚且难以顾及的形势下，幼稚园数量的增加极其缓慢，而幼儿教育的师资反而显得有点供过于求了。

因缺乏权威机构发布的全国性教育统计资料，我们无法从整体上了解这一时期幼稚园发展的规模情况，只能从一些局部和个人的调查统计中窥其一斑。1924年，南京苏一女师调查得全国幼稚园190所。1926年春，张宗麟曾以信函形式调查江浙皖三省幼稚园发展情况，信寄各县教育局，其调查结果见表1。[1]

1　张沪.张宗麟幼儿教育论集［M］.长沙：湖南教育出版社，1985：9.

表 1　调查江浙皖三省幼稚园统计表

省名	寄出信数（封）	收到信数（封）	有幼稚园之县数（个）	幼稚园总数（所）	幼稚生总数（人）	幼稚教师总数（人）	备　注
浙江	74	34	16	27	904	55	
江苏	60	26	13	33	1 186	59	有废信一
安徽	60	26	5	9	203	14	（1）其中有一县在筹备中；（2）其中有幼稚园两所在筹备中
三省合计	194	86	34	69	2 293	128	

这一调查显然是不准确的。一般来说，实际数要比调查所得多，如上海教育局回信只有 2 所，而实际园数达 20 余所。

在所有关于幼稚园的统计材料中，上海的材料最为具体完整，现表录于下（下列各表参阅李定开：《中国学前教育》，西南师范大学出版社 1990 年版，第 292—294 页；《张宗麟幼儿教育论集》第 101 页）。

表 2　1918 年上海幼稚园情况一览表
（据 1918 年 3 月江苏教育会幼稚教育研究会报告）

校　名	地　址	开设年份	男生数（人）	女生数（人）	幼稚生总数（人）	保师人数（人）
旅沪广东幼稚园	北四川路	1912 年	60	27	87	9
城西幼稚园	上海西门外生生里	1912 年	45	27	72	8
启秀幼稚园	北四川路宝兴路	1913 年	21	25	46	2
进德幼稚园	老北门	1913 年	21	10	31	2
兴华中西女塾附设幼稚园	老靶子路三十六号	1916 年	不详	不详	25	4

校　　名	地　址	开设年份	男生数（人）	女生数（人）	幼稚生总数（人）	保师人数（人）
培真幼稚园	北四川路	1916 年	13	12	25	3
养真幼稚园	闸北长老会堂	1909 年	9	6	15	2
晏摩氏附设幼稚园	北四川路	1916 年	12	8	20	3
中国女塾附设幼稚园	蓬莱路太原坊	1917 年	21	23	44	2
博文幼稚园	上海法租界贝勒路	1917 年	18	16	34	4
清心幼稚园	南门	1918 年	20	10	30	3
守真堂附设幼稚园	北四川路	不详	不详	不详	10 余人	不详

表 3　1926 年上海幼稚园情况一览表
（据 1926 年 12 月广东公学调查报告）

校　　名	地　址	开设年份	男生数（人）	女生数（人）	幼稚生总数（人）	保师人数（人）
养真幼稚园	宝山路宝兴西里底	1909 年	50	40	90	3
上海城西幼稚园	法租界兰雅蔼路永福里	1911 年	14	10	24	3
上海广东公学附设幼稚园	闸北宝源路	1912 年	62	35	97	11
中西女塾幼稚园	汉口路二十一号	1914 年	25	12	37	2
启秀女塾附属幼稚园	宝兴路十八号	1914 年	34	35	69	4

校　　名	地　址	开设年份	男生数（人）	女生数（人）	幼稚生总数（人）	保师人数（人）
中西女塾第二附小幼稚园	海宁路太原坊	1914 年	32	27	59	2
广东旅沪旬光学校附设幼稚园	北四川路横浜桥	1918 年	不详	不详	56	3
上海广肇中学幼稚园	北四川路横浜桥	1919 年	44	18	62	4
崇德幼稚园	白保罗路六号	1920 年	19	16	35	1
沪江附设幼稚园	沪江大学内	1920 年	8	10	18	1
广肇女学附设幼稚园	横浜桥福德里	1921 年	20	23	43	3
群学会附设幼稚园	上海中华路小南门	1922 年	13	13	26	3
伯特利幼稚园	西门斜桥南制造局	1922 年	14	5	19	1
上海幼稚院	西门林荫路十八号	1924 年	8	34	42	5
上海幼稚院	康脑脱路康乐里	1924 年	16	8	24	3
西成幼稚园	西门蓬莱路西成学校内	1924 年	24	18	42	3
培真幼稚园	上海徐家汇南洋大学内	1926 年	12	8	20	2
树基公学附设幼稚园	法租界贝勒路新天祥里	1926 年	19	16	35	2
清心幼稚园	上海大南门	不详	不详	不详	40	3

校　名	地　址	开设年份	男生数（人）	女生数（人）	幼稚生总数（人）	保师人数（人）
应升幼稚园	东有恒路德裕里	1926年	7	6	13	2
裨文幼稚园	南门	不详	不详	不详	不详	不详

表 4　上海幼稚园情况统计表

调查年月	幼稚园总数（所）	教会设立者总数（所）	男生总数（所）	女生总数（所）	男女生总数（所）	保师总数（所）
1921 年 3 月	12	6	240	164	439	42
1926 年 12 月	21	8	421	364	851	62

注：表内男女生总数与分项不符，原资料如此。

　　上海一地的情况不足以说明全国整体的情况，但一般说来，北洋政府时期幼稚园的数量应在不断增长之中。1921 年，教育部曾根据第六次全国教育会联合会关于"推广蒙养园议决案"，训令在全国推广蒙养园，并拟定两条办法：（1）女子师范学校应设保姆科；（2）除女子师范学校及女子师范讲习所应附设蒙养园外，每县至少须设蒙养园一所。[1] 这一训令虽不啻一纸空文，但反映了当时政府和一般人士的期望目标。

二、几种基本的幼儿教育机构模式

　　到五四运动前后，国内的幼儿教育机构基本上表现为两种模式：一种是日本式的幼稚园（一般称蒙养院，民国时期改为蒙养园）；一种是宗教

1　朱有瓛.中国近代学制史料（第三辑）：上册［M］.上海：华东师范大学出版社，1990：337.

式幼稚园。由于新文化运动时期，我国教育改革的思潮影响由清末的受之日本转向受之欧美，还由于第一代日本教习的退出和相关的幼教师资培养机构停办，日本式幼稚园的数量越来越少，影响明显转弱，但仍然存在一定的基础。相反，宗教式幼稚园，由于传教士蓄谋已久的计划和长期的努力，已占据优势地位。据1921—1922年中华基督教教育调查团的报告，五四运动前夕，基督教教会所办幼稚园已达139所。南京苏一女师1924年调查，全国190所幼稚园中，教会办的有156所，占82%。虽然这些统计很难做到全面，但足以表明以殖民为目的的宗教势力在我国幼儿教育领域内的渗透情况。

造成幼儿教育宗教化的一个直接原因是教会在幼稚师范教育上占有相对优势。中华民国成立以后，设立幼稚师范科的教会学校有：燕京女学（北京）、景海女学（苏州）、清心女学（上海）、弘道女学（杭州）、协和女学（福州）、怀德幼稚师范（厦门）、雅礼女学（长沙）等。它们一般年年招生，很少间断。而同期，国内公立的只有北京女子高等师范保姆班，江苏第一女子师范的幼稚师范科等较为著名，其他各省虽也有开办，但都未继续办下去。[1]

宗教式和日本式的幼儿教育机构是两种不同的儿童天地。我国现代著名的幼儿教育专家张雪门从1918年到1926年间曾对国内30所幼儿教育机构进行过实地考察，他对以上两种模式都表示了深深的不满。宗教式幼稚园的条件一般较好，有美丽的教室、小巧的桌椅、精致的恩物。儿童在自由活动以后，工作以前，总要闭一会儿眼睛，他们的小嘴一定还要唱一支祷告的诗曲；早晨相见，放学话别，"上帝祝福"、诗一样的调子，全从他们的舌端，跳到恬静的空中……但是，由于传教士办幼稚园为的是宗教的目的，那些由教会学校培养出来的教师，愿意给教会塑造

---

1 张沪.张宗麟幼儿教育论集［M］.长沙：湖南教育出版社，1985：101—102，754.

一批教徒的心比替社会塑造一批健全分子的心热烈。所以，她们是为她们自己的教会尽职，不是为教育服务；是为宗教，不是为孩子。所以，她们喜欢谈耶和华造夏娃亚当，不准孩子说猴子变人的故事。日本式的幼稚园则又是另一番景象，可以称作"小学式的幼稚园"，其课目和对幼儿的训练标准力求和小学衔接与保持一致。他们将游戏、谈话、手工、唱歌、识字、算术、图画、排版、检查身体、习字、积木分作一个时间一个时间的功课，明明白白地规定在逐天的功课表里，不会混杂也不许混杂。保姆高高地坐在上面，孩子们一排一排地坐在下面……他们所注意的是去衔接小学，却忽略了幼儿教育本身，他们所顾及的是成人的主观，却忘怀了孩子的心身。[1]

在五四运动所激发的强烈改革意识和民族意识氛围下，人们对以上两种幼儿教育实践模式显然都难以接受。这样，在批评教会宗教化、日本小学化幼稚园的同时，人们开始了自主探索中国幼儿教育发展模式的尝试，一种区别于日本式和教会式的普通式幼稚园越来越普遍。普通式幼稚园一般兼采福禄培尔和蒙台梭利的教学方法，发挥福禄培尔的精神，同时又可以吸收蒙台梭利的血液，但无宗教的束缚。

这种普通式幼稚园主要是从教会式幼稚园脱胎而来的。虽然五四运动后，反教会的气氛越来越强烈，但由于早年培养出来的日本式教师的不被接纳和日趋减少，而从教会幼稚师范学校培养出来的幼教人员，在模仿福禄培尔和蒙台梭利以及欧美新方法方面还有几分相像，于是就不能不延聘教会出来的保姆。而这些由教会学校培养出来的幼教人员，为了避免主办人对幼稚园宗教化的反感，在教学中也就不得不淡化宗教内容，最终完全摆脱宗教的束缚。尽管这种幼稚园还不免于模仿与拼凑，但其中贯注的中国人自主发展幼儿教育的意识较早期强烈得多了。事实上，

1　中国学前教育史编写组.中国学前教育史资料选［M］.北京：人民教育出版社，1989：184—195.

我国幼儿教育从抄袭模仿走向中国化的改革试验正是从这里开始的。

三、两所有特色的幼儿教育机构

北洋政府时期建立的幼儿教育机构中，有不少富有成效，具有影响力，现选择介绍较有特色的两个机构。

（一）北京香山慈幼院

1919 年 10 月正式成立，主办者为曾担任民国初年财政总长和国务总理的熊希龄（1870—1937）。1917 年 8 月，京畿直隶一带发生水患，灾民逾 600 万人。熊希龄受命担任水利督办，在各县设留养所，留养无家可归的老人、儿童 4 万人。又在北京设立慈幼局，收养受灾儿童千余名。水患平息后，所收养的儿童大部分由家长认领回籍，其余无人领养者尚有 200 余名。又因慈幼局长英敛之为天主教徒，熊希龄不满他对孩子宣传天主教，乃亲自出面，请求总统徐世昌指拨香山静宜园为基址，更名为香山慈幼院，同时收容无人认领的难童和香山附近贫苦满、汉族儿童共 600 多人，将其发展为一所兼有慈善与教育双重性质的机构，熊希龄自任院长。

香山慈幼院是一所多层次的教育机构。它先后设立了五个方面的设施。第一，婴儿教保园和幼稚园。前者收容 0 至 4 岁幼儿，后者收容 5 至 6 岁儿童。第二，小学。儿童半天上课，半天从事各种手工艺的训练。第三，中等教育。先设有男中、女中，男子师范和女子师范。1930 年幼稚师范设立后，男中和男子师范停办，全部改为幼稚师范，专收小学毕业的女生。第四，设有供小学手工艺训练的各种小作坊和农场。第五，办有职工学校。

香山慈幼院在发展中形成了一套自成系统、相对封闭的招生升学制度。婴儿教保园和幼稚园都以免费收容孤儿、弃儿、贫儿为主，允许私费入院的儿童也基本上是一些问题家庭的子女（如父母离婚或一方遭受遗弃，孩子无人照管等）。名额受到严格控制，一般婴儿教保园为30名，幼稚园为70名。以后各层次的教育如小学、中学、师范学校的生源的进出都以本院内招内升为主，而以外招外升为辅。

香山慈幼院的特色基本上是由它的慈善和教育结合的性质决定的。香山慈幼院至少在两个方面是当时国内一般幼儿教育机构难以比拟也无法比拟的。

首先，来源于督办水灾的拨款成为香山慈幼院优越的设备和教养条件的财力后盾。除有限的自费者外，绝大多数儿童均免费。学前儿童的保育设备、生活照管和卫生保健方面在全国首屈一指。1岁以内的婴儿每人有一间小房间、一张白色小钢丝床、一名专门照管的保姆、非常干净的衣服，由医生定量分配的奶粉、水果与果汁、鱼肝油等，天气好的时候放在户外特制的纱罩小床上，以获得充足的阳光和新鲜的空气。1至2岁者由保姆带他们游戏，2至4岁者由老师领他们游戏、唱歌，在香山各处散步。幼稚园的儿童都能喝到豆浆，吃到鸡蛋，体弱的孩子有牛奶供给，保证足够的营养。对儿童定期检查（年幼者每天量体温），一旦有病，随即隔离医治。以至于当时到香山游览的人们，往往被这些面似小苹果的孩子们吸引住了，相当多的人因此要求自费送子女入院而不遂。

其次，因为儿童大部分为孤、弃、贫儿，无家可归，不得不实行全住宿管理方式（自费儿童可以定期回家），也为儿童与保教人员之间形成类似亲子间的关系和感情创造了条件。院长熊希龄便是以慈善家和家长的面目留在孩子们的印象中的。学龄儿童上小学后，仍然以院为家，一方面帮助年幼的弟弟、妹妹做些力所能及的事，另一方面依然受到保育人员的照顾。[1]

1　参见：中国学前教育史编写组.中国学前教育史资料选［M］.北京：人民教育出版社，1989：273—277.

香山慈幼院是清末幼儿教育初创时期与慈善机构相结合的传统的继续，到20世纪20年代，它已不能代表我国幼儿教育发展的普遍趋势。在一定程度上，香山慈幼院中的这些儿童是深重灾难下中国千千万万苦难儿童中的幸运者。

（二）厦门集美幼稚园

集美幼稚园是爱国华侨陈嘉庚创办的教育事业的一部分，于1919年2月成立。陈嘉庚（1874—1961），福建同安（今厦门）人，早年去南洋习商，后成为著名的实业家。从1913年起，他捐资兴学，先后在集美创办中小学和师范、水产、航海、农林、商科等各级各类学校，并设立医院、图书馆等，将家乡渔村建设成为一座规模宏大的学区——集美学村。后又创建福建省第一所高等学府——厦门大学。为了办学，陈嘉庚倾其所有资产，因而享有"毁家兴学"的美誉。

集美幼稚园最初是一所独立的私立幼稚园，招收幼儿100余名，1920年并入集美学校，改称"集美学校附属幼稚园"。1926年，该园新园舍落成，建筑面积达6 100平方米。招生规模当年便扩大至4个班，共184名幼儿。园舍建筑中西合璧，美观实用。园内场地宽敞，设备齐全，有体操场、游戏场、花圃、假山、水榭、小桥等。无论是在设备上还是在规模上，集美学校附属幼稚园在国内均可称得上数一数二。

该园提出了四项目标和六条信条。[1]

四项目标是：

第一，增进儿童身心的健康，使幼儿幸福地成长。

第二，培养幼儿人生的基本品德和良好的行为习惯。

---

[1] 参见：中国学前教育史编写组.中国学前教育史资料选［M］.北京：人民教育出版社，1989：260—261.

中国幼儿教育史

第三，启发幼儿的智能，陶冶幼儿的性情。

第四，协助家庭教育幼儿，以谋家庭教育的改进。

六条信条是：

第一，深信教育是立国的根本大计，幼稚教育是教育的基础，是造就良好国民的根本教育。

第二，深信教养儿童成为健康的儿童，才能有健全的国民。

第三，深信教育应以儿童为中心，教育的基础建立在儿童的需要与生活的经验上。

第四，深信教师是儿童的伴侣，教育儿童应把全部精力贯注在儿童身上；幼稚教育是爱的教育，教师要发现儿童，领导儿童，应走向儿童的队伍里去。

第五，深信幼稚园应成为"儿童的乐园"，幼稚教育是求孩子的解放与幸福。

第六，深信幼稚园教育有改造家庭教育的责任。

以上目标和信条明确指出了该园办园的指导思想。

第五节　幼稚园试验的开始

1922 年的"壬戌学制"中，幼儿教育首次摆脱了在历次学制中的附属地位，作为初等教育的一个阶段被纳入正式的学制系统。这引起了教育界特别是幼儿教育界的关注，人们将五四运动以来对近代幼儿教育发展的反思进一步引向普遍和深入，我国幼儿教育的发展真正由最初的模仿移植过渡到试验改进的时期。在当时进行的为数不多的幼稚园改革试验中，以陈鹤琴主持的南京鼓楼幼稚园的试验最具代表性，影响也最为深远。

一、鼓楼幼稚园的创办

陈鹤琴在长期研究儿童心理和家庭教育后认为：幼儿教育是家庭教育和幼稚园教育的总和，而幼儿教育又是国民教育的基础。"幼稚期（自出生至7岁）是人生最重要的一个时期，什么习惯，言语，技能，思想，态度，情绪都要在此时期打一个基础，若基础打得不稳固，那健全的人格就不容易形成了。"[1]陈鹤琴自己曾表示他创办鼓楼幼稚园的动机有两个方面。[2]首先是远的动机。第一，喜爱儿童，对儿童教育特别有兴趣。他主张教儿童要从小教起，研究教育要从基本教育——幼稚教育做起。第二，在东南大学担任教授时深感研究教育非从儿童实地研究不可。其次是近的动机。第一，1923年，陈鹤琴先生的长子陈一鸣已实足三岁，正值进幼稚园的年龄。第二，这时候继续研究儿童教育及儿童心理正需要实验机关。

这样，陈鹤琴于1923年春天提出了创办幼稚园，以试验幼儿教育的设想。同年秋天，得到东南大学教育科人力和物力上的资助，借陈鹤琴家庭住舍为校舍，成立了南京鼓楼幼稚园，陈鹤琴任园长，聘请东南大学幼稚教育讲师、美国人卢爱林（Helene M. Rawlings）女士为指导员并聘留美回国在东南大学附属中学教音乐的甘梦丹女士为教师，入园儿童仅仅12名。

---

1 北京市教育科学研究所.陈鹤琴全集［M］.南京：江苏教育出版社，1989：674.
2 参见：张沪.张宗麟幼儿教育论集［M］.长沙：湖南教育出版社，1985：394.

1925 年春，陈鹤琴深感园舍过小，儿童容量受到限制，每位学生的教育经费也未能达到最经济的水平，实验计划很难得到充分实施，于是有了特建校舍、扩大规模的设想。但是，当时江苏省财政艰窘，无力补助经费。后来，通过募捐筹得款项，在陈鹤琴住宅贴邻购地三亩，于1925 年秋天建成鼓楼幼稚园园舍，并利用空地开辟游戏场和草坪，布置小花园、小动物园等设施。

鼓楼幼稚园园舍建成后，陈鹤琴担任园长和各项试验的指导，东南大学派当年教育科优秀毕业生张宗麟来园担任研究员，协助陈鹤琴从事各项试验研究工作。教师有李韵清、俞选清等女士。鼓楼幼稚园从一开始便是以东南大学教育科实验幼稚园的名义创办的，所以它的经费最初也大多来源于中华教育改进社和东南大学教育科的补助。鼓楼幼稚园的试验工作在它成立之初的 1923 年即已开始，陶行知在 1925 年向世界教育联合会年会提交的报告《民国十三年中国教育状况》中曾称：自 1923 年秋起的鼓楼幼稚园中国化的实验是意义重大又令人鼓舞的。[1]1925 年秋迁入新园舍后，他们即开始一面从事儿童心理学的实验，一面搜集适合于国情的幼稚园用的材料，同时对于各国已有的幼稚园材料加以分析。从1925 年秋末冬初起，他们开始了以课程试验为主导的全面试验，很快便使鼓楼幼稚园成为我国幼稚教育实验的中心，令人瞩目。

二、鼓楼幼稚园的课程组织试验

鼓楼幼稚园的试验是多方面的，包括课程试验、幼儿应有的习惯和技能试验、设备和玩具的改进等。其中，课程试验又包括课程组织试验、科目试验、教材教法试验等。在所有试验中，课程组织试验是核心和主

---

1 董宝良.陶行知教育名篇选［M］.北京：人民教育出版社，2012：224.

线，起着统领其他试验的作用。从1925年秋末开始，课程组织试验的过程实际可以分为三个不同的时期，每一时期都有各自的动机和特点，而且后期的试验也总是在总结前期试验结果的基础上进行。

第一期是散漫期。试验前制订了四条粗略的原则。第一，课程应是儿童自己的课程，不应该成为教师、父母或社会上其他需要的装饰品。第二，一切课程都应服从儿童当地自发的活动。第三，教师的责任在回答儿童的询问，指导儿童需要什么材料和如何应用材料。第四，注意发展儿童健康的身体和活泼的动作，而不应让儿童接受许多呆板的知识和斯文如木偶的礼节。

根据这四项基本原则为试验拟定的课程标准和方法有四项。第一，废止一般幼稚园课程常用的分学科的形式，如朝会、图画、手工、唱歌、恩物等，让儿童自由地活动，儿童的活动可以包含这些学科内容，也可以不包含。第二，丰富和改进幼稚园的设备，尽可能布置一个完备的环境，使儿童可以随地遇到刺激。第三，教师如果希望儿童从事某种活动，或者形成某种观念，不能通过硬性安排和直接灌输的方式，而是通过布置某种环境，刺激儿童从事这种活动或明了某种观念。第四，教师没有固定的工作、休息和预备功课的时间表，其工作是布置环境和与儿童在一起，随时指导儿童的活动，儿童在园的时间即是他们工作的时间。教师之间根据各人的知识技能采取分工合作的办法。

在试验的最初几天，全园充满了生机和快乐，但各种问题也接踵而来，可以归纳为以下四个方面。第一，教师穷于应付。因为课程以儿童的活动和兴趣为中心，教师在备课时只能预猜儿童可能产生的兴趣，为着这些可能产生的兴趣准备材料和方法等，这已经包含了许多不确定的因素。事实上，儿童活动过程中，其兴趣又在随时随地地发生变化，加上众多儿童兴趣的不一致，使得教师的备课（包括材料、方法、内容等各要素）与学生的兴趣很少能对应上几分。第二，儿童不能取得迅速有效的进步。活动依着儿童的兴趣，而儿童的兴趣总是停留在一个层次水平上，重复以前的活动主题，在一个平面上打转。第三，无法引起那些不好动、怕羞、怯弱的儿童的兴趣，使他们投入活动。第四，养成了儿童的一些不良习惯。比如，儿童开始变得倔强骄蛮。当教师的话不对儿童的口味时，便说一声"我们不要听"而一走了之，教师因此无法对儿童的活动进行引导。又如，儿童的兴趣常常表现得飘忽不定，见东到东，见西到西，不能集中注意于一件事情的完成。这些都不利于儿童良好的行为规范和意志品质的形成。

这些问题出现以后，试验并没有很快停止，教师总是通过努力改善自己一方的工作而加以补救。比如，在对可能引起儿童兴趣的自然、社会环境的了解上，对儿童兴趣的预测上，对环境的布置和材料的收集上做更多更充分的预备；对儿童兴趣的引导和活动的指导更讲究艺术性、主动性和时效性。同时，教师充分利用鼓楼幼稚园优越的周围环境。但是，试验总是和预期的效果相差甚远。坚持了半年以后，1926年春天，试验进入第二期。

第二期是论理组织期。这一时期，实验的特点是加强课程的计划性和组织性。同时坚持第一期实验中课程安排从儿童出发，切合儿童的经验，符合当地的自然社会环境的基本原则。教师事先编定好课程计划，一周安排一个或多个活动单元，每个活动单元围绕着一个中心主题，而中心主题的选择又根据当时当地的时令、节气、自然现象和社会生活中的风俗习惯等。教师在实施课程时，基本上严格地一项一项地照做。在预定课程表时，儿童活动的内容实际上根据其性质被分解为不同的学习科目，有游戏、音乐、图画、故事、手工、读法、艺术、旅行等。不过，这些学科都要尽量靠近选定的活动主题。事实上，这是接受了当时普通幼稚园的课程组织方式，所不同的是，鼓楼幼稚园的每个学科用活动主题联系起来，而一般幼稚园则没有这一要求。

这种课程组织方式为教师的备课省去了不少时间和精力，儿童也较前期有了更快的进步，社会上也比较称道这种方法。但是，陈鹤琴等人进行试验的目的是寻找到一种从儿童兴趣出发，发展儿童个性的课程组织方式，第二期的实验结果是有悖于这一基本原则的。首先，它抑制了儿童的兴趣。有时，儿童会因环境的刺激自发地产生某种兴趣，或环境和活动过程中发生预定课程中没有安排的有意义事件，这些都是儿童学习的好机会。按照这一期课程的组织方式，这些都只能放弃。此外，当儿童对某项活动产生兴趣而达到入迷程度，不愿离开原来活动的时候，教师为了实现预定计划不得不强制他离开。其次，实行这种课程组织方式后，也抹杀了儿童的个性。因为课程计划是统一的，就不能不普遍采用团体活动，这样就不能顾及儿童的心理、兴趣和能力的个体差异，儿童又被完全置于被动的地位。教育方式又变成了注入式的。所以，半年之后的1926年秋季又开始了第三期试验。

第三期是设计组织期，也可称为中心制时期。这一时期的课程组织与二期试验相比有一些共同的特点：课程内容根据时令季节变换，从儿童生活中所直接接触到的自然、社会事物中选取材料；课程计划事先预定，一周或几天安排一个活动单元，每个活动单元围绕着一个中心主题。与二期试验的不同之处主要体现在三个方面。

第一，二期试验的课程实施以分学科的形式执行，如游戏、音乐、图画、故事、手工、读法等。尽管要求体现出中心主题，但在学科自身的安排与活动的中心主题不能统一时，往往牺牲的是活动主题，即活动主题服从学科自身的安排，活动主题融入学科，学科表现为显性，活动主题表现为隐性。所谓"论理组织期"的"论理"二字就体现在这里。第三期试验的课程是以活动中心主题的形式实施的，尽管在活动中也要求体现如常识、故事、儿歌、游戏、工作（手工）等普通幼稚园中的学科素养，但如活动主题不能包含这些学科，则不硬性安排。学科服从活动主题的安排，融入活动主题，活动主题表现为显性，学科表现为隐性。所谓"中心制时期"的"中心"指的就是活动主题这个中心。

第二，二期试验要求严格按照预定课程表完成，三期试验可以根据儿童临时发生的兴趣和社会上临时发生的事件改变原定的课程计划。

第三，二期试验因为以学科形式组织，儿童只能在同一时间内做同一件事，团体活动较多。三期试验是以活动主题为中心，大中心下还可分为小中心，儿童分工合作，可根据个人的特长、爱好分几个小组或单个活动。儿童还可以在中心主题的引导下，发挥自己的想象力和创造能力，设计教师计划中没有列入的项目，以丰富主题的内容。这样，儿童在同一个时间内可以分别做不同的活动，分布在不同的学科项目上。

比如，1926 年 11 月 29 日至 12 月 5 日这一周的活动主题是"张先生（即张宗麟）回家"。围绕"张先生回家"这个大主题设计的几个小主题是："送别张先生""张先生怎样回家""和张先生通信"。围绕"送别张先生"这一小主题，可进行的项目是：请张先生谈话，小朋友询问张先生家中和家乡的情况；制作送给张先生的礼物（绘画和剪贴、刺绣等手工作品）；开欢送会（交换礼物、表演唱歌故事、乐器、舞蹈、讲笑话等欢送节目）。这样，普通幼稚园的各学科都融入了这一主题中。在活动中，有的儿童准备制作泥塑礼品送给张先生，而张先生又不便于携带。教师根据这一事实给小朋友讲解了送礼的常识。"张先生怎样回家""和张先生通信"两个小主题可以包括旅行、通信的一切方面。

三期试验体现了计划性和灵活性，教师的主导作用和儿童的主体地位统一的原则。在鼓楼幼稚园试验取得一定效果后，1927 年，中心制课程在南京全城 14 个幼稚园试行，下半年开始在晓庄、燕子矶等乡村幼稚园里试行，均取得了较令人满意的效果。由于活动包含的内容多，中心制课程的编制，事先必须考虑儿童的能力、经验、兴趣，选择与实际生活相关的内容。但并不是生活中有什么就选择什么，而是要根据儿童现有的各方面基础去挑选生活中的素材，并将普通幼稚园对儿童各学科的要求分化到活动设计中去。这就对教师提出了多方面的要求。教师必须十分熟悉儿童发展的特点，了解儿童生活的周围环境，并做到两者的结合。

与课程组织试验密切联系的是科目试验。如前所述，无论在组织试验的散漫期、论理组织期，还是中心制时期（设计组织期），普通幼稚园的科目都或显或隐地存在其中，这就不仅涉及各科目与活动主题的关系及整合问题，还涉及各科目自身的教法问题。在上例中，儿童围绕给张先生送礼这个小主题选送一幅画并写一句话，这体现了科目（绘画、读法）与活动主题的关系，但儿童怎样学会绘画与读法（识字）便是科目的教法问题。组织试验体现了前者，而科目试验是要解决后者。

鼓楼幼稚园课程组织试验过程中还始终注意其他方面的试验和研究。唯因这些试验包含在课程组织试验之中，缺乏试验过程的记录，其最终成果的总结是在南京国民政府成立之后。鼓楼幼稚园对中国现代幼儿教育发展产生了深刻影响，我们拟在后面章节中结合相关主题进行介绍。

思考题

1. 分析新文化运动时期儿童学的传播与研究对幼儿教育发展的影响。

2. 比较新文化运动时期与清末"新政"时期人们对发展社会性幼儿教育机构认识的差别。

3. 评价鲁迅儿童观的历史意义。

4. 评价幼稚园教育平民化思潮的社会价值。

5. "壬戌学制"对幼儿教育的规定和以前有什么不同?

6. 评述日本式和教会式幼稚园的基本特征。

7. 香山慈幼院是什么性质的机构?它有什么可借鉴之处?

8. 介绍鼓楼幼稚园课程组织试验的过程。

第九章　南京国民政府时期的幼儿教育

1927年4月，南京国民政府成立。在继承北洋政府时期教育制度与管理办法的基础上，南京国民政府重新制订了教育宗旨、教育政策，整理并充实了各项教育法令、法规。各级各类学校的数量有了较大的增长，各项教育管理措施也在三民主义的旗帜下得到强化。幼儿教育步入了制度化发展阶段，朝中国化的方向转化。

第一节　鼓楼幼稚园试验成果的总结和影响

鼓楼幼稚园试验成果经全面总结后，对南京国民政府时期的幼儿教育产生了广泛的影响，并长期对幼儿园教育实践起指导示范作用。

一、科目与玩具研究

鼓楼幼稚园在进行课程组织试验后，确定中心制（设计组织）形式作为课程组织的推广模式。同时，他们还对幼稚园的主要科目及其教学方法进行了研究，取得了丰富的成果。

（一）故事教学研究

从目的上说，故事教学可以对幼儿起到增长知识，进行思想品德教育，丰富幼儿词汇，提高口语表达能力，发展想象力和培养对文学作品的兴趣等方面的作用。他们将其表述为：激发兴趣、学习语言、涵养性情、增进知识、引起儿童想象、陶冶嗜好、增进友谊、抑恶扬善、培养发表能力、形成随机应变的机智等十个方面，和幼儿的道德品质、知识技能、情感智慧的培养密切相关。

要使故事教学取得良好的效果，首先应该了解的是幼儿爱听什么样的故事。从故事的组织结构上看，一般都包括开场白、正文、转折和结束四个部分。研究认为，一般而言，儿童故事不宜有冗长的开场白和带有道德训语的结尾。儿童故事的种类一般有物语、神话、笑话以及英雄故事、历史故事和插入歌曲，有能够吟唱的音韵故事、情节惊险的奇异故事等。研究建议，选择和编写幼稚园的故事时应当考虑以下几个方面。

1.选材方面

（1）富于动作

幼儿是好动的，因此也喜欢动的东西和变化的动作。动作的主人翁应当鲜明突出，一般只宜有一个，但可以有较多的配角。如果有两个主角，最好能形成鲜明的对比，如一好一坏，动作也应各有特点。如主人翁过多则要有较高的编写艺术才能为幼儿所接受。

（2）人物情节要在幼儿的经验范围以内

情节不根据幼儿的经验，幼儿要费心思索，就会减少听故事的兴趣。不能超越幼儿的经验范围而过分强调知识的传授。

（3）富于本地风光

一般从本地取材的故事都符合本地的自然和风俗特点。

（4）切勿带着很多的道德训义

生硬的说教不利于儿童理解内化，甚至可能使儿童产生抵触心理。

2. 材料的组织方面

（1）全篇一贯

儿童故事是一种艺术作品，它应该有主题和贯穿全篇的线索。

（2）突然变化

这是指故事情节的突然转折，使幼儿惊奇，从而唤起他们浓厚的兴趣。

（3）开门见山

直接接触主题，容易引起幼儿的注意。幼儿不能把大段的背景叙述和故事情节本身联系起来。题前过多的描述反而会干扰幼儿对故事本身的理解。

（4）结果显然

在故事结束时，应该给幼儿一个明确的结果。

（5）富于重复性

研究认为，这是幼儿园故事最特别的一点。所谓重复，不仅是语句可以重复，动作、事物、情节、组织等在同一故事中都可以重复，但重复并不是丝毫不差的重复。成人或稍年长的儿童都会对重复感到厌烦，但小年龄的幼儿却极欢迎这类故事。

3. 故事的言语用词方面

（1）词句要简短明了

语法要简单，句子应短巧，将意思直接表达出来。偶尔用暗示，也以幼儿易于理解为度，这是与幼儿的语言和思维发展水平相适应的。

（2）词句要合于角色特征

一方面，要使故事中出现的角色，如黄雀、猫、老鼠、小孩、老爷爷等符合它们在幼儿心目中的一贯形象；另一方面，要注意故事中的角色层次，有的角色处于主角地位，有的角色处于配角地位。

（3）适当插入有音韵的词句

接触高质量的、有音韵的词句，有助于幼儿提升兴趣，积累语言素材，培养语感。

研究认为，处理故事语言的整体原则是"儿童化"。

故事的选择与编写只是故事教学的第一步，而教学效果的好坏更多地体现在讲故事的过程之中。讲故事的教师除了要有良好的语言素质和处理技巧外，最关键的是要做到精神同化。所谓精神同化包括两个方面。一方面，要与幼儿同化，处处要以幼儿之心为心，要像关注着故事的进程和结果的幼儿一样保持对故事认真和十分感兴趣的态度，言语和动作要体现儿童的特征；另一方面，要与故事同化。要以故事中角色的语言为语言，角色的动作为动作，做到在精神上与角色融为一体。做到这一点虽然不容易，但要以此为追求的目标。[1]

（二）图画教学研究

20 世纪 20 年代中期，图画已经成为幼儿教育机构进行美术教学的一种基本形式。陈鹤琴等人通过研究，得出以下结论。

幼稚园的图画教学应成为幼儿表意的工具，只有幼儿心中有特别的意思需要通过图画的形式予以表达时，其兴趣才是真切的。那种由教师提供范画，让幼儿依样画葫芦的做法不可取，因为它限制了幼儿心意的自由表达。幼稚园图画教学的主要目的还不在于培养幼儿的专门绘画技能，而是通过各种形式发展幼儿初步的审美能力、兴趣、观察力、想象力，促进幼儿手部骨骼和小肌肉的发展，培养其认真细致的精神，包含了德、智、体、美等多种因素。不限制幼儿的自由并不等于让幼儿自己随便乱

---

1 北京市教育科学研究所 . 陈鹤琴全集（第二卷）[M] . 南京：江苏教育出版社，1989：259—278.

画。教师的主导作用可以通过及时的指导、示范和批评校正的形式体现出来。示范应重在过程而不在结果。指导、示范、批评校正的过程同时也是丰富幼儿知识，发展他们想象、观察等方面能力的过程。

幼儿是喜欢图画的，但要引发幼儿绘画的动机，还必须采取适当的方法。方法之一是暗示，就是通过教师自己和部分幼儿的绘画引起全体幼儿注意，引发其绘画的兴趣。此外，还可以通过新异的事物、好听的故事触发幼儿自由绘画的动机，鼓励幼儿用不同于言语的、直观形象的绘画形式将所见的新异事物、故事中的角色表现出来。在儿童能力所及的情况下，可以用序列画的形式将故事的情节表现出来。另外，还可以结合实用的需要开展图画教学，如幼稚园里的装饰、开会的请帖、送人的礼品……都可以让幼儿描画。这种与整个活动和当前的需要融为一体的教学，不仅增加了幼儿的兴趣，同时在幼儿心里也多了一份希望成功的恳切之心。

为了增强幼儿的兴趣，教师可根据幼儿的不同年龄层次综合采用多样的辅助方法实施图画教学。采用的方法主要有以下几种。

1. 着色

让幼儿在已经绘好的图块中着上不同的颜色。图块的大小应考虑幼儿能保持耐心的时间限度和手部小肌肉的发展程度。幼儿可以借此学习颜色的名称和配色方法，发展对人、物形状的感觉能力。

2. 剪贴

将已着色或旧画报中的图形剪下来贴在纸上，组成有意义的故事。

3. 涂鸦

将挖空成一定图形的纸板叠在空白纸上，将纸板的挖空部位填满，即在空白纸上留下相应的图形。

4. 轮廓画

和涂鸦相仿，只是沿纸板空心图形的轮廓线描下图形的轮廓，然后幼儿再根据自己的想象着上不同的颜色。

5. 印影画

将一张半透明的纸放在一幅图画上面，用铅笔按照图画的轮廓画出形状来。

6. 填图

分为两种。一种是局部的，如在人形图上填上所缺的眼睛或耳朵等，它和幼儿的观察能力有更密切的联系。另一种是整个的。画面中单个的人、物是完整的，但总的画意则不完整。幼儿填上适当种类、形态的动物。它和幼儿的想象与推理能力联系在一起。[1]

（三）读法教学研究

读法即识字。幼稚园内要不要教幼儿识字？这在五四运动前后是一个有争议的问题。20 世纪 20 年代前期，一般幼稚园中开始添设读法一科。但是，幼儿汉字教学缺乏可供借鉴的研究成果。为了探讨这一问题，鼓楼幼稚园结合课程试验计划，进行了读法教学试验研究，确认了在幼稚园实施读法教学的可行性。研究认为，读法教学如果像小学那样作为分科单独的任务，对于幼儿是勉强而痛苦的，但如果把它放在以中心制形式组织起来的课程活动之中，和其他各科目的教学打成一片，则识字一事，对于幼儿应当是快乐而不是痛苦的事。

但是，识字毕竟是对幼儿提出了较强的意志和目的性要求，这同幼儿心理发展的程度是不相吻合的。研究认为，读法教学不应采取单纯识记符号的方式，也不能规定苛刻的目标，应该把读法作为幼儿游戏方式的一种，让幼儿在游戏中自然而然地记住与活动内容有关的字。鼓楼幼稚园从实验中总结出多种多样的读法教学的方式和方法，这些方式方法都

---

1 以上参见：北京市教育科学研究所.陈鹤琴全集（第二卷）[M].南京：江苏教育出版社，1989：231—240.

带有游戏的色彩，并和各科的教学活动融为一体。同时设计了各种引导幼儿识字的教具。如骨牌，这是借鉴中国流行的麻将牌的制作和游戏规则，摒除其赌博投机的糟粕，利用其竞争、游戏的特点引导幼儿识字的。幼儿通过努力将刻有各种字的骨牌拼成对子或句子以决优胜。还有认字盘、缀法盘、练习片、木刻字、铅字、小木球、画片、设计图刻等。通过游戏、竞争的方式提高兴趣，增强识字的效果。另外，还可以通过与故事、手工、图画、歌谣等结合的方式进行读法教学。[1]

（四）玩具研究

玩具是幼稚园设备中的基本部分，是幼儿开展游戏和进行其他活动的不可缺少的物质材料。玩具除作为幼儿游戏和活动的工具之外，一个最基本的作用就在于提供给幼儿适当的刺激，引起幼儿进行游戏的欲望。当有相当的玩具设备放在幼儿眼前时，只要稍稍指示，他们就会游戏。在幼儿使用玩具进行游戏活动时，就达到了活动身体，认识世界，增长知识和发展智力的效果。

玩具也不能被单纯地看成是幼儿的一种娱乐用品。必须赋予玩具以教育和科学游戏的性质。这就要求在选择购置和设计制造玩具时应遵循一定原则。研究指出，优良的玩具应该具备以下特征。

首先，玩具要能引发幼儿的兴趣，满足幼儿好奇、好动的心理特点，能够刺激幼儿的想象力，并在适应幼儿的经验和能力的基础上，发展他们的智力和创造力。一般来说，它们应是一些活动多变，便于幼儿自行拆装，幼儿可根据自己的意图进行能动组合的玩具，如积木、棋类、机械、纸鸢、皮球等。

其次，儿童玩具应以结实耐用为原则。这有经济上和儿童心理等方面

1　以上参见：北京市教育科学研究所.陈鹤琴全集（第二卷）[M].南京：江苏教育出版社，1989：241—258.

的考虑。经济上的考虑自不必说。从幼儿心理出发，玩具本身就是为了满足其好动的心理特点。不能过于拿爱惜玩具的观念去要求幼儿，事实上也做不到。另外，幼儿无意间损坏一种玩具，对其心理也是一次无意的伤害，幼儿会在较长时间里摆脱不掉自责的情绪，即便成人极力安慰，也还是极伤心的。另外，儿童玩具还必须具有艺术的意味和符合卫生的要求。玩具的造型以及上面所着的色彩和图画，都要能够引起幼儿的欣赏和美感。在卫生要求上，玩具的质料应是无毒、不腐败、便于洗晒的；染色应是不因洗濯而消退，不沾染幼儿身体的；带声响的玩具声音应和谐悦耳不嘈杂尖厉的；等等。除此之外，还要考虑安全的因素，以免对幼儿造成伤害。[1]

以上对玩具的要求反映了幼儿教育的一个基本观点，即变幼儿消极的依赖、顺从和模仿为积极的独立性、自主性的培养。陈鹤琴曾以能否引起幼儿自动性为标准将玩具从性质上分为"活"的和"死"的两种。"活"并不是指玩具自身的变化特征，而是指能引导幼儿动作和思想上的能动性。许多玩具在设计时已经固定好的变化方式恰恰不是"活"的特性而是"死"的特性。如当时流行的六面图，让幼儿将有一定图画线条的方块照样图的方式组合起来，变成一图，总共提供了六种变化方式。幼儿熟悉了几种固定变化方式之后便觉得索然无味，没有兴趣。这样的玩具也缺乏教育的价值。"活"的玩具没有固定的变化模式，它应是随幼儿所欲而变化的，比如积木，幼儿可以拿它们做床、起屋、造桥、制桌、建塔、筑城；又比如皮球，幼儿可以拿它做种种游戏，可以用手拍，用足踢。[2]

在利用玩具游戏的过程中，教师还应帮助幼儿养成良好的管理物件的习惯。在游戏结束或告一段落后，教师应教育幼儿对玩具进行整理，在

1　参阅：北京市教育科学研究所.陈鹤琴全集（第二卷）[M].南京：江苏教育出版社，1989：282—283.

2　北京市教育科学研究所.陈鹤琴全集（第一卷）[M].南京：江苏教育出版社，1987：238.

原地照原样放好，妥善保管，逐渐形成爱护公物的观念。切不可完全由工役、值日生或教师自己代为收拾，这反而养成了幼儿许多懒散和不负责任的坏习惯。

二、幼儿应有的习惯与技能研究

20 世纪 20 年代初期，我国还缺乏全国统一的幼稚园办理标准和规程。1924 年，陈鹤琴主持鼓楼幼稚园试验之初就将缺乏具体的目标作为当时中国幼稚园的四大弊病之一提了出来。他说："我们办幼稚园究竟为什么？我们教育儿童究竟要教养到什么地步？什么技能什么习惯儿童应当养成的？什么知识什么做人态度儿童应当学得的？"[1] 凡此种种问题，当时办幼稚园的大都没有想过，或想过而不去研究。所以，鼓楼幼稚园最初便将培养幼儿应有的习惯与技能作为试验的主要内容之一。

鼓楼幼稚园最初拟有幼稚生应有的习惯和技能表，在试验中不断修改，1929 年曾经张宗麟整理附于教育部颁布的《中小学课程暂行标准》之后。[2] 以后又在试验基础上几经修改定稿，现将其具体内容转录如下。[3]

第一表　卫生习惯

（1）不吃手指。（2）不是吃的东西不放进嘴里去。（3）落在地上的东西必须洗濯后再吃。（4）不用手指挖鼻子、耳朵。（5）不用手指擦眼。（6）常修指甲。（7）每天手脸洗得干净。（8）每天至少刷牙二次。（9）吃东西以前要洗手。（10）大小便以后洗手。（11）不流口涎。

1　北京市教育科学研究所.陈鹤琴全集（第二卷）[M].南京：江苏教育出版社，1989：4.

2　张沪.张宗麟幼儿教育论集[M].长沙：湖南教育出版社，1985：286.

3　北京市教育科学研究所.陈鹤琴全集（第二卷）[M].南京：江苏教育出版社，1989：125—134.

（12）不拖鼻涕。（13）常带手帕。（14）打喷嚏或咳嗽时，用手帕掩着嘴巴、鼻子。（15）慢慢地吃东西。（16）不沿路大小便。（17）坐立的时候，胸膛挺直，头也端正。（18）内外的衣服都很干净。（19）不喝生水。（20）运动出汗以后不即刻脱衣乘凉。（21）不带零食到幼稚园里来。（22）不多吃糖果。（23）不随地吐痰。（24）嘴里有食物时，不讲话说笑。（25）到外边去知道穿衣戴帽。（26）知道远避患传染病的人。（27）会拍苍蝇、蚊子。（28）果壳不抛在地上。（29）起卧有一定的时间。（30）每天大便一次。（31）不用手抓饭菜吃。（32）早晨刷牙、洗面以前不吃东西。

第二表　做人的习惯——（甲）个人的

（1）准时到幼稚园。（2）听到铃声，就到目的地去。（3）不容易哭。（4）喜欢唱歌。（5）喜欢听音乐。（6）不容易发脾气。（7）起坐轻便。（8）开关门户要轻，放椅子也要轻。（9）走路轻快。（10）用过的东西放好并且放得很整齐。（11）说话不怕羞，又能说得清楚。（12）衣服等物能够放在一定地方。（13）不说谎。（14）能够独自找快乐。（15）离开座位，桌椅放好。（16）爱惜玩具和纸笔等。（17）爱护园里的花草、动物。（18）拾起地上的纸屑等物件放到纸篓里去。（19）能够预测极简单的结果，如放碗在桌边，知道要落地打碎等。（20）知道自己做的事情的好歹。（21）不怕雷。（22）不怕猫、狗、鸡、鸭。（23）不怕昆虫，如蚕、蝶之类。（24）一切事情能够自始至终地做，做好一个段落方才罢手。（25）不狂叫乱跑。（26）做错的事直捷爽快地承认，不推诿给别人。（27）不乱涂墙壁、地板、桌椅。（28）认识自己的东西。（29）认识自己家的住址和家长的名字。

第三表　做人的习惯——（乙）社会性的

（1）对国旗、党旗及孙中山先生遗像能行敬礼。（2）每天第一次见到熟人能招呼。（3）爱爸爸、妈妈，听爸爸、妈妈的话，帮助做家事。（4）爱教师、听教师的话，帮助教师做事。（5）爱哥哥、弟弟、姐姐、妹妹，有东西和他们同玩、同吃。（6）爱小朋友，有东西同玩，同吃。（7）知道亲戚会相当称呼。（8）不和人相骂相打。（9）至少有一个最要好的朋友。（10）对新来的或幼小的朋友不欺侮，又能帮助他们。（11）不独占玩具。（12）进出门户不争先。（13）做事、游戏都依照次序，不争先。（14）对贫苦的孩子没有轻视的态度。（15）会说"早""好""谢谢""对不起""不客气""再会"等话。（16）做值日生做得好。（17）能赞赏他人之美，不嫉妒。（18）走路靠右边走。（19）知道最常用的手势的意义，如点头招手等。（20）知道同学的姓名。（21）知道老师的姓名。（22）能摹仿别人可爱的动作。（23）不讥笑人。（24）能同小朋友合做一件事。（25）对不幸的儿童能表示同情。（26）对客人有礼貌。（27）不虐待佣人，有事相劳，有礼貌。（28）能慷慨拿出自己的东西和小朋友同玩。（29）不抢东西玩，不抢东西吃。（30）不得别人允许不拿他人的东西。（31）人家说话不去中途插嘴。（32）到公园里去不损坏任何花草物件。

第四表　生活的技能

（1）会自己吃饭。（2）会自己喝茶。（3）会戴帽子。（4）会穿脱衣服。（5）会穿脱鞋子、裤子。（6）会洗手。（7）会洗脸。（8）会刷牙。（9）会擤鼻涕。（10）会自理大小便。（11）会快步跑。（12）会上下阶梯，互换左右脚。（13）会关门窗。（14）会拿碟、碗、杯，不打破。（15）会端流动物不泼翻。（16）会上下船、车。（17）能辨别盐、糖、米、麦、豆、水、油等。（18）会搬椅子、凳子。（19）会洗澡。（20）会洗碗碟。（21）会扫地。（22）会抹桌。（23）会拾石子。（24）会拔草。

第五表　游戏运动的技能

（1）会拍球。（2）会打秋千。（3）会上下滑梯。（4）会驾三轮车。（5）会溜雪车。（6）会玩跷跷板。（7）会走独木桥。（8）会掷球、接球。（9）会滚铁环。（10）会爬梯子。（11）会爬绳梯。（12）会摇木马。（13）会拉小黄包车。（14）会推小手车。（15）会玩小双兔。（16）会做竞赛游戏五种（如掷石、传花、占座位等）。（17）会做团体游戏五种（如猫捉老鼠、捉迷藏、种瓜、老鹰捉小鸡等等）。（18）会跳绳。（19）会舞木剑、竹刀。（20）会射箭。（21）会掷石子。（22）会遵守简单的游戏规则。

第六表　表达思想的技能

（1）会说日常方言。（2）会讲简单的故事。（3）会叙述简单的事情。（4）会认识日常字200至300个。（5）会背诵歌谣30首。（6）会唱歌20首。（7）会写自己的姓名。（8）会读一二句的故事。（9）会听故事明了大意。（10）会依琴声击拍。（11）会独自唱歌娱乐。（12）会画简单自由画。（13）会涂色。（14）会画有意识的故事画。（15）会剪贴。（16）会剪贴成有意义的故事。（17）会搭积木成有意义的东西，如屋、车等。（18）会替玩偶组织家庭。（19）会抚爱玩偶。（20）会替玩偶穿脱衣服，睡到床上。（21）会表演简单故事。（22）会写日记。

第七表　日用的常识

（1）辨别红、黄、青、白、黑、紫等常用的颜色。（2）辨别明暗的色彩。（3）辨别冷暖的缘由。（4）识别植物20种。（5）识别动物20种。（6）识别动物的雌雄。（7）知道花、种子、果实的用途。（8）会数1至100。（9）会做10以内的加减。（10）知道日、月、时间。（11）辨别东、南、西、北的方向。（12）知道尺、寸、升、斗。（13）知道钱币（大洋、角子、铜元）的价值。（14）能买玩具。（15）知道水的三种变态。（16）会养护蚕。（17）知道青蛙、蝴蝶、蛾等的变态。（18）知道国庆纪念，国耻纪念等日子。（19）知道当地的地名。（20）知道当地名胜三处。（21）明了身体各部的组织与用途。（22）会种豆子等，会掘番薯、萝卜等。（23）知道开会的仪式。（24）会保护两盆花不使干死。

这些习惯和技能要求具有明确、具体、分化的特点，便于指导幼儿进行具有针对性的练习，也便于教师和管理人员进行对照检查，对幼稚园教育的规范化起到了积极的作用。1927年，张雪门也曾拟订幼稚园的毕业标准，分体力、学力、智力三项，采用测验的形式编订。其在拟订过程中参照过鼓楼幼稚园的研究。[1]

三、幼儿生活历研究

鼓楼幼稚园在长期试验中，还分别总结出了以日、周、月、学期、年为时间单位的幼稚园活动内部程序，也称"幼稚生生活历"。这些序列化成果成为其他幼稚园参照模仿的对象。

（一）一日生活历举例（以冬季为例）[2]

上午

8：50　　　　　　　　　儿童陆续入园，换鞋子，挂衣帽，在户外运动游戏或在室内看图画，做事，玩玩具。教师事先要把玩具放在桌上，或放在适当场所，使儿童自动地活动。教师可布置挂

1　戴自俺.张雪门幼儿教育文集［M］.北京：北京少年儿童出版社，1994：82—87.

2　中国学前教育史编写组.中国学前教育史资料选［M］.北京：人民教育出版社，1989：283—285.

	图（供儿童欣赏），摆花盆，整理准备教具或和儿童共同活动等。
9：00—9：30	进行晨间检查，划到。教师与孩子共同检查日历，涂日历，翻星期板，记气候图，数到园人数，记到园人数。教师与儿童谈话等。
9：30—10：00	工作，由儿童自己随意选定一种作业或由教师准备材料，指导儿童工作。
10：00—10：30	户外活动。如果下雨，就在教室内自由活动，或做团体游戏。
10：30—10：40	静息，以调节因户外活动而激起的兴奋，若儿童并不过分疲劳，可由教师教导吟诵儿童歌谣、儿歌或谜语等，使全体儿童都能注意集中。
10：40—11：00	餐点，每人点心少许，开水一杯。
11：00—11：30	音乐时间，进行唱歌、节奏训练或游戏。
11：30	放学。
下午	
1：30—2：00	儿童陆续到园，进教室静息假寐，或静听音乐。
2：00—2：20	故事，听讲，或表演。
2：20—2：50	读法。可分大、中两班，认字，读故事，记日记，写字或幼稚园课本作文练习等。
2：50—3：00	户外游戏。
3：00—3：30	数法或游戏，可用游戏来做数法的练习。
3：30	放学。

(二) 一周的常规工作 [1]

该园规定了一周内儿童的活动项目,主要活动如下。

1. 全体详细检查整洁三次(每月亦须检查)。

2. 全体出游一次(须有目的,并距离较近的)。

3. 表演。

4. 做点心及烹饪。

5. 习惯和技能的考查。

6. 更换教室里的布置或装饰等(如画、花等)。

7. 纪念周。

8. 晨间健康检查(每日检查,极简单)。

9. 矫正儿童身体健康的缺点(沙眼点眼药或其他)。

10. 轮流到各家去探望。

(三) 每月的常规工作 [2]

每月的常规工作主要有三项。

1. 检查体格一次(身长体重)。

2. 发儿童生活报告单一次。

3. 家长会例会一次。

(四) 每学期的常规工作 [2]

每学期的常规工作主要有六项。

---

1 2　中国学前教育史编写组 . 中国学前教育史资料选 [M]. 北京:人民教育出版社,1989:285.

3　同上:285—286.

　　　　　　　　　　　　　　　　　　　　　　中国幼儿教育史

1. 检查体格健康一次（由医生执行）。

2. 种牛痘一次。

3. 举行展览会一二次（如，玩具展览会、成绩展览会、图画展览会、菊花展览会）。

4. 举行恳亲会、家属联欢会、同乐会，或欢迎会等一二次。

5. 远足游行一次。

6. 发儿童成绩报告单一次。

（五）全年生活历

鼓楼幼稚园又以长江流域的自然环境和社会生活风俗等为背景，编制了一份适合中国中部幼稚园参考的全年活动主题指南，详见表5。[1]

表5　幼稚生生活历

月份	节　　期	气候	动物	植物（花草）	农事	儿童玩耍	风俗	儿童卫生
1	元　旦	冰、雪、西北风	金鱼、鸽子	芽、腊梅	葱、韭、胡萝卜	新年锣鼓	新年礼	冻疮、伤风
2	立春、旧历新年	冰雪融化、东风	猫、鼠、狗	水仙、葱、大蒜	菜、麦地、除草	迎灯、放爆竹	迎春	伤食、曝日之害
3	中山先生逝世纪念、黄花岗烈士纪念、百花节（阴历二月十二日）	植树节、春分	燕子、蜜蜂	梅花、嫩叶、兰	孵小鸡	放鹞子	赛会	喉症

1　北京市教育科学研究所.陈鹤琴全集（第二卷）[M].南京：江苏教育出版社，1989：164—165.

月份	节　期	气候	动物	植物（花草）	农事	儿童玩耍	风俗	儿童卫生
4	清明节	春雨	蝴蝶、蚕	桃花、笋、桑、豆花	种瓜、做豆腐	斗草	扫墓	牛痘
5	国耻、岳飞诞辰	换季	蚌、黄莺	蔷薇、野生植物	收麦、布谷、养蚕	草地跳跃、翻筋斗	竞渡	灭蚊蝇卵
6	立夏、端午	黄梅雨	萤火虫、牵牛虫	石榴、牡丹	插秧、除草（耘）	寻贝壳	送礼（？）	洗澡
7	暑伏	雷雨、虹、大热	蝉、蚱蜢	荷花、牵牛花	收瓜	寻藏（寻瓜游戏）	丧葬（？）	受暑
8	立秋、林则徐禁烟	流星、凉风、露	蟋蟀、纺织娘	茑萝松、凤仙、鸡冠花	种荞麦、收稻	车子	乞巧	受凉、疟疾
9	中秋、孔子诞辰	明月、大潮、秋风	蜗牛、蚌	菱、桂花	收山芋、玉蜀黍、棉花	滚铁环、旅行	赏月、观潮	痢疾
10	国庆、重阳节	换季	蟹、虾	菊花	种豆、麦、拔萝卜等	旅行、踢毽、赛果子	登高	眼疾
11	中山先生诞辰	露、霜	皮虫、鹰、鸭	红叶、野果	耕田、收白菜、做各种腌腊货	赛果子、跳绳	做寿（？）、结婚（？）	感冒
12	蔡锷恢复中华共和、大除夕	西北风、冬至	羊、牛、麻雀	月季、干草	修理农具、修茅屋	踢球、拍球	腊八	皲裂、冻疮

注：本表根据江浙两省情况所拟，表中有（？）的系当时发生得最多的事情。

它分月从节期、气候、动物、植物（花草）、农事、儿童玩耍、风俗、儿童卫生等几个方面提示人们当时当地幼稚园课程设计中可选择的活动主题和应当注意的事项。1939年商务印书馆出版了一份鼓楼幼稚园的一年教学记录——《一年中幼稚园教学单元》。[1]它按时间顺序介绍了该园一年中共计50个单元（活动主题）的教学大纲，并在每小项之后详细列出了可供参考的资料，所列资料达248种。现将其中第三十七单元摘录如下（为简明起见，附列参考资料省去）。

　　单元三十七　蝌蚪变青蛙

（4月20日至4月23日）

一、常识

（一）观察

1. 小蝌蚪的形状。

2. 小蝌蚪怎样在水里活动？

3. 注意它的生长情况。

4. 青蛙的发育顺序——图表。

（二）研究

1. 蝌蚪是哪里来的？

2. 蝌蚪怎样变成青蛙？

3. 青蛙住在什么地方？

4. 青蛙吃些什么？

5. 农人为什么保护青蛙？

6. 青蛙怎样叫的？

7. 蛙有几种？

1　北京市教育科学研究所.陈鹤琴全集（第二卷）[M].南京：江苏教育出版社，1989：387—539.

二、工作

（一）自由画

（二）剪贴

1.“蝌蚪游水”。

2.“青蛙捉虫”。

（三）泥工

（四）剌工

三、音乐

（一）唱歌

1.“青蛙（1）”。

2.“青蛙（2）”。

3.“墙上挂面鼓”。

（二）节奏

1.青蛙跳。

2.双脚跳。

3.独脚跳。

四、故事及儿歌

（一）故事

1.“小蝌蚪”。

2.“大青蛙”。

3.“青蛙两居”。

4.“一个傻蛤蟆”。

（二）儿歌

1.“春天的国度”。

2.谜语：“蛙”。

3.“蛤蟆”。

五、游戏

（一）"青蛙竞走"

（二）"蛤蟆在中间"

（三）"找青蛙"

六、读法

（一）记日记

（二）幼稚园课本（4月份）

（三）作文练习课本

（四）联句子

（五）抄写

七、数法

（一）实物加减

（二）数字图画

（三）三数相同的加法

（四）看图认数

（五）加减演算练习

从这份单元大纲中，我们不难了解鼓楼幼稚园科目设置情况和中心制课程活动的方式。

整体来说，南京国民政府成立后，我国幼稚园教学活动发展的基本趋势是向中心制靠拢，以活动主题包容各科目，而科目一般包括音乐、游戏、工作、常识（自然与社会）、故事、读法、数法、餐点、静息等内容。其中以常识（自然与社会）为中心组织活动，努力使活动主题保持与自然环境和社会风俗一致，随时令季节的变化而变化。各地幼稚园所表现的最大区别在于：因我国地域广大，在自然和社会环境上跨不同气候物产和社会风俗的地区，根据节令选择作为幼稚园活动主题的材料有很大的不同，所以，20 世纪 30 年代出版的幼稚师范教材和参考用书往往提供一年中南、北、中部地区的幼稚课程纲要。[1] 这一趋势的形成受南京鼓楼幼稚园试验的影响，鼓楼幼稚园试验成果成为南京国民政府教育部颁布的《幼稚园课程标准》的依据。

第二节　幼儿教育规程的颁布

一、《幼稚园课程标准》

我国自清末颁布幼儿教育章程以来，一直没有关于幼稚园课程标准的规定，最多在相关章程中略举幼稚园的科目。因此，清末民初设立的各种幼儿教育机构在课程设置上各行其是。

1927 年，南京国民政府成立后，蔡元培根据其教育独立思想，倡议成立大学院，代替教育部作为全国教育的最高行政机关。1928 年 5 月，全国教育会议召开，决议由大学院组织中小学课程标准起草委员会，编订中小学课程标准。会上，陶行知、陈鹤琴等提交了注重幼稚教育议案共七件，议案内容涉及调查全国幼稚教育，令各省各市各县实验小学先行设立幼稚园，推广乡村幼稚园，发展幼稚师范教育和开办试验幼稚师范学校，审查编辑幼稚园课程及教材等方面。[2] 会后，陈鹤琴被聘为起草委员会的委员。在陈鹤琴的主持下，鼓楼幼稚园试验的参与人员和原东南大学教育科的有关专业人员陈鹤琴、张宗麟等人拟定了《幼稚园课程暂行标准》。1929 年 8 月，该标准经教育部（1928 年 10 月大学院又改为

1　张沪 . 张宗麟幼儿教育论集［M］. 长沙：湖南教育出版社，1985：139—143.

2　参见：中华民国大学院 . 全国教育会议报告［M］. 上海：商务印书馆，1928.

教育部）中小学课程标准起草委员会审查通过并颁发全国。

《幼稚园课程暂行标准》[1]主要是根据南京鼓楼幼稚园的课程试验成果拟定的，全文分"幼稚教育总目标""课程范围""教育方法要点"三大部分。课程范围分音乐、故事和儿歌、游戏、社会和自然、工作、静息、餐点等七个课目，基本上包含了鼓楼幼稚园课程试验中的科目。不过，鼓楼幼稚园科目中"读法"和"数法"两项没有收入《幼稚园课程暂行标准》，因为幼稚园中应不应该引入识字和数的教学在当时是一个有争议的问题。

《幼稚园课程暂行标准》颁布后，随即成为指导各类幼稚园课程建设的纲领性文件，如1931年2月吉林省教育厅《修正私立幼稚园暂行办法》第四条就明确规定，私立幼稚园之课程，须遵照《幼稚园课程暂行标准》办理。经一段时间试行后，1932年10月，教育部将其作为正式的《幼稚园课程标准》公布，1936年又作了一次修正。[2]1936年修正的《幼稚园课程标准》，除增添了极少量的内容和作了极少数的文字修改外，基本上是1929年《幼稚园课程暂行标准》的全文照录。

《幼稚园课程标准》规定，幼稚教育总目标有四项。

（一）增进幼稚儿童身心的健康。

（二）力谋幼稚儿童应有的快乐和幸福。

（三）培养人生基本的优良习惯（包括身体、行为各方面的习惯）。

（四）协助家庭教养幼稚儿童，并谋家庭教育的改进。

《幼稚园课程标准》的课程范围部分中，每个科目下面列举了该科目

1　参见：北京市教育科学研究所.陈鹤琴全集（第二卷）[M].南京：江苏教育出版社，1989：209—223.

2　中国学前教育史编写组.中国学前教育史资料选[M].北京：人民教育出版社，1989：230—242.

的目标、内容大纲和最低限度的要求。例如，"故事和儿歌"一项的内容
如下。

（1）目标

（甲）引起对于文学的兴趣。

（乙）发展想象。

（丙）启发思想。

（丁）练习说话、吟唱，增进发表能力。

（戊）发展对故事的创作能力，培养快乐、高尚和爱等情感。

（2）内容大要

（甲）以下各种故事的欣赏演习（如口述、表演、创作等）：童
话；自然故事；历史故事；生活故事；爱国故事；民间传说；笑语；
寓言。

（乙）各种故事画片的阅览。

（丙）各种有趣而不恶劣的儿童歌谣、谜语的欣赏、吟唱和表演。

（3）最低限度

（甲）能吟唱四则以上的儿歌、童谣或谜语，而字句很清晰。

（乙）能述说四则最简单的故事而意思很明了。

（丙）能创作一则最简单的故事而有明显的内容。

（丁）能参加表演故事一则。

（戊）能作简单明白的应对。

（己）能看图述说图中大意。

《幼稚园课程标准》的第三部分"教育方法要点"共十七条，着重强
调了课程组织的相关原则。

第一，以活动主题为中心组织课程，让科目服从活动主题，消融

中国幼儿教育史

在活动主题中的原则。教育方法要点第一条规定："以上所列各项活动（音乐、游戏、故事和儿歌、社会和自然、工作等），于实际施行时，应该打成一片，无所谓科目。打成一片的方法，应该以一种需要的材料（应时的如三月的植树节，十月的国庆，秋的红叶，冬天的白雪等；在环境内发现的如替玩偶做生日，公葬某种已死的益鸟，开母姐会等），做一日或两日内作业的中心；一切活动都不离乎这个中心的范围。"[1]

第二，教师主导作用和儿童主体地位相统一的原则。教师是儿童活动中的"掌舵者"和最后的"裁判者"，"要使儿童跟着他的趋向而进行；在未达目的前，不要改变宗旨"[2]。但"儿童的问题，应由儿童自己解决。到儿童的确不能解决时，教师才可从旁启发引导"[3]。

第三，计划性和灵活性相统一的原则。教师对课程应有周密的设计，并考虑到各方面因素的结合。但"万一整个的设计，做到中途而多数儿童的兴趣已转移了，那么教师也可把这个设计放下，便从事于多数儿童兴趣所在的设计，等相当的时机到来，再行设法继续"[4]。

在材料的整合上，《幼稚园课程标准》建议采用大主题中套小主题的方法："设计的材料，以易达目的易得结果的为最好。在一个设计中，又须分为许多小段落，每一个段落，有一小目的，可得一小结果。那么儿童照着做去，得达目的，得有结果，也自然发生兴趣而自肯努力了。"[5]

第四，以儿童经验为中心的原则。要求幼稚教育所用的材料不应是空话，"而是日常可见可接触至少可想象的实物、实事"[6]。指出儿童活动应灵活应用团体、分组和单个作业的形式。

1　北京市教育科学研究所.陈鹤琴全集（第二卷）[M].南京：江苏教育出版社，1989：238.

2 3 4 5 6　同上：240.

除课程组织原则外，"教育方法要点"特别提到的还有以下方面。

第一，中国化。幼稚园的设备"要合乎我国的民族性……不必过于华美，而须注意于坚固；不必多取洋式和舶来品，而须尽量中国化"[1]。

第二，平民化。节俭是平民化的前提，所以幼稚园"要利用废物、天然物和日用品。废物如旧书、旧报、破布……天然物如果核、树叶、花瓣、种子……都可利用了做成教育用品、装饰品和作业材料等。这不但省钱，并可启发儿童的创造力"[2]。

第三，儿童独立性的培养。"园中的事务，凡儿童能做的，如扫地、擦桌子、拔草、分工管理园具等，应充分的由儿童去做。"[3]

第四，家园联系。"教师应该常常到儿童家庭去，或请家长到园中来……尽力联络感情，宣传幼稚教育和家庭教育的方法。"[4]

《幼稚园课程标准》是我国幼儿教育专家学者第一次在总结自己试验成果的基础上，试图从我国国情出发制定的幼儿教育规程。《幼稚园课程标准》明显受欧美进步主义教育理论，特别是设计教学法的影响，强调儿童和生活本身在课程中的价值，突出活动的意义。但是，该标准对西方教育理论的吸收借鉴是以批判思考为前提的。设计教学法虽然并不适合系统的理论和分化的学科知识学习，但针对幼稚园儿童这一特殊对象的心理和经验特征，则显示其合理性。特别是，《幼稚园课程标准》在运用欧美进步主义儿童观于幼稚园教学的具体内容和方法上时，坚持了中国化的方向，注意从丰富的民族文化宝库中吸取养料。《幼稚园课程标准》是我国幼儿教育从最初的模仿抄袭中摆脱出来，向建立具有中华民族特色的幼儿教育体系的道路上迈出的坚实一步。

---

1 2 3 4　北京市教育科学研究所.陈鹤琴全集（第二卷）[M].南京：江苏教育出版社，1989：241—242.

二、《幼稚园设置办法》

1916 年修正的《国民学校令施行细则》中关于蒙养园的内容（参见本书第八章第三节）只对蒙养园招生对象的年龄、保育宗旨、原则、科目管理，保育人员的资格、鉴定办法、待遇，以及蒙养园的规模和设备等作了简要的说明，缺乏具体的规定。南京国民政府成立后也没有及时制定规范幼儿教育实施的独立规程。为了加强对幼稚园的管理，1939 年 12 月，教育部公布《幼稚园规程》，1943 年 12 月经修改并呈行政院批准，改为《幼稚园设置办法》[1]，以教育部令公布施行。全文共三十二条，现将其主要内容概述归纳如下。

第一，幼稚园招收三至六周岁的儿童，必要时可招收未满三周岁的婴幼儿，但须经主管机关的批准。

第二，幼稚园可附设于国民学校、中心学校或小学，也可单独设立。县市政府、师资培训机构和私人均可根据需要设立。

第三，幼稚园开办或停办时须申报主管机关批准备案。申报内容：开办时包括幼稚园名称、主持人姓名资历、园址及其建筑和周围环境等的详细情况，开办细则、设备、经费与维持办法、开办日期等；停办时应申报理由和善后处理办法等。

第四，幼稚园可根据实际情况实行半日制、上下午半日二部制或全日制。规模原则上不得超 120 人，师生比不得小于 1 : 20。班级可采用按年龄或按智力分组的办法，儿童较少时也可不分组。

第五，幼稚园的活动项目以教育部颁布的《幼稚园课程标准》为准，并注意充分利用乡土材料。幼稚园的保育办法应根据幼儿身心发展的特点。注意养成幼儿良好的习惯，注意与家庭联合。不得体罚，

---

1 详见：中国学前教育史编写组.中国学前教育史资料选［M］.北京：人民教育出版社，1989：227—230.

不得强授以读书写字之类的小学课程。

第六，幼稚园的选址、建筑式样和大小、各种设备应符合规定要求，并遵照教育部另定的《幼稚园设置标准》执行。

第七，幼稚园可酌收费用，但须为贫寒优秀儿童设置免费额。二者均须呈报主管机关核定。

第八，幼稚园主管园务者称幼稚园主任。附设幼稚园由所属机构负责人如校长等兼任，或委派他人担任。独立幼稚园主任应选择幼稚师范学校毕业生或具有小学教员资格且办理幼稚教育二年以上而卓有成效者担任，原则上应为女性。

第九，幼稚园教师应为女性，以幼稚师范学校或具有小学教员资格、曾担任幼稚园教师一年以上者为合格。不具备上述资格者，应接受省市教育行政机关组织的小学教员检定委员会的鉴定，鉴定科目有：公民（包括党义）、国语（语体文之写作、书法）、算术（四则、诸等数、分数、百分数、比例）、历史（本国史）、地理（本国地理）、自然（生物大要）、教育（教育概论、儿童学、教学法）、保育法（育儿法、保育法、卫生等）、美术（绘画剪贴）、劳作（烹饪、缝纫、园艺等）、游戏音乐（唱歌、奏乐等）。必要时可延聘未受鉴定者为代用教员。幼稚园教师和管理人员，都应参加当地组织的国民教育研究会及讲习会等。

《幼稚园设置办法》是一份独立的关于幼稚园教育的基本法规，它对幼稚园的招生对象、类型类别、管理措施、组织编制与规模、课程设置与教学方法、办园条件与设备标准、管理人员与教师资格等都作了较为具体明确的规定，其全面详尽程度也超过了以往同类的法规。尽管它颁布当时和之后的战争环境影响到它的实施，但其试图规范幼稚园发展的目的是非常明确的。

第三节 幼儿教育的发展

一、幼稚园数量的增加

南京国民政府成立后，幼稚园的数量有了明显的增加，这和有关规程中幼稚园地位的提高及人们对幼稚园态度的变化有密切的关系。1928年第一次全国教育会议时，关于幼稚教育的议案达七件。1929年成立全国中小学课程标准起草委员会，安排了专门的幼稚园课程起草组。1929年全国教育会议又议决通令全国各省，凡实验小学及完全小学必须设立幼稚园一所，必要时各县可以单独设立幼稚园。这一通令虽未能完全遵照实施，但有力地推动了各地幼稚园的发展。[1]

当时，社会和家长的幼稚教育观念也有重大变化，一般绅士们渐渐愿意模仿西洋风气，以为送子女进幼稚园是有面子的事。在1927年以前，幼稚园招生是一个极困难的问题，1927年后，父母要送子女进幼稚园，好比代子女谋差。

南京国民政府时期幼稚园发展情况统计见表6。

表6 中国历年全国幼稚园发展统计

学年度（年）	幼稚园数（所）	班级数（个）	儿童数（人）			保育期满儿童数（人）			教职员数（人）	经费数（元）
			总计	男	女	总计	男	女		
1929	829	1 585	31 967	22 469	9 498				1 580	379 954
1930	630	697	26 675	15 098	11 577	9 474	5 476	3 998	1 376	468 329
1931	829	1 318	36 770	21 275	15 495	12 122	7 075	5 047	1 839	610 451
1932	936	1 407	43 072	24 798	18 274	13 412	7 687	5 725	2 056	712 863

---

1 张沪.张宗麟幼儿教育论集［M］.长沙：湖南教育出版社，1985：396—397.

学年度（年）	幼稚园数（所）	班级数（个）	儿童数（人）			保育期满儿童数（人）			教职员数（人）	经费数（元）
			总计	男	女	总计	男	女		
1933	1 097	1 449	47 512	27 432	20 080	15 909	8 763	7 146	2 219	828 280
1934	1 124	1 599	59 498	36 582	22 916	14 671	8 953	5 718	2 472	940 769
1935	1 225	1 666	68 657	42 071	26 586	14 490	9 089	5 401	2 443	1 076 225
1936	1 283	1 988	79 827	46 597	33 230				2 607	1 091 459
1937	839	1 180	46 299	27 150	19 149	9 825	5 765	4 060	1 400	461 706
1938	857	1 157	41 324	23 836	17 488	8 301	4 788	3 513	1 491	416 253
1939	574	754	40 482	27 444	13 038	7 597	4 334	3 263	946	208 195
1940	302	791	28 517	15 897	12 620	8 395	4 988	3 407	973	248 901
1941	367	925	58 339	34 730	23 609	11 060	7 344	3 716	789	430 600
1942	592	1 398	51 749	33 199	18 550	14 313	8 688	5 625	1 014	1 108 841
1943	441	1 190	46 202	27 565	18 637	16 910	10 167	6 743	1 021	2 563 361
1944	428	1 527	50 491	30 885	19 606	20 193	12 408	7 785	1 393	4 745 442
1945	1 028	2 889	106 248	66 827	39 421	28 281	18 128	10 153	2 407	45 125 394
1946	1 263		112 792			41 504			2 805	
1947	1 301	3 367	130 413	81 147	49 266	54 225			2 502	

注：本表来自教育部统计处，除1946、1947学年度摘自《全国教育统计简编》外，其余均摘自袁昂《中国幼稚教育的瞻望》(《教育杂志》第三十三卷第一期)。

从表6可以看出，除1937—1944年，幼稚园的数量整体上是在不断增加的，尤其是在南京国民政府成立初期增加非常迅猛。1929年，全国幼稚园数达829所，远远超过了1924年南京苏一女师调查统计的190所。个别特别地区发展更为迅速。1927年春，南京城仅有幼稚园5所，到当年秋天便增加至19所，上海、天津、北京等城市也有幅度较大的增加。[1]

1　张沪.张宗麟幼儿教育论集［M］.长沙：湖南教育出版社，1985：396—397.

二、幼儿教育平民化运动

继 1926 年秋发出幼儿教育平民化的呼吁之后，1927 年，陶行知又在晓庄开始进行乡村幼儿教育试验，发起幼儿教育平民化的运动。

晓庄的乡村幼儿教育试验是从培养乡村幼儿教育师资开始的。1927年 3 月，晓庄试验乡村师范学校（1928 年改称晓庄学校）成立后，晓庄幼稚师范院也于同年 9 月成立，聘陈鹤琴担任院长兼指导员，张宗麟等参加鼓楼幼稚园试验的实际工作人员也被聘为指导员。晓庄幼稚师范院的主要教学活动是在几所中心幼稚园进行的。《幼稚师范院简章》对该院的宗旨、培养目标、教学方法、课程内容、人员设置、招生和毕业资格都作了规定。[1] 其教育宗旨为：根据中心学校办法，造就乡村幼稚园和幼稚师范学校教师，使能与乡村儿童妇女共甘苦，以谋乡村儿童妇女幸福之增进。它要求培养的人才具有看护的身手，科学的头脑，成为儿童的伴侣，乡村妇女运动的导师。教育方法以中心学校的生活训练为主，中心学校分乡村蒙养园（相当于现在的托儿所）、乡村幼稚园、乡村小学幼稚园。课程则为中心蒙养园活动教学做，中心幼稚园活动教学做，中心小学幼稚园活动教学做，分任院务教学做以及儿童文学、园艺、自然科学、美术、音乐、家庭、医药卫生、乡村妇女运动教学做等十二项"教学做"的内容。

晓庄幼稚师范院这种培养幼稚教师的方法被陶行知称为"艺友制"师范教育在幼儿教育领域中的应用。它主要根据陶行知生活教育理论中的"教学做合一"的原理。正如陶行知所说："艺友制的根本方法是教学做合一。事怎样做便怎样学，怎样学便怎样教。教的法子根据学的法子，

1　参见：中华民国大学院 . 全国教育会议报告［M］. 上海：商务印书馆，1928.

学的法子根据做的法子。先行先知的在做上教，后行后知的在做上学。"[1]

晓庄学校的基本主张就是：师范要以小学为中心，幼稚师范要以幼稚园为中心。幼稚园或是小学就是师范的母亲，而不是师范的附属品。在这一原则指导下，晓庄学校办了中心小学和中心幼稚园，其坚信：有了好的幼稚园，就可以产生好的幼稚师范，就可以训练好的师范生。幼稚师范生要想学到办幼稚园的真本领，也只有到幼稚园里来，在办幼稚园的过程中学办幼稚园。

为了实现这一培养幼儿教育师资的理想，1927 年 11 月，晓庄幼稚师范院的第一所中心幼稚园——燕子矶幼稚园成立。随后即开始用艺友制的方式培训幼儿教育的师资。燕子矶幼稚园也是我国第一所乡村幼稚园。继此之后，晓庄又先后成立了晓庄幼稚园、和平门幼稚园等多所中心幼稚园。这些中心幼稚园同时负有试验乡村幼稚园和试验培养乡村幼儿教育师资的任务。

晓庄学校的幼儿教育试验体现了乡村生活与环境的特点。乡村和城市向儿童展示的是不同的自然和社会生活天地。陈鹤琴等人一方面根据乡村的环境特点选择儿童熟悉和取材方便的活动主题及手工、故事材料，另一方面根据乡村儿童的特点在活动方法和课目上有所偏重。根据乡村儿童习惯于自然环境、很少清洁的习惯，进入学龄后就学时间短，没有良好的学习机会等情况，教师在活动中安排较多的户外生活，加强卫生习惯的训练，更注意读法等。

在陶行知等人的倡导和推动下，原来局限于都市、面向富家子弟的幼儿教育开始注意到工厂与农村。晓庄学校的乡村幼儿教育试验曾经掀起一次幼稚师范生下乡办幼稚园的高潮。1930 年晓庄被封闭后，试验也随之中断，但晓庄试验的一些骨干人物仍然坚持为劳苦大众的幼儿教育事

---

1 华中师范学院教育科学研究所.陶行知全集（第二卷）[M].长沙：湖南教育出版社，1985：55—56.

业继续努力。如 1933 年，孙铭勋在江苏淮安创办新安乡村幼稚园，1934 年在上海主持劳工幼儿团；戴自俺也于 1934 年应北平幼稚师范学校校长张雪门之聘，主持该校师范生创办乡村幼稚园的工作。

不过，开始于 1927 年前后的幼儿教育平民化运动，虽然经过它的提倡者的尽心竭力的呼吁和亲身实践，但在国民党统治区没有造成很大的影响。张宗麟总结其原因主要是：政府不注意工厂和乡村区域的幼儿教育的发展；教育家的不热心；幼稚园收费太高，模仿欧美办法，将幼儿在园时间规定得过死，不适合劳工大众子女等。除此之外，幼稚教师的不肯下乡也是一个重要原因。为此，他们只得在训练师范生的方法上想办法，如注意招收贫寒出身的女子，采用下乡、深入贫民区、不使她们居高楼大厦等适应贫民环境和生活的方式训练教师，但收效甚微。[1]

三、特色幼稚园

（一）上海大同幼稚园

上海大同幼稚园由中国共产党地下组织领导的中国互济会（原名中国济难会）创办，筹划于 1929 年 11 月，1930 年 3 月正式开园，负责人为董健吾。最初的园址在戈登路（现江宁路）武定路口，1931 年春迁至陶尔斐斯路（现南昌路东段）法国公园（现复兴公园）附近。

大同幼稚园是专为收容和抚育革命同志的子女而设立的，园内孩子的父母或被捕入狱以至牺牲，或奔走革命、四海为家而无法抚育自己的子女。从安全角度考虑，儿童的家长姓名、家庭地址等都绝对保密，他们都由互济会的负责人直接陪同其家属或保护人送来，甚至连院长也不知道他们的父母是谁。为不暴露政治背景，园所托人请国民党元老于右任

---

1 张沪.张宗麟幼儿教育论集［M］.长沙：湖南教育出版社，1985：399—400.

写了一幅"大同幼稚园"的横幅，依照着漆成横匾，挂在门口。过路人均以为这是一般社会福利团体所办。

1931年冬，因情况泄露，大同幼稚园开始为外界某些人注意。互济会负责人深恐发生意外，当机立断，于1932年1月解散幼稚园，并将在园儿童安全转移。在从开园到解散的近两年时间里，大同幼稚园这个红色摇篮，收容并抚育了一批革命后代，其中有毛泽东、彭湃、恽代英、李立三等老一辈革命家的子女。[1]

（二）成都实验幼稚园

成都实验幼稚园是抗日战争时期建立和发展起来的一所重要幼儿教育机构。

抗日战争爆发后，一般知识妇女因为生活所迫，离开家庭，服务社会。家庭中的子女教养遂成为重要问题。因此，四川省教育厅在抗战之初即有创办幼稚园的设想，后因种种原因未能实现。1941年春，四川省临时参议会重新建议省政府成立幼稚园，因而开始积极筹备。省政府委任陆秀为幼稚园主任，并由她主持成立筹备处，选定成都西门外茶店子成都县立中学旧址为战时园址，兴建园舍。当年7月18日，园舍落成，8月22日开始招生，9月1日开学。

陆秀（1896—1982），江苏无锡人，我国现代重要的幼儿教育家。陆秀早年就读于天津女子高等师范学校，后考入武汉大学图书馆学系。出于对儿童和幼儿教育事业的热爱，1932年，她以优异成绩考取公费留学生，到美国加利福尼亚大学学前教育系学习，获硕士学位。1938年离开美国到欧洲进行考察，并专程去意大利访问了幼儿教育家蒙台梭利，参观意大利的幼儿园。回国后，正值抗日战争高峰，她辗转来到四川成都，

1　中国学前教育史编写组.中国学前教育史资料选［M］.北京：人民教育出版社，1989：291—293.

后被任命为成都实验幼稚园主任。中华人民共和国成立后，她曾多次在全国政协会议上与陈鹤琴联名提出有关发展、改革幼儿教育的提案。

成都实验幼稚园成立之初，仅有幼儿 82 人，1943 年，招生人数便达 339 人，以后逐年增加。1944 年，为实施婴幼儿一体的教育试验计划，该园增设婴儿部。该园原则上招收 4 周岁以上 6 周岁以下的儿童，设立婴儿部后开始招收 2 周岁至 4 周岁儿童予以保育。

该园的课程设置和教育方法在遵照《幼稚园课程标准》的基础上也进行了一些改革，比如，将音乐与游戏合并为唱游，将故事和儿歌合并为说话，常识改称为讨论，突出了幼稚园课程的整体性和活动性特征。教材由本园教师根据标准，以儿童的家庭生活和乡土生活为中心自行选编。课程组织也是采用单元设计的方法，结合时令选取儿童熟悉的生活主题作为活动的中心，各课程项目围绕中心主题展开。每个主题的活动时间一般不超过一周，活动分团体活动和个人活动两种。实施教学时特别注意以下几点。第一，自动。注意儿童的自发兴趣，尽量让儿童自动作业，教师只不过从旁指导与协助。第二，类化。以儿童旧经验为出发点，利用旧经验引导儿童体会、了解新事物。第三，具体。教学从具体事物出发，不事空谈，这样可以提高儿童的兴趣；不重视课室内的活动，尽量取材于大自然，活动于大自然中。第四，适应个性。儿童天赋、能力、兴趣、需要等各不相同，教学中充分注意儿童个性的发展。

成都实验幼稚园是作为省级示范幼稚园建设的，除落实当时教育部有关法规规定的幼稚园教育目标外，还将注意幼稚教育之研究与实验、辅导全省公私立幼稚园作为其办园目的。园内成立有幼稚教育研究会，组织教师对各种幼儿教育问题进行研究，拟作实验研究的问题有：幼稚园生活单元之课程标准，幼稚园生活中心之各种材料，幼稚园各种教学艺术，幼稚园儿童之智力、教育、体力测验，幼稚儿童生活习惯标准，幼稚儿童营养标准，幼稚儿童健康标准，家庭教育之实际问题，儿童保育之实际问题（如特殊儿童之教育法）等。其中，尤其对婴幼儿的营养研究取得了可喜的成果，提出了不同阶段儿童膳食的最低限度要求和标准要求。

为了推动四川省幼儿教育的发展和指导家庭教育，成都实验幼稚园除供给各县幼稚园应用教材，接待各县幼稚园教师来园实习外，还保持与各县幼稚园的教育通信联系，讨论有关幼稚教育问题，同时举办母姊讲习会及保姆训练班等，对家庭教育加以切实的指导。[1]

在陆秀等人的努力下，成都实验幼稚园成为战时后方一块难得的幼稚教育试验园地，呈现出勃勃生机。

第四节　幼儿教育师资的培养

一、有关教育法令中对幼稚师范教育的规定

南京国民政府成立后，从1932年起陆续公布了《师范学校课程标准》（1932）、《师范学校规程》（1933）、《师范学校课程标准》（1934）等关于中等师范教育的法令，其中对幼稚师范教育规定较集中具体的有《师范学校规程》等。《师范学校规程》1933年公布施行，经1935年修正后基本定型，以后虽又经过1939年、1944年等几次修正，但变化不大。

《师范学校规程》规定：师范学校内得设立幼稚师范科，幼稚师范科修业年限为2年或3年。入学资格为初中毕业生经入学试验及格者，入学考试中免试外国语。

关于幼稚师范的课程设置，《师范学校规程》（1935年修正本）规定

---

1 以上参见：中国学前教育史编写组．中国学前教育史资料选［M］．北京：人民教育出版社，1989：306—315.

如下。

三年制幼稚师范的教学科目为：公民、体育及游戏、卫生、军事看护、国文、算学、历史、地理、生物、化学、物理、劳作、美术、音乐、伦理学、教育概论、儿童心理、幼稚园教材及教学法、保育法、幼稚园行政、教育测验及统计、实习等。

二年制幼稚师范的教学科目为：公民、体育及游戏、卫生、国文、算学、历史、地理、生物、理化、劳作、美术、音乐、教育概论、儿童心理、幼稚园教材及教学法、保育法、幼稚园行政、实习等。

1944年，以上课程经历了较大修正，修正后的各科教学时数及安排见表7及表8。[1]

表7　三年制幼稚师范科教学科目及各学期每周各科教学时数表
（1944年8月修正公布）

科目	第一学年		第二学年		第三学年		备　注
	第一学期	第二学期	第一学期	第二学期	第一学期	第二学期	
国　文	5	5	4	4	4	4	包括儿童文字理论及写作
数　学	3	3	2	2			
地　理	2	2	2	2			
历　史	2	2	3	3			
博　物	3	3					

1　教育部教育年鉴编纂委员会.第二次中国教育年鉴［M］.上海：商务印书馆，1948：1017—1018.

科目	第一学年		第二学年		第三学年		备 注
	第一学期	第二学期	第一学期	第二学期	第一学期	第二学期	
理 化			3	3			
公 民	1	1	1	1	1	1	包括地方自治常识
美 术	2	2	2	2	2		
音 乐	3	3	3	3	3	3	包括键盘乐及简单作曲法与习作
体 育	3	3	3	3	3	3	包括游戏及韵律活动教材教法
卫 生	2	2					包括公共卫生和学校卫生
看 护	2	2					包括军事看护
实用技艺	3	3	2	2	2		包括儿童玩具制作、小学劳作教材
教育通论					3	2	
教育行政			2	2			
教育心理	3	3					包括学习心理及儿童心理卫生
儿童保育			2	2			
幼稚教育			2	2			包括幼稚教育发展史及幼稚教育状况与社会行政
儿童福利					2	2	
实验及统计					2	2	
教学及实习			3	3	12	17	
每周教学总时数	34	34	34	34	34	34	

表 8 二年制幼稚师范科教学科目及各学期每周各科教学时数表
（1944 年 8 月修正公布）

科　目	第一学年		第二学年		备　注
	第一学期	第二学期	第一学期	第二学期	
国　文	6	6	5	5	包括注音符号及儿童文学
地　理	2	2			
历　史	3	3			
博　物	3	3			
理　化			3	3	
公　民	2	2	1	1	包括地方自治常识
美　术	2	2	2		
音　乐	4	4	3	3	包括键盘乐
体　育	3	3	3	3	包括游戏及韵律活动教材教法
卫　生	2	2			
看　护	2	2			包括军事看护
实用技艺	4	4	2		包括小学劳作教材
教育通论			3	2	
儿童心理	3	3			包括学习心理及儿童心理卫生
儿童保育			2	2	
幼稚教育			2	2	包括幼稚教育发展史及幼教行政
教学及实习			10	15	
每周教学总时数	36	36	36	36	

1932年，国民政府教育部宣布对普通中小学生实行毕业会考。之后，这一制度也扩展至师范学校。根据1935年4月公布的《师范学校学生毕业会考规程》，师范生毕业前得参加教育行政机关组织的毕业会考，考试国家统一规定科目。幼稚师范科无论三年或二年，考试的科目均为：公民、国文、算学、历史、地理、生物、物理、化学、教育概论、儿童心理、幼稚园教材及教学法、保育法。

毕业会考各科成绩的核算方法，以学生在校各科毕业成绩（即各学年成绩之平均数）占十分之四，会考各科成绩占十分之六合并计算。按上述方法计算后，各科成绩均须及格，始得毕业；三科以上不及格者令其留级；一科或二科不及格者准其继续参加下两届该科会考两次，及格后方得毕业，如仍有科目不及格者，以后应考试全部会考科目；一科与二科不及格者准其暂行服务，等以后该科会考及格，获得毕业证后，始得有正式服务资格。这一制度严格了毕业标准，但也增加了学生的课业负担。

为了保证师范学校的办学质量，《师范学校规程》对师范学校教员的任职资格也进行了规定："师范学校教员须品格健全，其所任教科，为其所专习之学科，并于初等教育具有研究，且合于下列规定资格之一者：一、经师范学校教员考试或检定合格者；二、国内外师范大学或大学教育学院、教育科系毕业者；三、国内外大学本科，高等师范本科或专修科毕业后，有一年以上之教学经验者；四、国内外专科学校或专门学校本科毕业后，有二年以上之教学经验者；五、有价值之专门著述发表者；六、具有精练技能者（专适用于劳作科教员）。"[1]其中第一条，按照《中学及师范学校教职员检定办法》，除规定应具备一定基本资格外，幼稚师范教育科教员应接受考试或检定的课目有：儿童心理、保育法、教育测验及统计、幼稚园行政、幼稚园教材及

---

1 阮华国.教育法规［M］.上海：大东书局，1947：374.

中国幼儿教育史

教学法等。[1]

上述立法确立了南京国民政府时期幼儿师范教育制度的基本框架。

二、幼稚师范教育的发展

北洋政府时期，外国教会占据了幼教师资培养的主导地位。尽管当时幼稚师范毕业生不多，但由于幼稚园数量较少，仍然供过于求。幼稚师范毕业生大多改任小学教师。南京国民政府成立后，由于幼稚园数量增多，不仅幼稚师范毕业生全数回到幼稚园里来，甚至普通女子师范的毕业生也有很多改任幼稚园教师，"一时物色幼稚教师，比聘请大学教授还难"[2]。幼稚教育的发展相应地推动了幼稚师范教育的发展，培养师资的机关颇有如雨后春笋蓬勃生长之势，南京市教育局还与中央大学于 1928 年夏合办了一期临时暑期幼稚师范训练班。一时间，原有的幼稚师范学校和专业谋求扩展，未曾开办的地区和学校谋求增设。[3]

1935 年《师范学校规程》经修正公布后，为统筹推进幼稚教育，造就大量幼稚教育师资，国民政府曾饬令国立重庆师范学校添设三年制幼稚师范科，以带动西南地区幼稚教育的发展。1942 年 8 月又通令各省市教育厅（局）拟具逐年增设幼稚师范学校或附设幼稚师范班级计划，呈报教育部审核。之后，除特殊情况外，大部分省市都能按呈报的计划实施，有力地推动了幼教师资的培养。[4]南京国民政府时期成立的幼儿师资培养机构中，比较知名而富有特色的，除上节已经述及的晓庄幼稚师范院外，主要还有以下几所。

1　教育部教育年鉴编纂委员会 . 第二次中国教育年鉴［M］. 上海：商务印书馆，1948：369.

2　张沪 . 张宗麟幼儿教育论集［M］. 长沙：湖南教育出版社，1985：102.

3　同上：396.

4　教育部教育年鉴编纂委员会 . 第二次中国教育年鉴［M］. 上海：商务印书馆，1948：1017.

（一）集美幼稚师范学校

集美幼稚师范学校创办于 1927 年 9 月，是爱国华侨陈嘉庚在厦门创办的教育事业的一部分。该校创办的动机，一方面是适应幼稚教育发展对师资的需要，另一方面是"要集合闽南有志幼稚教育的分子，在闽南研究现代闽南的幼稚教育"[1]。

集美幼稚师范学校的学制为四年，前两年为预科，后两年为本科。学校培养幼稚园和小学低年级教师及适合时代的社会女子。预科着重于基本训练，注重语言、科学、社会、音乐、美工、健康等普通科目和儿童心理、普通教育等专业基本科目；致力于教师习惯与态度的养成。本科注重专业训练，课程侧重于幼稚教育和实际技能方面；第二学年第一学期全部安排校外实习，最后一学期侧重学生自动的学习、观察、搜集、研究、试验等工作。[2]

（二）北平幼稚师范学校

北平幼稚师范学校成立于 1930 年，是北京香山慈幼院的组成部分，聘著名幼儿教育家张雪门主持校务。

北平幼稚师范学校在教学方法上受陶行知生活教育理论的影响并对道尔顿制进行改造，强调教、学、做的结合，表现为特别注重实习。为了实现这一目标，北平幼稚师范学校将香山慈幼院原有的幼稚园作为自己的实习基地，同时添设了中心幼稚园。

北平幼稚师范学校以培养为平民服务的师资为自己努力的方向。在学校管理上注意让学生在平民化的生活中养成其基本的习惯与兴趣。让学生亲自参加创办平民幼稚园的实践。1934 年，张雪门还聘请一直追随陶

---

1 中国学前教育史编写组.中国学前教育史资料选［M］.北京：人民教育出版社，1989：323.

2 同上：322—330.

中国幼儿教育史

行知从事乡村平民教育试验的戴自俺带领学校三年级的学生与北京大学农学院合作，在北京阜成门外罗道庄开辟了"乡村教育实验区"，区内设有农村幼稚园、儿童工学团等儿童教育设施。

从 1932 年起，北平幼稚师范学校开始对北京、天津地区的不同背景的幼稚园进行调查研究，还组织京津地区的原有的各种幼稚教育研究会开展假期中幼稚园教师的补习、平时的专业咨询和书籍介绍等活动。在这过程中，以张雪门为主编写的各种幼稚教育用书和试验研究成果也相继问世，对推进我国北方，特别是京津地区幼儿教育的发展起了重大作用。[1]

抗日战争时期，北平幼稚师范学校曾辗转至桂林、重庆等地办学。

（三）江西省立实验幼稚师范学校和上海市立幼稚（女子）师范学校

江西省立实验幼稚师范学校创办于 1940 年 10 月，校址设在江西泰和县城郊文江村，泰和县为战时江西省省政府所在地。校长为陈鹤琴，创校宗旨为：培养幼稚园教师与幼稚教育的人才；实验研究幼稚教育的理论、教材教法等；进行"活教育"理论的实验。

江西省立实验幼稚师范学校开办一年后，引起各界的重视。1943 年冬，教育部同意陈鹤琴等提出的改省立为国立的要求，并于 1944 年春天付诸实施。学生来源也由江西扩大到江苏、浙江、安徽、福建、广东、湖南、湖北、河北、山东、南京等省市。学校在改成国立的同时，又设立了一个幼稚师范专修科，其目的在于培养幼稚师范学校的师资，并训练幼稚教育运动的干部。至此，学校包括专科、师范、小学、幼稚园、婴儿园等五部，并附设国民教育辅导委员会，成为最早也是当时唯一一所独立的国立幼稚师范学校。特别是幼稚师范专修科的设立，更成为培

1　中国学前教育史编写组 . 中国学前教育史资料选 [M]. 北京：人民教育出版社，1989：330—335.

养我国更高层次幼儿教育人才的开端。其目标之一便是培养幼稚教育专业的教师。

1945年抗日战争胜利后，陈鹤琴担任上海市教育局督导处主任督学，上海市政府决定创办市立幼稚师范学校，委任陈鹤琴为校长。1945年12月24日，上海市立幼稚师范学校正式开学。学校附设小学和幼稚园。1946年6月，在江西的国立幼稚师范学校专科部奉准迁到上海，在上海成立了独立的国立幼稚师范专科学校。1947年2月，上海市立幼稚师范学校更名为上海市立女子师范学校，加设普师班。这些教育机构是陈鹤琴在上海试验实施"活教育"的新的基地，也是中华人民共和国成立后上海幼儿师范高等专科学校的前身。

三、幼稚教育研究会的兴起

幼稚教育研究会的组织在南京国民政府成立前较少见。1917年，博文女学曾发起成立幼稚教育研究会，但实际存在的时间很短。1925年12月，上海养真幼稚园也曾联合其他几家幼稚园成立上海幼稚教育研究会。1927年，陈鹤琴等人在南京发起成立幼稚教育研究会，该会有如下规定。

（一）全市幼稚园教师都要加入，凡不是幼稚园教师愿意加入者亦欢迎。

（二）每两周开会一次，讨论下两周课程大纲，及过去两周所发生的困难问题。

（三）每次聚会必有指导员出席，或请有专门技术者出席指示，如自然科、社会科的专家等等。

（四）每次聚会由各个幼稚园轮流招待。

南京幼稚教育研究会一时成为各地仿效的对象，上海、北京、厦门、广州、武汉也都相继成立幼稚教育研究会，推动了教育界和一般人士对幼稚教育的重视。[1]

1929 年 7 月，陈鹤琴、张宗麟、胡叔异发起创立的中华儿童教育社在杭州宣告正式成立，陈鹤琴担任主席。该社是由南京鼓楼幼稚园、晓庄学校、中央大学教育学院等南京、上海等地的教育机构发起成立，强调"研究儿童教育，推进儿童福利，提倡教师专业精神"。中华儿童教育社一时成为联系全国幼稚教育界的总枢纽。至 1937 年全面抗战爆发前，已发展成为拥有 21 个分社，4 000 余名社员的当时全国最大的儿童教育学术团体。[2]

社团的建立直接推动了试验研究之风的形成。当时，一般幼稚园内都成立了研究会的组织，这极大地促进了教师研究兴趣的形成和专业素质的提高。

思考题

1. 结合第八章的有关内容，说明鼓楼幼稚园中心制课程组织结构的基本特点。

---

1 张沪.张宗麟幼儿教育论集［M］.长沙：湖南教育出版社，1985：396—397.

2 北京市教育科学研究所.陈鹤琴全集（第六卷）［M］.南京：江苏教育出版社，1992：703—704.

2. 试评价《幼稚园课程标准》。

3. 分析南京国民政府时期幼稚园数量有所增加的原因。

4. 晓庄学校的"艺友制"对幼儿教师培养有何现实启示？

5. 分析南京国民政府时期幼儿教育平民化运动成效不显著的原因。

中国幼儿教育史

第十章　幼儿教育家的幼儿教育思想与实践

第一节　陈鹤琴的幼儿教育思想

陈鹤琴（1892—1982）是我国现代著名的儿童教育家，是开创我国现代儿童心理和幼儿教育科学研究工作的代表人物。他的幼儿教育理论和实践主导了我国 20 世纪 20—40 年代的幼儿教育，对中华人民共和国成立后的幼儿教育也有重大的影响。

一、生平和教育活动

陈鹤琴 1892 年 3 月 5 日生于浙江省上虞县（今绍兴市上虞区）百官镇。父亲陈松年，经营祖传的一爿京广杂货店，母亲张氏。陈鹤琴为排行最小的第六个孩子，上有四兄一姊。陈鹤琴 6 岁时，父亲去世，杂货店濒临倒闭，家境困厄。

1906 年，陈鹤琴在家乡读了六年私塾之后，因姐夫陆锦川的资助进入杭州蕙兰中学学习。蕙兰中学是美国基督教浸礼会创办的一所五年制教会中学，课程除宗教科外，主要设有英语、国文、数学、史地、科学、体操等，其中科学包括动物学、植物学、生理学、物理、化学等。在蕙兰中学学习期间，他以全校起得最早、每天坚持读书达十二三个小时的勤奋刻苦的精神取得了优异的成绩。

1911 年春天，陈鹤琴考入上海圣约翰大学，半年后又转考入清华学堂高等科。清华学堂是以美国退还的庚子赔款创办起来的一所留美预备学校，其创办的历史使陈鹤琴深刻认识到国家贫弱的事实。他时刻提醒自己：庚款兴学本不是列强的恩赐，而用的是民脂民膏，"政府既然以人民的脂膏来栽培我，我如何不感激呢？我如何不思报答呢"[1]？

学习期间，陈鹤琴热心社团活动，并在校内创办了一所校役补习学校，在校外的成府村办了一所义务小学，亲任校长。他的这些课外办学活动是他献身教育事业的起点，也是近代中国国立学校的学生以义务办学的形式服务社会的开端。

1914 年夏，陈鹤琴结束了他在清华的学业，赴美留学。在轮船上，他一度为学医还是学教育产生过强烈的心理矛盾，但对儿童的挚爱使他最终下定学教育的决心。陈鹤琴在美国 5 年的留学生活前后可分成两个阶段。先在约翰斯·霍普金斯大学学习普通科，获得文学学士学位；从 1917 年下半年开始，在哥伦比亚大学师范学院攻读教育和心理。杜威（John Dewey）、孟禄（Paul Monroe）、克伯屈（William Heard Kilpatrick）、桑代克（Edward Lee Thorndike）这样一批近现代世界教育史上地位显赫的教育和心理学专家都集中在这里，他可以聆听他们的课程，也有机会和他们直接交往。陈鹤琴获硕士学位后，修习了一个学期的博士学位课程，但因 5 年留学的期限已满，便接受了南京高等师范学校的聘请，于 1919 年 8 月回国。

9 月，陈鹤琴去南京高等师范学校（后改为东南大学）赴聘，担任教育科儿童教育学、心理学教授。在南京高等师范学校任教期间，陈鹤琴

1　北京市教育科学研究所.陈鹤琴全集（第六卷）[M].南京：江苏教育出版社，1992：573.

　　　　　　　　　　　　　　　　　　　　中国幼儿教育史

积极投身到新文化运动和五四运动影响下掀起的教育改革浪潮之中，通过编译书籍、介绍西方新知学理、调查研究等方式直接影响和推动这一时期国内教育改革朝着民主和科学的方向发展。结合儿童心理学等课程的讲授，陈鹤琴对西方儿童心理学、儿童教育学研究成果进行系统介绍，并通过对长子陈一鸣的追踪研究，探索中国儿童心理发展和教育规律。

同时，他还走理论与实践相结合的道路，于1923年创办鼓楼幼稚园，进行中国化和科学化的幼儿教育试验，总结并形成了系统的幼儿教育思想。

1927年4月，南京国民政府成立。6月，陈鹤琴受聘担任南京特别市教育局学校教育课课长，教育课的管理范围包括全市公、私立中、小学，婴幼教育，师范教育等。在任职的一年多时间里，陈鹤琴主要做了两方面的工作。第一，成立了以研究股为核心，另外包括指导、编审、卫生、调查各股的教育课内部组织机构，目的在于建立一个研究风气浓厚、学术化的教育行政管理机构，借行政以研究，寓研究以行政。第二，建立了全市范围内的小学教育实验区。分全市小学为东、西、南、北、中五区，每区有实验学校一所。各区以实验学校为中心领导区内所有小学的教学工作。在此期间，陶行知创办的晓庄试验乡村师范学校于1927年9月成立幼稚师范院，陈鹤琴受聘担任院长并兼任指导员。

从1928年9月起，陈鹤琴受聘主持上海公共租界工部局华人教育处长达11年之久。在此期间，他尽心尽力地谋求租界区华人儿童教育的改良与普及，先后创办华童小学7所并附设幼稚园，创设华童女子小学1所。为了让成年工人中的文盲青年识字学文化，从1934年到1939年，他先后主持创办了4所工人夜校。陈鹤琴还依靠社会力量的支持，争取工部局给租界内140余所私立中小学以经费辅助，并在早期设立的4所华童公学内增设了华人副校长和校长。

1937年"八一三事变"以后，日军进占上海，南市、闸北、沪东、沪西很快成为战区，租界区涌入了无数妻离子散、无家可归的难民。陈鹤琴作为上海国际红十字会教育委员会主任和救济会教育组负责人，热忱地投入到难民特别是难童的教育工作中去。他组织起难民教育处，亲自制订计划、分配任务、听取汇报、安排教育、组织救济，做到所有难民收容所中都办起了小学，个别的还办起了中学。在这期间，由于他一直坚持从事抗日活动，被汪伪列入暗杀名单，经中共地下组织和工部局警务处通知，于 1939 年 10 月 26 日转移离沪。

1940 年初，陈鹤琴应江西省教育厅厅长程柏庐之邀去江西办学。3 月赴重庆参加国民教育会议。会后他谢绝了教育部提出的让他担任国民教育司长的要求，表示"要做事，不做官"，回江西筹办幼稚师范学校。陈鹤琴在江西省政府拨给的有限经费的基础上，亲自规划设计、选购建材，并组织力量开山筑路，建造校舍。他又从各地陆续聘请了一批热心教育事业、有实干精神和教学专长的教师。在战时环境下，一切因陋就简。1940 年 10 月 1 日，江西省立实验幼稚师范学校以几幢泥壁草顶的教室和宿舍为基础正式开学，陈鹤琴任校长。至 1944 年，改为国立的幼稚师范学校已发展成为一个多层次的幼儿教育和师资培养机构，也是陈鹤琴"活教育"理论的试验基础。

抗战胜利后，陈鹤琴任上海市教育局督导处督学、上海市立幼稚师范学校（1947 年 2 月改为上海市立女子师范学校）校长等职，实验"活教育"理论，并筹建上海特殊儿童辅导院，计划建成以盲、聋哑、伤残、智力障碍及其他特殊儿童为对象的综合性教育机构。

中华人民共和国成立后，陈鹤琴曾担任南京大学师范学院院长，多次出席全国政协会议。20 世纪 50 年代初，其"活教育"理论被全面否定。1958 年，他个人也受到批判，离开教育岗位。"文化大革命"开始后，陈鹤琴多次遭受冲击，下放乡村劳动。20 世纪 70 年代初，经中共中央和中共江苏省委的指示，恢复陈鹤琴的政治待遇。之后，他一直关心幼儿教育事业的发展，直至 1982 年 12 月 30 日逝世。

二、论幼儿教育的地位与作用

对幼儿教育地位和作用的深刻认识是陈鹤琴立志为幼儿教育献身的力量源泉。在其一生中，特别是在中国社会发展处在重大转折的时候，他曾多次向社会和政府发出重视发展幼儿教育的热情呼吁。1928 年，他和陶行知一起，在南京国民政府第一次全国教育会议上提出了多项关于注重幼儿教育的议案，敦促政府确立幼儿教育在学制上的正式地位，颁布有关发展幼儿教育的文件。抗日战争胜利后，针对政府撤并幼儿师范，对幼儿教育采取轻忽政策的举动，陈鹤琴及时著文《战后中国的幼稚教育》[1]，对政府的行为提出了强烈的批评。在新中国成立初期的 20 世纪 50 年代，他又利用各种机会，多次提出发展幼儿教育的建议。

陈鹤琴认为幼儿教育的地位和作用首先是由儿童身心发展自身的要求所决定的。儿童在进入幼年期后，其思想活动、社会性和情绪发展都表现出与以前大不相同的特点。在思想活动方面，幼儿期的儿童表现出好问和思考的倾向。儿童此时的好问是受一定好奇的动力驱使的，其对自然和社会的一切现象都有一种好奇和想去了解的欲望。在进入幼年期之前，儿童对于不明白的现象往往用一种主观想象的方式解释。但到幼年期之后，他们表现出不以想象为满足，而希望通过对事物的直接考察或者借助于成人的知识来获得解释，这就构成了儿童好问的强烈倾向。而后，随着年龄的增长和经验的积累，他们所关心的对象和涉及的深度也在发生变化，这从他们提问的方式中可以观察出来。

幼儿期的儿童对自己的好问特点还表现出自觉倾向，他们往往能察觉

1　北京市教育科学研究所.陈鹤琴全集（第二卷）［M］.南京：江苏教育出版社，1989：545—563.

到成人对他们喋喋不休的问语所显露的反感，有些儿童在提出很多问题之后，会对被问者说："是不是因为我问了这许多问题而使你厌烦？"在与环境的不断接触中，儿童的经验不断丰富，对环境中的形状、颜色、声音、物质等稍有熟识，逐渐有了单独和联系的观念。进入幼年期的儿童表现出这样一些特征：记忆力渐渐发展，能将各种观念遗留在头脑中；在言语发展的基础上，能够表达思想；因为思考能力逐渐发展，能运用想象使单独的经验有系统。

幼儿期的心理特点决定了这一时期是儿童在心理上的可塑性和在教育上的可教性最大的时期。陈鹤琴认为，幼儿期的儿童，"确实比任何时期的儿童容易受教，儿童从 2 岁到 6 岁，所学的事情，倘若把它统计起来，实在可惊，可以说终身使用的基本材料和工具，都在这时期里学得的"[1]。与人生全过程都密切相关的日常语言、动作技能、习惯道德都于这一时期形成，它们是否正确优良，对人们的一生产生关键性影响。有些在这一时期最容易发展的能力，如语言能力，错过了这一机会，以后发展起来就非常困难了。

幼儿期教育的主要场所是家庭和幼稚园。陈鹤琴认为，由于父母与子女之间固有的血缘关系，父母在养育子女过程中与子女之间形成的特殊而浓厚的相互情感，以及年幼儿童对家庭的依赖……决定了家庭教育为学校教育所不可替代的优越性，也决定了幼稚园教育应与家庭教育沟通配合。

通过与家庭教育的比较，陈鹤琴认为，幼稚园教育的地位和作用表现在，它不仅体现了社会进步的结果，也是促进社会进步的动力。社会劳动效益提高是以合理的社会分工为前提的。中国要想摆脱半封建半殖民地的状况，建立起基于合理的生产关系和劳动组合的社会结构，那么，

1　北京市教育科学研究所.陈鹤琴全集（第二卷）[M].南京：江苏教育出版社，1989：18—19.

以集体的幼稚园教育形式代替单个家庭教育的形式是一个重要方面。它的直接效果是减轻养育子女对工作女性的负担，为她们进入社会创造条件。这也是陈鹤琴一再强调幼儿教育要面向工农大众的出发点。他说："托儿所、幼稚园其真实的意义并不是专为贵妇们而设立的，其最大的作用，则在于方便工作妇女从事工作，使她们不致因照顾子女而忽视工作，或者因从事工作而忽视子女。中国如果要改善生产，如果要发展经济，则农村托儿所与工厂托儿所是急不容缓的工作……"[1]

这样，他把发展幼儿教育事业与国家的命运结合起来。

在对幼儿实施职业专门化的集体教养的要求下，随着社会的发展，儿童教育理论的不断丰富和科学性的不断提高，幼儿的教育越来越成为一项需要经过专门的训练和教养才能胜任的工作。父母即使有充分的时间和精力，未必就具备教育幼儿的学识和经验。[2]这是必须发展幼稚园教育以补充家庭教育之不足的另一个重要原因。

儿童社会性的发展，也说明了对幼儿实施集体教养的重要性。陈鹤琴认为，儿童对于人与人之间关系的感觉，可以说很早就发生了，但是，真正社会生活的开展，则应当是在进入幼儿期之后，即3岁左右。"以前他是独自游戏，或者看别人游戏。现在他开始对其他儿童的活动发生了兴趣，他回答他们的问题，并向他们问许多问题。接着便参加了其他儿童团体，共同来进行游戏。"[3]对于成人，以前，儿童总是采取依赖与期待的态度，要求成人给他们穿衣、吃饭，甚至给他们拿玩的东西。进入幼年期后，他们开始借助自己的力量来解决自己的事，每每对成人的帮助和干涉采取反抗的态度。而他们自己则表现出喜欢帮助其他儿童，尤其

1　北京市教育科学研究所.陈鹤琴全集（第二卷）[M].南京：江苏教育出版社，1989：558—559.

2　同上：21.

3　北京市教育科学研究所.陈鹤琴全集（第一卷）[M].南京：江苏教育出版社，1989：660—661.

是年幼儿童的倾向。[1]这表明儿童期望融入群体以及在群体中自主意识的增强。幼稚园是帮助幼儿发展其群体意识的良好环境之一。

幼儿教育的重要地位必须落实到幼儿教育的目标上。陈鹤琴将幼儿教育的目标归结为四个方面，即引导儿童在做人、身体、智力、情绪等方面都得到良好的发展。在做人方面，要使儿童形成合作服务的精神、同情心以及其他如诚实、礼貌等品质。在身体方面，主要是训练儿童养成各种达到强健体格的习惯，玩具等要能引发儿童好动的心理，培养儿童相当的运动技能等。在智力方面，主要应以丰富儿童的直接经验为主，应有让儿童充分接触自然界和社会的机会，并利用儿童的好问心引导其对日常事物的探究。在情绪方面，除应注意养成儿童乐于欣赏、快乐等积极情绪外，尤应克服儿童发脾气、作娇、惧怕等不良性格。[2]

三、论家庭教育

陈鹤琴的家庭教育思想主要集中在其《家庭教育》一书中。该书除大力倡导一种符合科学、民主、平等的时代精神的儿童观之外，突出强调的还有两点。

（一）家庭教育必须建立在了解、尊重儿童身心发展的特点和教育规律的基础上

陈鹤琴一直把了解儿童、研究儿童作为实施儿童教育的前提和基础。了解儿童包括了解儿童的喜怒哀乐，儿童的知识和思想，儿童的环境以

---

1 以上参见：北京市教育科学研究所.陈鹤琴全集（第一卷）[M].南京：江苏教育出版社，1987：660—661.

2 本段参见：北京市教育科学研究所.陈鹤琴全集（第二卷）[M].南京：江苏教育出版社，1989：23.

及由新生到成熟整个成长过程中所产生的一切变化与现象。

陈鹤琴指出："儿童不是'小人'，儿童的心理与成人的心理不同，儿童时期不仅作为成人之预备，亦具他的本身的价值，我们应当尊敬儿童的人格，爱护他的烂漫天真。"[1]在《家庭教育》中，陈鹤琴将儿童心理归纳为七个方面，作为实施家庭教育的基础。这七个方面是：好游戏、好模仿、好奇、喜欢成功、喜欢野外生活、喜欢合群和喜欢称赞。

了解与不了解儿童的心理发展特点，直接影响到家庭教育的效果。例如，谎骗是儿童群体中常发生的现象，大部分家长都希望能铲除儿童的谎骗而培养儿童的诚实，但也因为许多家长不了解儿童的心理特征而导致对儿童的不公正。陈鹤琴提醒人们，儿童常常因为怕受责罚、讥笑、得不到别人的称赞，或者怕被剥夺心爱的东西、透露心中隐藏的秘密等而向大人撒谎。对此，父母应改良自己的教育方法和儿童的环境。除此之外，有许多常被成人视为欺骗的行为其实并不真的是欺骗。幼年儿童的思维中充满着幻想，睡眠时也会出现许许多多的梦境。在儿童的记忆中，这些幻想和梦境往往与事实交织在一起。幼年儿童的思维还没有发展到清晰区分幻想与事实、梦境与现实的程度，以至于他们的某些话常常被成人误解为谎言。此外，幼儿言语表达和对词汇理解的不准确性，或时间、空间知觉的不准确、不稳定性，也会导致成人误以为儿童不诚实。

儿童的许多貌似过失的行为，往往正是儿童强烈好奇心的表现，是儿童心理特征的反映，其中蕴含着儿童的求知和创造欲望。可惜许多不了解儿童心理的父母在它们刚刚萌芽的时候就给掐灭了。比如，有一个小孩子在学堂里，听到他先生说人的脚骨折断可以再接的话，心里很以为奇怪。一回家，就把一只鸡的脚骨折断。他正在想办法要把这

---

1 北京市教育科学研究所.陈鹤琴全集（第一卷）[M].南京：江苏教育出版社，1987：9.

只鸡的脚骨接起来的时候，被他母亲看见了。他母亲就拿了一根尺向他头上乱打，而且一边打一边骂，骂完之后又打，以至于使一个既能丰富儿童知识，又可以培养儿童正确行为的机会在无情的棍棒下丧失了。

与之相反，另一位母亲则不然。她年幼的儿子看到人的头发剪掉后能很快长出来，于是决定在洋娃娃头上试一试，将洋娃娃的头剪得光秃秃的。他母亲看见后问明理由，非但不打他，反而微笑着告诉他："好好儿看着。"等到洋娃娃的头发长不出来时再和他解释长不出来的理由。

父母不仅要了解儿童的心理，还要结合心理了解儿童教育的一般原理。在《家庭教育》的第二章中，陈鹤琴用比较通俗的语言和事例介绍了关于学习的联结理论。

根据这一学习理论，陈鹤琴认为，要提供给儿童良好而正确的刺激，让儿童在优良的环境和真实的情境中自然而然地接受教育。其中，保证儿童获得正确刺激的方法就是实地施教，比如，在教儿童动物常识时，最好让儿童接触到真的活的动物，如果利用图片，图片上的画最好应形象逼真。陈鹤琴提示，家长应注意在家庭教育中运用游戏、练习的原则。在儿童的行为习惯形成方面，陈鹤琴认为，应注意第一次，不能例外。另外，要给儿童亲自做的机会。

把深入了解儿童、掌握儿童教育的一般规律作为家庭教育的前提和基础，这是陈鹤琴致力于促进中国家庭教育由经验性向科学性转化的努力之一。

（二）以积极的暗示和鼓励为主的原则

在家庭教育的诸多原则中，采用积极的暗示和鼓励是陈鹤琴反复强调的一个方面。根据儿童好模仿、喜欢称赞的心理特点，家庭教育的环境应该多给予积极的暗示和鼓励。

暗示对于教育的意义在于，利用特定的情境去影响受教育者的认识与情感。比如，当别人做好的事情或坏的事情的时候，做父母的应当以言语态度来表示赞许或不赞许的意思给小孩子听，给小孩子看："小香5岁大的时候，最不喜欢刷牙齿的；而且在未刷牙齿以前，常常要饼干糖果等东西。他父亲当他在面前的时候，对他母亲说：'静波每天早晨起来是一定要刷牙齿的，未刷牙齿以前，别人即使拿食物给他吃，他总不肯吃的。'他说的时候，脸色上表出很钦佩静波的样子，嘴里还不住的称赞他。小香在旁边听见他父亲称赞静波的话，心里也觉得很羡慕静波。"[1] 陈鹤琴认为，儿童生来是无知无识的，其是非善恶的观念是在后天慢慢形成的，父母应不失时机地利用生活中的特殊情境，对是非善恶显出一种态度，让儿童在不知不觉中受到影响。

暗示还在于创造一种情境和氛围，让儿童身临其境，甚至充当其中的角色，直接在行动中受到教育。如要培养儿童对别人的同情和爱心，当家庭成员中有人生病的时候，就要让儿童有亲自表示关切、问候的机会。[2]

体现于父母人格中的认知、情感、行为等因素对子女具有更强的暗示作用，所以家庭教育在很大程度上表现为身教意义的人格感化，家长必须做到以身作则。儿童的善恶观念薄弱、知识肤浅，而善于模仿又是儿童的基本心理特征。儿童对于所模仿的事物，往往不加选择。父母是儿童最亲近、信任、依赖的人物，所以儿童"看见他父亲随地乱吐，他也要吐吐看；看见他父亲吸烟，他也要吸吸看；或者他听见他母亲以恶言骂人，他也要骂骂看……我们成人的一举一动，一言一语，都能影响小孩子的，他看了听了之后，或立刻就要去做做看，说说看，或到了后来才做出来说出来；他所做的和所说的与我们成人所做的

1　北京市教育科学研究所.陈鹤琴全集（第二卷）[M].南京：江苏教育出版社，1989：713—174.

2　同上：818—819.

所说的不同，但却有几分是相象的……"[1] 所以做父母的事事都应当以身作则。

父母的这种以身作则体现于生活的极细微的方面。比如，有一天早晨，陈鹤琴的长子陈一鸣醒来后就吹洋号，陈鹤琴就低声对他说："不要吹！妈妈、妹妹还睡着呢！"陈鹤琴认为，这时候只能是低声地劝止，而决不能大声地喝断他。低着声本身就包含了成人的态度，就创造了一种富有强烈暗示作用的情境。

对子女教育，父母应采取同一态度。如果父母意见相左，本身就暗示儿童行为价值的不确定性，这对还缺乏鉴别能力的幼年儿童尤其有害。

暗示以一种潜移默化的方式影响儿童，有"润物细无声"的教育效果，它利用的是儿童善于模仿的特点。陈鹤琴认为，对儿童的教育还要多采用积极鼓励的方式，这则适应了儿童喜欢成功的心理。当儿童取得哪怕是一点微小的成就时，家长即给予适当的肯定和鼓励，可以加强儿童对成功的喜悦，从内心焕发出一种不可抑制的兴奋情绪，产生进一步追求能力和道德品行发展的内在心理动力。陈鹤琴说："小孩子喜欢奖励的，不喜欢抑阻的。愈奖励他，他愈喜欢学习；愈抑阻他，他愈不喜欢学习。"[2] 积极的鼓励有利于儿童在发展过程中形成进入良性循环的内在动力。

《家庭教育》反映了陈鹤琴对儿童教育的时代性和科学性的追求，但它的前提和基础又是一个成人教育尤其是女子教育的问题或者更具体地说是一个父母教育尤其是母亲教育的问题。1934年，陈鹤琴在《儿童教育的根本问题》[3] 一文中着重论述了这一主题，将家庭教育放在更广阔的视野中来考察。

1　北京市教育科学研究所.陈鹤琴全集（第二卷）[M].南京：江苏教育出版社，1989：709.

2　同上：707.

3　同上：873—878.

中国幼儿教育史

四、论幼稚园教育

（一）关于幼稚园教育的系统观点

1927 年，陈鹤琴在对鼓楼幼稚园试验进行总结之后，发表了《我们的主张》[1]一文，提出了中国幼稚园发展的十五条主张，关于其基本内容的评述如下。

1. 幼稚园要适合国情

中国幼儿教育在度过最初的起步阶段，刚刚从日本幼儿教育模式脱离出来之后，又直接受到教会和美国进步主义教育运动这两股强劲势力的影响，使得 20 世纪 20 年代初期的幼稚园基本上美国化。幼稚园故事、图画、歌曲、玩具、教材等有许多是从美国搬来，教法也模仿美国。陈鹤琴并不反对使用美国的教材教法，但他认为两国的国情不同，我们的儿童不是美国的儿童，我们的历史、文化、环境不同于美国。适合美国的教材教法，对于中国未必适用。比如，当时，熊在美国是一种习见和儿童都很熟悉的动物，因此成为有关儿童作品的常见题材，但中国儿童对熊就很陌生而不感兴趣。在幼稚园设备、玩具、教材、教法的各个方面，我们要学习其他国家，但要根据中国的国情加以改造，并开创出具有中华民族特色的幼儿教育发展之路。

2. 幼稚园应与家庭密切合作

儿童教育是一个复杂的工程，不是幼稚园和家庭任何一方所可以单独胜任的。在对儿童进行教育的过程中，家庭和幼稚园应成为互相延伸的两个方面，不仅在目标上应保持一致，而且一方对另一方的情况应了解熟悉。这一方面要求家长不能把幼稚园看作图自己省心的儿童寄放所，另一方面要求幼稚园能主动和家长联系以取得配合。

1　北京市教育科学研究所.陈鹤琴全集（第二卷）[M].南京：江苏教育出版社，1989：110—125.

3.凡儿童能够学的而又应当学的，我们都应当教他们

陈鹤琴认为，片面地把幼稚园作为儿童玩耍的地方或把幼稚园作为儿童系统接受知识的地方，都是错误的。他认为，幼稚园应该教给儿童一些知识，主要依据以下三条标准。第一，应是儿童能够学的。所谓能够学，不是指儿童花很长时间和很大精力才能学会的，不能妨碍儿童整体上身心的健康和其他方面的发展机会。第二，学习的材料应以儿童的经验为依据。第三，应是使儿童适应社会的。凡是对儿童现在和将来生活产生不良影响，为社会所不允许的知识都不应当引入儿童的教育内容。

4.幼稚园的课程应以自然和社会为中心

儿童的生活是整个的，还没有确立将不同认识对象进行归类的观念，所以幼稚园的课程不宜用过于分化的学科去组织。但是，儿童可以学应该学的东西，其学习不能散漫毫无系统，应当以一定的中心组织起来。陈鹤琴认为，适合做这种中心的是自然与社会，它是和儿童生活的两种环境相联系的。

5.课程应实行计划性和灵活性相统一的原则

幼稚园的课程须预先拟定，但临时可以变更。

6.幼稚园首先要注意儿童的健康

注意儿童的健康，一方面是为儿童和国家的将来着想，有强身、强种、强国的意义；另一方面是为了儿童现在的发展，因为幼儿的智力和品行直接和他们的健康有关。健康的儿童不仅思维动作敏捷，而且容易养成愉快活泼的情绪和乐于助人的习惯。幼稚园应该预防常见传染病的流行，应该注意加强卫生检查，引导儿童进行充分的体育锻炼。

7.幼稚园应注意帮助儿童养成良好的习惯

人类的动作十之八九是习惯，而习惯大部分又是幼年养成的。早年形成的习惯有好有坏，好的习惯终身受益，坏的习惯终身受累。习惯有动作的、行为的和思想品德的。幼年养成的习惯，是人一生人格的基础。

习惯的养成重在开始，坏的习惯养成后，纠正起来就格外困难了。

8. 幼稚园应特别注重音乐

儿童是喜欢音乐的，到三四岁的时候，儿童唱歌的能力发展特别快，对音乐的兴趣也特别浓厚。为了满足儿童的音乐兴趣和发展他们的音乐能力，应特别注意音乐的教学。音乐可以陶冶人的性格和感情，唤起人们的团结爱国和奋发进取的精神。

9. 幼稚园要有充分适宜的设备

幼稚园设备是儿童活动的工具和获取经验的中介，教师借此调动儿童的兴趣和积极性。设备不仅要充分而且要适当，要能起到刺激起儿童兴趣，发展儿童肌肉和思想的作用，还要注意安全因素。

10. 应采用游戏式的教学法

游戏就是儿童生活本身。活动以游戏的方式进行，就能激起儿童强烈的兴趣。所以，采用游戏式教学法符合儿童的心理特征，儿童也学得快，学得好，印象深刻。要让儿童在游戏中不知不觉地学到东西，寓教于乐。

11. 儿童的户外活动要多

陈鹤琴认为，"幼稚园"一词本来就是"儿童的乐园"的意思，就是要让小孩子在里面自由活动，随意游玩，呼吸新鲜空气和享受天然美景。不仅户外新鲜的空气、明亮的日光、开阔可供活动的空间是儿童健康强身和养成愉快活泼精神的要素，且其中的飞鸟走兽、闲花野草以及其他种种天然的实物都是丰富儿童经验知识的好材料。

12. 幼稚园应多采用小团体的教学法

幼稚园儿童的年龄不齐（当时，幼稚园还未实行按年龄分班制），身心发展情况不同，兴趣各异，因此，陈鹤琴主张要根据不同情况对儿童多实行小团体教学。陈鹤琴特别强调其中的年龄因素，主张"大的为一班，小的为一班"，这是我国幼儿园按年龄分班制的早期形式。

13. 幼稚园的教师应当是儿童的朋友

教师和儿童做朋友，可以使儿童更容易亲近教师，乐意接受教师的熏陶。另外，教师也可以在与儿童同游玩、共生活中加深热爱儿童的情感，了解儿童各自不同的秉性、能力和兴趣，为更方便地教育儿童准备情感与认识的基础。

14. 幼儿教师应有充分的训练

陈鹤琴认为，幼稚园时期的儿童具有以下两个明显特点。第一，处在一个身心发展神速的年龄阶段，年龄相差一两岁，其智力、知识、能力、品行发展水平就有明显的不同，且其注意力难以长时间集中。这对幼儿教师教学的艺术性，根据不同儿童调整教学方法的能力提出了较高的要求。第二，幼稚园时期是人生基本习惯初步形成的时期，这时候形成的习惯往往成为人的第二天性。好的习惯有赖于教师培养，坏的习惯有赖于教师纠正。如果教师的基本技能不准确，儿童模仿后形成不良的习惯，将影响其终身。陈鹤琴认为，幼儿教师应在两个大的方面得到充分的训练，一方面是基本技能，包括唱歌、弹琴、绘画、语言等方面；另一方面是知识，要有丰富的自然和社会常识以及儿童心理知识。

15. 幼稚园应当有种种标准可以随时考察儿童的成绩

陈鹤琴认为，幼稚园应该根据儿童可以达到的程度制订出品行、习惯、技能、知识等各方面的标准。这些标准是教师对儿童提出要求，考查儿童进步程度并依据考查结果有针对性地对儿童实施教育的根据。

这十五条主张是陈鹤琴对鼓楼幼稚园试验成果的初步而全面的总结，其以概括、明了的条文形式系统地提出了中国化幼稚园的办园思想。

（二）幼稚园的课程与教法

在上述十五条主张中，已有关于课程和教法的基本观点。因课程是幼稚园活动的核心，陈鹤琴的论述也特别丰富，故在此另目进一步申述。

概括陈鹤琴对幼稚园课程的整体论述，重视生活和儿童的中心地位是两个基本原则。

从生活原则出发，陈鹤琴认为，幼稚园的课程主要是帮助儿童更好地适应目前的生活，而不是做将来生活的预备。幼稚园的课程要从儿童的实际生活与经验里提炼出来，不能把幼稚园生活和儿童实际的生活分成两截——儿童走进学校是一种生活，走出学校大门又换了另一种生活。这里，陈鹤琴所说的儿童生活与经验，不是指属于狭隘的单个儿童的生活与经验，而是指属于儿童整体的具有儿童特征的生活与经验。陈鹤琴在这里特别表明的是，儿童的生活和经验天地与成人不同。不能用成人的观念去理解儿童。

儿童在整体上所表现的生活和经验特征，还因国家、民族、文化背景和地域的不同而有所不同。这是因各种因素所构成的不同社会情形决定的。美国的与中国的不同，我国黄河流域的社会情形和长江流域的不相同，五六年前的社会情形和现在又不相同。所以，"不能把外国的课程搬移到中国来直接应用，也应该知道在一国之中所定的课程也不是一成不变的"[1]。一国之中除应该有反映国家民族特色的全国统一的课程大纲之外，各地还可以因时因地有所变动。

陈鹤琴强调生活原则，是指幼稚园的课程不能脱离当时当地儿童在整体上表现的生活和经验特征，但并不是说要服从儿童目前的个体的经验，而是要"用适应目前生活需要的方法，去达到将来生活中必会出现的事情"[2]。陈鹤琴认为，不进幼稚园的儿童，也天天在受教育，但这种教育局限在儿童个体日常生活的狭隘的经验基础上，"教育的刺激，是在日常所有的刺激以外，再加上许多不是在一处地方所能接受得到的。所谓搜罗

---

1 北京市教育科学研究所.陈鹤琴全集（第二卷）[M].南京：江苏教育出版社，1989：42.

2 同上：41.

各地方之特别事物来刺激儿童，使儿童能因之生出种种新需要，教师再设法来适应他们的新需要"[1]。

幼稚园课程应遵循的另一个原则即从儿童自身出发的原则。如果说幼稚园课程根据的是儿童的生活与经验，不是成人生活的准备，那儿童的中心地位也就得到了坚持。但它还包含另外一层意思，即要适应个别不同兴趣与能力的儿童，要考虑儿童的不同个性。这就要求幼稚园的课程要富有弹性和灵活性，让儿童可以在教学中朝多种方向去活动，可以随他们自己的个性去转移。

由于陈鹤琴认为幼稚园活动必须以儿童的生活和经验为基础，但又不是儿童个体经验的简单重复和延续，所以他反对两种极端的幼稚园课程组织方法。一种是把儿童从入园到毕业的课程，每小时都计划得很周到；另一种是不做任何计划，废弃一切组织，完全以临时的各种生活为主体，以为这样就是适应儿童的需要，就是以生活为中心的教育。陈鹤琴认为："教育是有目标的，是按计划去达到目标的工作，毫无组织的做法，试问教育的目标何在？"[2]幼稚园的课程究竟应该如何组织，陈鹤琴认为，它的基本原则是："要有目标，又要合于生活。"[3]

这种"要有目标，又要合于生活"的课程组织法，后来被陈鹤琴概括为"整个教学法"。通常，幼稚园的课程教学将社会、自然、图画、手工、唱歌、游戏、故事、卫生等分得清清楚楚，不相混合。陈鹤琴认为，这是违反儿童生活和心理的。儿童生活是整个的，他们还没有学科分化的概念，幼稚园课程的各科仅仅是儿童活动的形式，但不一定能反映儿童实际生活的内容。陈鹤琴认为，分科教学是一种针对知识程度高、理论系统性强的大学学科的教学法。对于还没有完全将学习任务从生活中

1　北京市教育科学研究所.陈鹤琴全集（第二卷）[M].南京：江苏教育出版社，1989：43.

2　3　同上：44.

　　　　　　　　　　　　　　　　　　中国幼儿教育史

区分开来的幼小儿童，只适宜采用"整个教学法"，"就是把儿童所应该学的东西整个地、有系统地去教儿童学。这种教学法是把各科功课打成一片，所学的功课是无规定时间表的，所用的教材是以故事或社会或自然为中心的，或是做出发点的；但是所用的故事或关于社会自然的材料，总以儿童的生活、儿童的心理为根据的"[1]。

从生活和儿童出发，不仅表现在课程内容和组织上，还表现在教学方法上。陈鹤琴认为，幼稚园的课程应该游戏化。儿童是以游戏的方法来生活的，他们还不能把学习和游戏严格分开，总是把上课的任务当作游戏来完成。他们感兴趣的是活动过程本身，而对活动所要完成的任务和要达到的目的往往并不明确。如果活动的过程不能引起儿童的兴趣，仅仅是以活动的目标去要求他们，儿童往往就缺乏工作的动力。要使活动过程有趣，最有效的方法就是使活动过程游戏化。陈鹤琴正是从儿童的这一心理特点出发的。[2]

根据陈鹤琴"整个教学法"的原则，幼稚园的课程是不应该分科的，但他所谓的不分科是反对把故事、图画、游戏、唱歌、手工等完全割裂开来，而是要求各科以不同的活动形式在表达共同活动主题时建立起有机联系，使它们所表现的内容融为一体，最终归于儿童的生活。

五、"活教育"理论

"活教育"作为一种理论形态，诞生于 20 世纪 40 年代初，以后不断地得到丰富和发展，围绕着"做人，做中国人，做现代中国人""大自然、大社会，都是活教材""做中教，做中学，做中求进步"的三大基本观点

1　北京市教育科学研究所.陈鹤琴全集（第二卷）[M].南京：江苏教育出版社，1989：224—225.
2　同上：35.

不断地阐述和完善，到 20 世纪 40 年代末，成为了一个结构相当完整，内容丰富的教育理论体系。

上面提及的三大基本观点是分别作为"活教育"理论的目的论、课程论和教学方法论提出的，其中最能反映"活教育"理论特点的是课程论和教学方法论部分。

(一)"活教育"的课程论

"大自然、大社会，都是活教材"，这是"活教育"课程论最概括的表述。陈鹤琴关于这一方面的论述是从对书本主义的传统教育的批判开始的。他认为，传统教育中人们的观念被书本严重地束缚住了。"学生在学校肄业，称为读'书'。教师授各种学科，又称为教'书'"[1] 结果是大家把"书"当成了唯一的教育材料，把"读书"和"教书"当成了学校教育的全部内容。

究竟传统书本教育与儿童应该获得的知识之间存在怎样的关系呢？陈鹤琴认为，"活教育"要把儿童培养成为现代生活的人，它必须逐渐扩大和丰富儿童对自然、社会的了解，而这又必须以儿童现有的生活经验和儿童的兴趣做根据。但是，传统的书本主义教育要么严重脱离了自然、社会和儿童的生活，把学校与社会、自然隔离，把学校变成"知识的牢狱"；要么即使使用了反映自然、社会、生活内容的书本材料，也由于僵化的编写形式，与事实严重脱节的插图、文字，不仅不能给儿童准确的知识，反而给儿童许多错误的观念和印象。书本主义的传统教育限制了儿童的视野，束缚了儿童的思想，"把一本教科书摊开来，遮住了儿童的两只眼睛"[2]。

---

1 北京市教育科学研究所.陈鹤琴全集（第四卷）[M].南京：江苏教育出版社，1991：364—365.

2 北京市教育科学研究所.陈鹤琴全集（第五卷）[M].南京：江苏教育出版社，1991：80.

陈鹤琴认为，书本上的知识是间接的、形式化的，只有大自然、大社会才是知识的真正来源，是活的书、活的教材。陈鹤琴以大自然、大社会作为"活教育"的教材，一方面因为大自然、大社会就是知识的来源，其提供给儿童的知识是最生动直观，最形象鲜明的，避免了任何形式化的环节和人为的扭曲，便于形成儿童对事物的正确观念；另一方面，通过自然、通过社会，切合儿童生活的教育也是最能激发儿童兴趣的教育。儿童喜欢到大自然、大社会中去活动。大自然、大社会就是儿童自己的世界，是儿童自己生活的环境。直接拿儿童熟悉的事物来作为教材、教具，被认为更有利于促进儿童对生活的理解，从而提高学习的兴趣和效率。

　　必须说明的是，陈鹤琴并没有否认书本在教学中的地位，更没有完全摒弃书本。他认为，如果恰当地用作参考资料，书本是有用的，但不应像过去那样，把书本作为学校学习的唯一材料。陈鹤琴所强调的无非是大自然、大社会作为知识的本原地位。"活教育"的课程论并不排斥书本，但是书本应是现实世界的写照，应能在自然、社会中得到印证，并能反映儿童的生活和身心发展规律。要让自然、社会、儿童生活和教育内容成为一个有机联系的整体。

　　既然"活教育"的课程来源于自然、社会与儿童生活，那么课程的组织形式也必须符合儿童生活自身的形式，符合儿童与自然、社会接触、交往的形式。儿童的生活是一种活动，儿童是以活动的形式与自然、社会交往的。所以"活教育"的教材采用活动单元的形式编写，课程以中心活动的形式进行组织。为此，"活教育"打破了习惯上按学科安排课目的课程体系，而代之以能体现儿童生活整体性和连贯性的"五指活动"，它们包括：儿童健康活动，儿童社会活动，儿童科学活动，儿童艺术活动，儿童文学活动。

　　以学科为标准的课目被打破以后，儿童活动代替课堂教学成为学校教育的基本形式。儿童活动是没有课内和课外之别的，所以"活教育"的活动只分室内室外，不分课内课外。为保证儿童活动的连续性，"活教育"课程没有分节的时间表，而是以儿童活动本身的需要来决定时间的长短。陈鹤琴指出："五指活动的目的是在培养儿童的理想生活。"[1]它之所以被称为"五指活动"，是因为这"五种活动正像一只手的五个指头，各个指头相互联结构成一个整体"[2]。"活教育"总的目标是要把学校教育的环境安排得更像生活的环境。

(二)"活教育"的方法论

在教育的方法论方面，陈鹤琴提出了"做中教，做中学，做中求进步"的口号，以此作为"活教育"教学方法论的基本原则，既体现于知识教学过程中，也体现于儿童道德的培养上。

在生活教育方法论体系中，"做"有两个被特别强调的意义：其一是对儿童在学习过程中以主体地位亲自参与活动的强调；其二是对直接经验的强调。首先，"做"是为了确立学生在教学活动中的主体地位。积极、主动、自觉的心理状态是学习的最佳状态，教学中学生的身心参与程度直接影响到他们对技能知识的掌握和理解的熟练深刻程度。怎样调动起儿童的积极性？"活教育"十分注意的一点就是"做"。"做"是身心的积极参与，儿童在做某件事情的时候，必须投入目的性注意，必与事物发生直接的接触，促使他们去了解事物发生发展的过程，认识事物的性质。"'做'这个原则，是教学的基本原则。"[3]陈鹤琴指出："凡是学生能够自己做的，你应该让他自己做。"[4]"凡是儿童自己能够想的，应当让他自己想。"[5]"你要儿童怎样做，就应当教儿童怎样学。"[6]

其次，重视教学中的直观性和感性经验。"活教育"对感性经验的强

---

1 2　北京市教育科学研究所.陈鹤琴全集（第六卷）[M].南京：江苏教育出版社，1992：303.

3 4　北京市教育科学研究所.陈鹤琴全集（第五卷）[M].南京：江苏教育出版社，1991：76.

5　同上：77.

6　同上：79.

调实则超出了一般教学原则的要求，具有课程论的意义。在"活教育"理论中，"实验观察"是教学过程的第一步，又是一条重要的教学原则；"大自然、大社会，都是活教材"，不仅作为教学的原则方法强调，更是课程论的核心原则。陈鹤琴指出："活教育"的教学，以实物作研究对象，以书籍作辅佐参考。换句话说，就是注重直接的经验。[1]

另外，活教育还提倡教学的兴趣化，重视教学中儿童之间的相互启发作用，提出了"儿童教儿童"的方法。

陈鹤琴的"活教育"理论是作为一种普遍的教育理论提出的。但是，这一教育理论从他的幼儿教育理论中吸取了丰富的营养，有些原则方法甚至是对其幼儿教育实验成果的直接继承。从提倡幼稚园课程要"用自然、社会为中心"，采用各科打成一片的"整个教学法"，到"大自然、大社会都是活教材"和相互联系的"五指活动"；从以主题活动方式实施的幼稚园教学模式，到"做中教，做中学，做中求进步"的方法论……其中呈现出明显的前后相承的关系。事实上，"活教育"在当时的试验、实施对象也只限于幼稚园至小学六年级的儿童以及幼儿师范学生。因此，"活教育"理论的一些原则和方法对于幼儿教育、初等教育，以及在知识结构上要求吻合学前儿童认知模式的幼儿师范教育来说，更显出其合理性。

第二节　张雪门的幼儿教育思想

张雪门（1891—1973），我国现代著名的幼儿教育家。20世纪二三十年代，他主要在京津地区从事幼儿教育活动，影响遍及我国北方各省。

1　北京市教育科学研究所.陈鹤琴全集（第四卷）[M].南京：江苏教育出版社，1991：366—367.

在当时的幼儿教育界，张雪门和陈鹤琴被并称为"南陈北张"。1946年，张雪门应邀赴台后长期留居台湾省，对我国台湾的幼儿教育发展有重大影响。

一、一生痴迷幼儿教育

张雪门生于浙江鄞县（现为宁波市鄞州区），幼年从塾师读"四书""五经"，后毕业于浙江省立第四中学（现为宁波一中），1912年任鄞县私立星荫小学校长。1918年，他应蔡琴孙之聘，创建私立星荫幼稚园，并任园长。1920年4月，他又和宁波市其他几位教育界人士一起创办了一所二年制幼稚师范，名为"星荫幼稚师范"，任校长。在这期间，他不仅对宁波附近的幼稚园进行了认真考察，1919年又作为江苏教育参观团的成员之一，考察了上海、南通、无锡、苏州、南京等地的幼儿教育。当时幼稚园教育中普遍存在的日本化和宗教化倾向引发了他对中国幼儿教育发展方向的思考。

也就在1920年，张雪门应聘到北京孔德学校任小学部主任，使他有较多机会参观京津一带的幼稚园，比较南北幼稚园教育的不同风格。1924年，他去北京大学注册课担任职员，同时进入北京大学教育系学习。当时，北京大学有教育学会，主要是引导学生利用课外时间参加各种教育问题的研究。1925年，张雪门利用教育学会改组的机会，在北京大学校刊上登启事，征求共同研究早期儿童教育的同志，得到了很好的回应。但是，早期儿童教育研究小组成立后，指导教师所开的中西书目中竟没有涉及学龄前儿童教育的。

失望之余，张雪门在一次参观博氏幼稚园后，偶然地在包花生米的纸张上发现了福禄培尔讲义的残页。他以此溯源，竟得到布洛夫人所著的福禄培尔《母亲游戏》的注释本，他爱不释手，随身携带遇空研读，又接受北京大学教育系主任高仁山教授的建议，开始整理《母亲游戏》的辑要，于1926年在《晨报》副刊上分期发表。他曾向高仁山表达了他终生从事幼稚教育的志向：计划用一年时间研究福禄培尔，一年时间研究蒙台梭利，再用一年时间研究世界各国的幼稚教育，然后以毕生工夫来研究我国的幼稚教育。不久，他的译著《福禄培尔母亲游戏辑要》和《蒙台梭利及其教育》相继问世。同时，他开始详细调查北京的风物礼俗，根据时令变化所引起的自然和人事的变化，从儿童的实际生活出发，拟定了一份适合我国北方特别是京津地区的"幼稚园第一季度课程"。这引起了幼教界的注意。

1928年初，张雪门和几位朋友发起成立了一个幼稚教育研究会，并参与恢复艺文中学（原为高仁山首创并任校长，高被捕后停办）的工作。同年秋，孔德学校开办了幼稚师范科，张雪门主其事，他提出"骑马者应从马背上学"的口号，实行学做结合的方针，采取半日授课半日实习的教学措施，实习场地除一所自办的幼稚园外，又另借了一处蒙养园（当时"蒙养园"已演变为对托儿所的通称）、一处幼稚园。不久，他参与创立的艺文幼稚园也作为实习场所。

1930年，张雪门应香山慈幼院院长熊希龄之聘编辑幼稚师范丛书。当年秋天，张雪门在香山见心斋开办北平幼稚师范学校并任校长。北平幼稚师范学校在张雪门的主持下，从师资教育着手，进行幼儿教育的改革试验，逐渐成为20世纪30年代中前期我国北方幼儿教育改革的试验研究中心。

1937年"卢沟桥事变"后，日本侵略军进入北平，张雪门不得不离开他一手创立的事业，恋恋不舍地前往上海。在上海，他与熊希龄商定，将北平幼稚师范学校迁往湖南长沙。到达长沙后，长沙的战事日见紧迫，又决定迁到广西桂林。

经过艰难的筹划，1938年2月，幼稚师范学校在桂林东华门大街成立，之后曾疏散至三江县。在桂林的四年中（1942年，张雪门曾前往陕西城固西北师范学院讲授儿童保育课程），学校共招收六个班级的学生，使得当时广西全省99个县1个市均有从该校毕业的学生，为广西幼教事业发展作出了突出贡献。

1944年，幼稚师范学校由广西迁往重庆，在张雪门的主持下，进行了儿童福利制度的实验。张雪门组织了师范生辅导委员会，并招收战时儿童保育院毕业的女生进行保育员训练，为推广儿童福利制度做准备。为适应抗战时期的需要，他把对学生的教育归结为六个方面：第一，初步的自觉性情的培养；第二，初步的自觉习惯的培养；第三，初步的自治训练；第四，初步的自理生活；第五，初步的自卫锻炼；第六，初步的集体组织。他克服种种困难，先后成立了儿童福利分会和禹王宫、文昌宫、水口寺、天马山四个幼儿团作为试验机构。

抗战胜利后，张雪门于1946年1月返回北平，致力于北平幼稚师范学校的恢复工作。因原校址此时已被女三中所占，他为幼稚师范学校校址问题终日奔波，但历经半年，却无着落。此时，恰逢台湾民政处电邀他赴台办理儿童保育院，张雪门于1946年7月离京赴台。

经过张雪门的努力和热心人士的赞助，至1949年，其创办的台湾育幼院成为了包括育婴院、幼稚园和小学在内的比较完整的儿童保育机构，其招生对象主要是贫、孤、弃儿。随着育幼院规模的扩大，工作越来越繁重，张雪门不幸患上了眼疾，1957年初，他不得不离开工作七年之久的台湾育幼院，但他的身心一直没有离开幼教工作。特别令人敬佩的是，在他罹患疾病，身体逐渐虚弱的情况下，仍然笔耕不辍，写出了《幼稚园课程活动中心》《幼稚园行为课程》等幼教专著，甚至在半身不遂、眼睛几乎失明、手脚失灵、耳朵失聪的情形中，对他一生的幼儿教育实践进行了理论总结，直至1973年病逝。

二、论幼儿教育的目的

张雪门关于幼儿教育目的的认识有一个发展过程。

在写于 1928 年至 1929 年间的《幼稚园教育概论》一书中，张雪门明确表示："幼稚教育的目的，应完全以儿童为本位；成就儿童在该时期内心身的发展，并培养其获得经验的根本习惯，以适应环境。"[1] 尽管此时他不否认幼稚园阶段的教育与社会的现实需要以及儿童未来生活有密切的关系，但是他从幼儿身心发展的特点出发，反对把幼稚园教育变成"预备将来"的教育，或者灌输超过儿童经验范围的社会观念。总之，幼稚园教育的目的就是让儿童的身心得到健康的发展，让儿童获得适应当前环境的习惯和经验。他强调，在幼儿时期，"满足个体的需要，实甚于社会的希求"[2] "注意现在即是进展将来"[3]。

张雪门的这一认识和当时流行的实用主义教育理论中的"儿童中心主义"有密切的关系，也是当时中国幼儿教育思想的主流观念。

这一观点在他 1930 年发表《幼稚园研究集》时，发生了明显的变化。他在该书自序中写道："在起初我仅承认儿童为一切的本位……近一年来，我的心，从我的文字上渐倾向于社会的需要；似乎抛去了社会而空谈儿童的心身，教育总要落空的，其结果恐怕和抛开了儿童专注将来的社会以至毁坏了儿童现时的生活有一样的危险。明白地说，我现时的主张，相信将来社会和现时儿童是应有联系的，教育便是联系的过程。"[4]

1931 年"九一八事变"后，东北沦陷，日本帝国主义步步深入，威

---

1 戴自俺.张雪门幼儿教育文集［M］.北京：北京少年儿童出版社，1994：337.

2 同上：342.

3 同上：336.

4 同上：65.

逼华北。面对深重的民族危机，历年来帝国主义加紧压迫、内战灾害频仍、民不聊生、中华民族苦苦挣扎的事实一起涌上心头，张雪门的思想有了更重大的发展。他认为，在民族危难的关头，"儿童本位的学说已不能适应我国目前的国情及时代的需要"[1]。他提醒从事幼儿教育的人们："须知今日这样小的儿童，就是将来伟大的民族。我中华未来的主人翁生命上第一步的建设，全在我们的掌握中。——莫忘了中国现在的社会！"[2]

同时，他提出以改造民族为目的的幼儿教育，并拟定了四项目标："铲除我民族的劣根性；唤起我民族的自信心；养成劳动与客观的习惯态度；锻炼我民族为争中华之自由平等而向帝国主义作奋斗之决心与努力。"[3] 他指出，通过幼稚园中打球、掷环、浪床、秋千等活动，打下儿童军事训练的基础；借用儿童故事中的歹角，如巨人、女巫等来形容帝国主义者，唤起儿童对侵略者厌恶憎恨的情感；教唱"打倒日本"的儿歌。这一民族改造的幼儿教育首先在香山和艺文幼稚园试行，并逐渐扩大到北平、天津以及河北等省市。

在这以后，张雪门又对我国清末发展社会性幼儿教育机构以来出现的不同目的的幼儿教育进行了分析，归纳为四种。第一种，以培养士大夫为目标的幼儿教育。清末仿效日本办理的蒙养院便属于这类。它们一般有比较齐全的设备，和小学一样分科组织的课程；采用注入式的教学方法；管理比较严格，但只要儿童"顺从"而不必动手，脱帽、穿衣、分点心等事，都有校役侍候。这种幼儿教育，目的是更早、更好地将儿童培养成所谓的"劳心者"。第二种，宗教本位的幼儿教育。实行这种教育的基本上是教会所办的幼稚园，以培养虔诚的宗教信徒为目的，一般采用福禄培尔式的设备和方法。第三种，儿童本位的幼儿教育。这种幼

1　戴自俺.张雪门幼儿教育文集［M］.北京：北京少年儿童出版社，1994：176.

2　张雪门.新幼稚教育［M］.上海：儿童书局，1934：54.

3　戴自俺.张雪门幼儿教育文集［M］.北京：北京少年儿童出版社，1994：471.

教育深受欧美进步主义教育观念的影响，在具体实施时采用中心主题、各科相互联系的形式组织教材，活动时充分照顾儿童的兴趣和自由，给儿童自主、自动的机会。张雪门认为，其不足是一味强调儿童现阶段身心的发展，忽视引导儿童对中华民族所处的现实社会环境的理解。第四种，以改造中华民族为目标的幼儿教育。这是张雪门所倡导的。他认为，中华民族贫弱的原因主要在于国内封建势力未曾铲除，而国际上帝国主义的侵略日益加甚。幼儿教育应在儿童可塑性最大的这个时期内加以正确的指导，先入为主，对其一生产生影响，培养儿童形成参与国民生产的习惯、团结的能力、客观的态度、自动的精神，并唤起他们民族的意识和反对帝国主义的情绪。[1]

到 20 世纪 30 年代中期，上述四种幼儿教育，第一种和第二种在实践中虽未能肃清其残余，但在理论上已很少有市场。而儿童本位的幼儿教育则方兴未艾，成为当时指导幼儿教育实践的主流学派，因此也成为张雪门批判的主要对象。南京国民政府时期颁布的《幼稚园课程标准》表现了明显的儿童本位倾向。1936 年，《幼稚园课程标准》经重新修订并颁布，张雪门著文对其进行了批评，认为其提出的幼儿教育总目标是"好像教育除了为满足儿童这一阶段身心的健康和快乐以外，更没有别的目的"[2]"是因为迷恋于幼儿的现阶段，所以忽略了启迪全民的宗旨"[3]。

三、论幼稚园课程与教法

张雪门一生都非常重视幼稚园课程的研究，但其基本观点变化不大，现作简要介绍。

---

1 戴自俺 . 张雪门幼儿教育文集［M］. 北京：北京少年儿童出版社，1994：444—446.

2 3 同上：526.

（一）编制幼稚园课程的指导原则

张雪门认为，幼稚园课程应紧密围绕儿童的生活经验这个中心，所以幼稚园课程的编制必须根据儿童的生活经验。

1. 整体性原则

儿童的生活经验是一个整体，儿童心目中并没有学科分类的观念。儿童"看宇宙间一切的一切，都是整个儿的"[1]，一切引起他们注意的事物，儿童都把它作为自己的生活看待。儿童不仅对自然界和人事界没有明确的区分，他们有时甚至将自己也融入所研究的对象之中。当儿童模仿鸟在空中飞、鱼在水中游的时候，他们的身心便和所模仿的对象合而为一了。此时，模仿已"不是客观的研究，而是生命的直接表现"[2]。所以，幼稚园的课程不能像小学至大学那样分成国文、数学、地理、生物等学科，各有各的时间，各有各的统属；而应打破学科的界限，让各种科目都变成儿童整体生活的一面，构成一种有意义的整个活动，完整表现儿童的生活。[3]

2. 偏重直接经验的原则

就一般意义来说，张雪门认为，课程源于人类的经验，"只为这些经验对于人生（个人和社会）有极大的帮助，有特殊的价值，所以人类要想满足自己的需求、充实自己的生活，便不得不想学得这些经验"[4]。经验又分为自然经验（直接经验）和间接经验两种，直接经验具有生动、切实的特点，但和间接经验相比显得零碎，属于简单常识层次，而非高深专业的层次，教与学的效率都比较低。一般中小学的课程多偏重于间接经验的传授，但幼稚园则应以获得直接经验为主。幼稚园为什么要偏重

1　张雪门.幼稚园教育概论［M］.上海：商务印书馆，1948：26.

2　戴自俺.张雪门幼儿教育文集［M］.北京：北京少年儿童出版社，1994：342.

3　同上：474.

4　同上：338.

直接经验？张雪门认为：直接经验就是儿童和环境直接接触而生的经验，"儿童从自己直接的生活，发现学习的动机，是非凡的自然。其学习也，不论尝试，不论直接参与，不论模仿，都有切实的内容"[1]。间接知识的传授一般要借助文字和语言，儿童基本不具备读写能力，也不具备成熟的语言表达及理解能力，因此不可能接受大量的间接经验。更重要的是，直接经验是间接经验的基础，幼儿阶段掌握丰富的正确、切实的直接经验，也是突破直接经验，进一步扩充儿童生活学习范围的前提。

3. 偏重个体发展的原则

教育在引导个体身心健康发展的同时，也要培养受教育者成为符合特定社会要求，具备特定社会观念的一分子。张雪门称前者为个体的需要，后者为社会的需要。但他认为，在幼稚园阶段，教育应偏重个体身心发展的目标。张雪门关于这一原则的认识有一个发展过程。在 1929 年以前，他是一个儿童本位主义者，认为 6 岁以前的儿童所接触的社会是十分狭小的，编制课程时，虽不能完全忽略社会的希望和要求，但主要应满足儿童的现实需要，发展儿童符合现实需要的能力。20 世纪 30 年代以后，张雪门提出改造中华民族的幼稚教育目标，开始注意在课程中注入其民族改造的观念。不过张雪门指出，应采用适当的方法将社会需要和儿童的身心特点衔接起来。[2]

张雪门提倡的幼稚园课程组织方法和当时流行的中心制或设计教学法没有什么大的区别。其组织方法为按照每月节气的变化，考察当时生活环境（不论自然环境与社会环境）中将会出现的事物，如动物、植物、自然现象、节令、纪念日、家庭、农作、店铺、职工、公共机关、学校、风俗、疾病、游戏等，从中挑选与儿童接触较多、联系范围较广、合于

---

1 戴自俺. 张雪门幼儿教育文集［M］. 北京：北京少年儿童出版社，1994：343.

2 同上：472.

国情和时代需要的四至五个，作为逐月课程的中心主题。"按照每个的中心再来收集和这些中心有关系的文学上、游戏上、音乐上、工作上的材料，编成预定的教材，而且这些教材也都要经过儿童和社会两方面所需要的标准去考核。"[1] 张雪门认为："这种中心，既属应时，比较容易引起儿童学习的动机；且范围又广，临时的增减也很自由。每种作业，都和大中心联络，且每种又自成段落，儿童因随时换新，不至于厌倦，注意力也易于集中了。"[2]

(二) 幼稚园课程的教学方法

20 世纪 50 年代后，张雪门曾以"行为课程"来概括自己幼稚园课程的基本理论，并有专著进行论述。其中"行为"一词突出表达了张雪门的幼稚园教学思想。所谓"行为"，即是"行动""活动""做"的意思，旨在强调幼儿必须通过行为来学习，"在做中学"。

儿童的心理特点决定了他们在幼稚园时期以获得直接经验为主，而直接经验是个体与环境直接接触而生的经验，儿童也只有亲自去行为，去做，才能和环境真正接触。"课程未经行为的活动，其所得到的经验，不过是表面的机械的，决不是有机的融化。"[3]

所谓行为也并不是简单的外部动作，而是要做到劳力和劳心的结合，在劳力上劳心。张雪门认为："如果儿童从课程里所得到的，只有运动一面的习惯，虽然能够使他做事有一种敏捷的利益；但不能发生兴趣，并不能使他明白意义与究竟。"[4] 所以，他要求在充分让儿童活动的同时，也要注意在儿童活动中尽量融入智能和感情的因素。

---

1 戴自俺.张雪门幼儿教育文集 [M].北京：北京少年儿童出版社，1994：475.

2 同上：343.

3 同上：129.

4 同上：130.

幼稚园的课程主要就是儿童围绕中心主题所进行的活动，但这种活动也不是放任的活动。教师必须通过自己的指导和帮助，将儿童的活动纳入正确的轨道。指导可有多种，如计划的指导：根据儿童活动的具体情况适当调整事先的设计，在儿童之间分配活动机会，免为少数聪明儿童所垄断等；知识的指导：针对儿童活动中知识的薄弱环节随时地介绍；技能的指导：采用暗示、鼓励或示范的方式；兴趣的指导：以排除儿童活动中的困难、晓以成功后的喜悦等方法激励其兴趣；习惯的指导：主要应采取正面引导的方式规范儿童活动中的行为习惯，纠正其不正当行为；态度的指导：养成儿童正确对待自己的错误和他人长处的客观态度，表明自己的意见同时也能容纳别人主张的公开态度等。[1]

第三节　张宗麟的幼儿教育思想

张宗麟（1899—1976），我国现代幼儿教育家，清末近代幼儿教育制度建立以来第一位男性幼稚园教师。

一、生平和教育活动

张宗麟，浙江绍兴人。1915年小学毕业后，考入绍兴浙江第五师范学校，1917年转学至宁波浙江第四师范学校，1920年毕业。毕业后，他回家乡自己的母校绍兴袍渎敬敷小学任教。1921年秋，考入南京高等师范学校（1922年经扩建后称东南大学）教育系，1925年以优异成绩毕业。由于张宗麟在校期间勤奋踏实，勇于钻研，有好几位教授有意选留

1　戴自俺.张雪门幼儿教育文集［M］.北京：北京少年儿童出版社，1994：479—480.

他做助手，他不顾社会的偏见和家庭的劝阻，毅然决定跟随陈鹤琴研究幼稚教育。在南京鼓楼幼稚园试验中，张宗麟成为陈鹤琴的得力助手。试验的设计、进行和成果整理中都凝结着他的心血。

1927年2月，张宗麟始任杭州浙江女子高级中学教务主任。同年6月，回南京担任南京特别市教育局学校教育课幼儿教育辅导员。9月，晓庄试验乡村师范学校成立幼稚师范院（又称第二院），开展乡村幼稚教育试验，张宗麟受聘兼任指导员。1928年上半年转入晓庄学校工作，担任幼稚师范院的指导员和指导员主任，负责对各中心幼稚园教师的巡回指导。后因兼任晓庄幼稚师范院院长的陈鹤琴赴上海主持工部局华人教育，张宗麟实际承担起了晓庄幼稚教育试验的领导之责。

在晓庄期间，张宗麟根据陶行知艺友制师范教育的主张，指导培养乡村幼稚教师。他将指导艺友（幼稚师范生）学习的过程分成四个步骤。

第一期，新到的艺友，不问他怎样，给他一个座位，让他做"儿童"，让他与儿童同吃、同唱、同游戏、同认字，实际参加幼稚园的各种活动，学做一个儿童的领袖。第一期历时一个月后，开始第二期，指示幼稚园工作的要点，并开始让艺友们试做儿童的教师，试做后与他们讨论出现的问题、改进的方法，同时让他们学习唱歌、室内布置等基本技能。第三期，开始让艺友们独立去做，导师只帮助他们制订计划大纲，要求他们常将自己的工作和其他艺友对照，并组织他们参观其他幼稚园的活动。第四期，让每个艺友实际负责整个幼稚园工作两个月，导师处于旁观位置，只就活动大纲、材料、方法以及做过的情况以讨论形式做适当的总结和指导。以上四期共一年半到两年，参加工作半年或一年后经考察而实有成效者发给毕业证书。[1]1929年底，晓庄学校成立了幼稚教育研究会，各中心幼稚园的指导员和在园的师范生成为该会的当然

---

1 戴自俺，龚思雪.陶行知幼儿教育的理论与实践［M］.成都：四川教育出版社，1987：143.

中国幼儿教育史

会员，每周开会一次以讨论实践问题，张宗麟每次必到会做系统讲演。

正当张宗麟等人激情满怀地憧憬我国未来乡村幼稚教育发展远景的时候，1930 年 4 月，国民党政府查封了晓庄学校，陶行知、张宗麟等学校负责人遭到通缉。张宗麟在安排了晓庄的一些事宜后到了上海。1931 年初，他应邀到厦门集美学校，先后担任集美幼稚师范学校教员、集美乡村师范学校校长、集美学校校长等，同时主编《初等教育界》杂志。

1933 年初，国民党通缉令到了厦门，他不得不举家离开厦门。在以后的三年里，他历任广西桂林师专教师、重庆教育学院教务长、湖北教育学院教育系主任、山东邹平简易师范校长等职。在工作中，他始终贯彻"生活教育"的主张，并坚持提倡教育下乡，为劳苦大众服务。

1936 年至 1942 年，张宗麟在上海协助陶行知办理生活教育社、国难教育社，担任光华大学教授、鲁迅全集出版社秘书长、上海周报社社长等职，并积极参加抗日救亡活动。1942 年 9 月，中国共产党上海地下组织为保护张宗麟安全，通知其撤离。他先至新四军淮南根据地，任江淮大学秘书长。1943 年 8 月辗转到达革命圣地延安。在边区，他曾任延安大学教育系副主任、北方大学文教学院院长、华北大学教育研究室主任。

北京解放后，张宗麟先后任北京军管会教育接管部副部长、高等教育委员会秘书长。中央教育部成立后，历任教育部高等教育司副司长、高等教育部计划财务司副司长、司长等职。1976 年 10 月 14 日逝世于上海。

二、论幼儿教育的民族性和平民化

20 世纪 20 年代，我国近代幼儿教育制度刚确立不久，在所办为数不多的幼稚园中弥漫着浓重的西洋化和贵族化气氛，关心中国幼儿教育发展前途的有识之士对此深为担忧。

在大学期间，张宗麟就曾听陈鹤琴在课堂上介绍中国当时的幼儿教育设备教法尽抄袭西洋成法，不切合中华民族特点和中国国情，也不适应中国儿童的特点。1925年秋，张宗麟为协助陈鹤琴进行南京鼓楼幼稚园试验，对沪宁、沪杭甬铁路沿线的江浙两省幼稚园进行了一次调查。调查中的所见所闻使他对陈鹤琴的议论感受更为深切，所参观的幼稚园从设备到活动处处表现出外国化倾向。

在设备和布置方面，"一入其门，耳之所闻，目之所见，多为外国玩具。脚踏车、电车、口琴、橡皮计数圈、捧球小孩（为练习向目标掷物之用）、摇铃（中为薄皮鼓，边缘缀响铃，擎手而玩）、乒乓、地铃、洋囡囡、各种积木、皮球等，无一非外国的玩具。其中外国气最甚者虽一纸一笔亦非外国式样、外国材料者不用。"[1] 又如，"墙上所贴之图画，贴中国图画与儿童者甚少甚少，多半皆张挂外国之儿童画"[2]。偶见教室内挂有小国旗，但旁边的标语是"上帝爱护我们……"[3]。

在活动内容方面，就音乐科目而言，张宗麟所见者皆为外国音乐。钢琴之声，英文之歌，凡遇上课，随处闻之。"然而所唱之歌，多为外国译歌，或为吾国古诗，或为圣经上赞美诗，或为英文歌"[4] 更有几处幼稚园连师生间的日常问候语言也使用英语，甚至有一部分儿童，教师以中国话命令其做某事，"儿童不从，若以英语，则儿童闻命即行"[5]。

张宗麟认为，如此全盘西化的幼稚教育，除培养洋奴和基督教徒之外，已完全失去国民教育基础的作用。考察幼稚教育外国化的原因，张宗麟认为，其中固然有中国传统玩具、歌曲、故事等材料缺乏适合儿童特点和现代社会精神的因素，但更重要的是幼稚教师的培训为教会和外

1　张沪.张宗麟幼儿教育论集［M］.长沙：湖南教育出版社，1985：426.

2　同上：428.

3　同上：429.

4　同上：426.

5　同上：429.

人所垄断。为此，他呼吁应立即停办外人设立的幼稚师范和幼稚园。他认为，凡世界主权国家在基础教育阶段都不许外人办理学校以教育本国人民，更不许外人办理相应的师范教育。在限期停办外人设立的幼稚师范学校和幼稚园的同时，应积极筹设中国的幼稚师范学校并对幼稚教师进行检定，目的有二：一方面培养新型的师资，另一方面则对以前受过非正当教育的幼稚师资进行考核鉴定。[1]

张宗麟还主张从丰富的祖国文化宝库中采撷适合儿童特点的材料，充实幼稚园的设备和教学内容。他提倡收集儿歌、农谚等作为幼稚园的自然科教材，并著文介绍几十种儿童极爱玩的中国传统民间游戏。[2]

对于当时幼稚教育贵族化的倾向，张宗麟也表示了深刻的担忧，他说："中国幼稚教育的兴起都是从都市发生的，幼稚生的来源当然是比较富裕的家庭。这个现象，倘若专从儿童本位上说来，倒也没有什么说不过去，但是幼稚教育倘若长此向这条路上去发展，那末，幼稚园将变为富贵孩子的乐园，幼稚教师也不过是有钱人的'干奶妈'，对于社会的意义太少，这种幼稚教育必定渐归消灭。"[3]他认为，就对幼稚园教育的需要程度而言，富人的孩子实没有穷人孩子来得迫切，那些富有的太太们完全可以省下打牌的时间去教自己的孩子，而"穷人的母亲们，每天不是进工厂做工，便是到田里去做活，她们的孩子谁去教他们呢？这些孩子也是中华民族的小国民，难道可以让他们去自生自灭吗？"。[4]张宗麟指出："幼稚园若是为着整个民族的教育之一，那末非转移方向，从都会转到乡村与工厂区去不可。"[5]他正是抱着这种愿望，追随陶行知到晓庄从事乡村幼稚教育试验的。

---

1 张沪.张宗麟幼儿教育论集［M］.长沙：湖南教育出版社，1985：12.

2 同上：675—680.

3 同上：397—398.

4 5 同上：398.

但是，从 20 世纪 20 年代中期开始的幼儿教育平民化运动，经过陶行知、张宗麟等人的艰苦努力，到 30 年代中期仍然进展不大，幼稚园仍是一班富裕子弟的天下。张宗麟考察其原因发现，主要是政府不重视农村工厂区幼稚园的发展，而贵族化的幼稚园又采取种种方法限制工农子女的进入。比如，在招收新生时，采用入学试验的办法，实际上是"借此招考美名，可以从容挑选父母们的地位与财势"[1]；还有便是增加各种名目的费用，"用金钱的扫帚来扫去穷孩子"[2]。对此，张宗麟曾愤慨地指出：劳苦大众的孩子被抹杀了！

三、论儿童的社会生活

张宗麟是南京鼓楼幼稚园试验的实际参与者，他关于幼稚园教育的基本观点，本书在介绍鼓楼幼稚园试验成果时已有所涉及，这里重点介绍张宗麟幼稚园教育思想中一个有特色的方面——关于儿童的社会生活的观点。

1929 年，国民政府教育部委托陈鹤琴、张宗麟等人拟订的《幼稚园课程暂行标准》中，有"社会与自然"一科，当时有人认为幼稚园的儿童要少一些社交活动，反对将"社会"列为幼稚园的科目。对此，张宗麟 1931 年著有《幼稚园的社会》[3]一书，详细论述他关于儿童社会生活的思想。

张宗麟指出："我们需要的孩子，决不是只会吃，只会个人享受的孩子。我们需要的是能为孩子们谋共同享受，能注意他的四周事物的孩子。

1　张沪.张宗麟幼儿教育论集［M］.长沙：湖南教育出版社，1985：793.

2　同上：794.

3　本书收于：张沪.张宗麟幼儿教育论集［M］.长沙：湖南教育出版社，1985：257—360.

为着这种种关系，幼稚园的各种活动里都应该含有'社会'的意味。"[1]但是儿童的社会和成人的社会又是极不相同的，成人认为极重要的，儿童并不把它当金科玉律；儿童感兴趣的，成人又反以为它是儿戏；成人以为儿童时代应当学的，未必真是儿童所需要学的。所以正确的做法是让儿童到他们自己的社会里去，不要拉儿童到成人的社会里来。幼稚教师最大的工作，正如园丁对于花木只能供给肥料、水和调节温度。[2]

究竟儿童的社会与成人社会有什么不同呢？张宗麟认为，儿童的一个基本心理倾向，就是将自己作为四周人和物的主人，将四周的人和物作为他的朋友，但并不很清楚人与物之间的界限。儿童可能会以为一个皮球与自己的母亲有同样的人格。这种将物人格化的心理倾向，可以持续到 6 岁以上。幼稚园的儿童，常常以为玩偶是有生命的，给它吃奶，喂它吃东西，给它穿衣服，有时还对它说话，替它结婚，并同样地对待猫、狗、兔子等小动物。在幼年儿童的心目中，自然界和人事界往往是不可分割的整体。因此，"孩子们的社会，比起成人营营逐逐于利禄之场的社会，不知要广大得多少！比起成人斤斤于人情世故法律道德的社会，也不知要自由得多少⋯⋯"[3]

虽然儿童社会和成人社会极不相同，但它们都是幼稚园活动的出发点和根据。张宗麟引用洛格（Rugg）的话说："从成人生活里得来的事实，是决定永久价值的；从孩子生活里得来的事实，是决定各期儿童教育价值的。"[4]

张宗麟认为，儿童的生活是应当倾向社会性的，必须通过一些直接而容易做到的活动，让儿童去了解家庭的状况、社会职业、食物的来源、

1　张沪．张宗麟幼儿教育论集［M］．长沙：湖南教育出版社，1985：268.

2　同上：261.

3　同上：265.

4　同上：283.

用品的制成等，让乡村的儿童了解城市的生活，城市儿童了解农村社会以及了解不同国家民族和不同环境下人们的生活。在幼稚园的活动中，要特别注意培养儿童领悟人类社会生活的一些基本原则，主要有三个方面。第一，互助与合作。要让儿童在集体做纸鸢、做箱子、搭积木、玩泥沙等实际的团体活动中领悟到人们怎样共同生活，并获得如何进一步改进团体生活的暗示。张宗麟同时特别指出：虽然竞争也是人类行动的原则之一，但是人类进化绝不是靠竞争，幼稚园的活动不能流入竞争的一途。第二，爱与怜。"爱"与"怜"是两个极相似的概念，但是爱是互通生气，是属于爱和被爱者双方的，爱者可以使被爱者发生力量。怜是单方面的，是对弱者的同情。从教育意义上说，怜虽不若爱积极，但远远超出了冷漠无情。张宗麟强调要培养儿童爱与怜的情感，实是有感于当时贵族化的幼稚园中，某些富裕人家的儿童和父母对穷苦孩子的霸道，以及某些势利的教师对贫苦儿童的冷漠和不公。第三，顾到别人。儿童对于他人的观念不很深切，有时在活动中会"旁若无人"。在培养儿童形成独立自主精神的同时，决不可养成其骄傲和唯我独尊的习气。要养成儿童与他人共享玩具、不扰乱秩序、不打断别人说话等良好习惯。

张宗麟强调儿童活动的社会倾向，但不能忽视儿童的现实生活状况和经验基础。张宗麟引用美国教育家的话强调："孩子可以领悟任何人生的、物质的，以及社会集团的、现代状况的一切，这种种领悟的能力，只有他自己的经验所能给予。"[1]

四、论幼稚师范教育

20 世纪 20 年代中期，国内几乎没有独立的幼稚师范学校，培养幼

---

1 张沪.张宗麟幼儿教育论集［M］.长沙：湖南教育出版社，1985：284.

稚教师的机构只有为数不多的几处，都附设于普通师范学校或其他学校，而且大多为教会所办。因此，一般幼稚教师不是从教会学校毕业，就是普通师范生，还有从未接受过任何师范训练的。对于前者，张宗麟呼吁应立即停办教会所办的幼稚师范学校，以维护国家教育主权的独立。对于后者，张宗麟认为，四至六岁的幼稚生处在身心发展的特殊阶段，特殊阶段的儿童应该由受过特殊教育的人才去施教，幼稚园教师应该由曾经受过幼稚师范教育的人去担任。普通师范生所学习的教育原理与技能，一般针对小学教育，如果移到幼稚园阶段，教育原理或许还有相通之处，但教学技能则很难适用。幼稚园的科目和教法与小学不同，教师与家庭联络的重要性和方式也与小学不同，养护上的责任也比小学繁重。凡此种种，都非没有受过专门训练的人才所能胜任。[1] 而解决这些问题的根本办法就是尽快设立中国化的富有研究试验精神的幼稚师范学校。张宗麟根据当时的情况提出，每省至少应设立一所完善的幼稚师范学校。

张宗麟认为，幼稚师范学校的主要目标虽为培养健全的幼稚教师，但在教学过程中也要注意幼稚园与托儿所（当时称蒙养园）和小学低年级有密切的关系。

招生对象学历水平的最低限度应是初中毕业生，如能提高到高中毕业生则更好。招生时应特别注意的品质是志趣坚定、肯吃苦耐劳、态度和蔼、富有爱国心等方面。为此，张宗麟建议，考选入学后安排适当的试读期以决定去留。在学年限三年为宜。

对于当时颇有争议的幼稚师范生的性别问题，张宗麟有自己的看法：幼稚师范学校不仅可以招男性，而且应当招男性。他提出了如下理由："温柔固为教师人格条件之一，而刚毅勇敢亦为人师者所不可缺。若儿童

1　张沪 . 张宗麟幼儿教育论集［M］. 长沙：湖南教育出版社，1985：757.

长养于温柔女子之手者，则异日成人亦将偏于柔而缺乏刚毅勇敢。故为调剂儿童模范起见，幼稚园中亦须有男教师，其理由一则。女子因体力之薄弱，及其他种种关系，在能力上未免较逊于男子，如旅行时之照顾，教导上较用力之事项，更有自然教导之一部分，如扑捉昆虫鱼蟹，攀山涉水采植物标本诸事，在今日之幼稚园女教师，能力尚嫌不足，而大多数之男师范生能之。倘幼稚园中有男教师者，则女教师不能为之事，可以代劳，教导上即不感困难矣，其理由二也。今之幼稚教师，往往为暂时职业，研究心较为缺乏，此中原因甚为复杂，或因能力之不足，或因中途之辍教，故吾国十数年来毫无国化之幼稚教育，依然惟他人之旧法是赖者，此必为极重要之理由也。……似乎男子而能加入幼稚教育，将来最小限度之成绩，必胜于今日，……所以幼稚园中应聘男教师，而有志于教育之男子，不当鄙弃幼稚教育。此其理由三也。"[1]这段文字发表于1926年，到20世纪30年代中期，他仍然坚持这一看法，因为当时规定高中男女同学、初中男女分校，所以他建议合乎高中程度的幼稚师范教育应当男女兼收。[2]

张宗麟将幼稚师范学校的课程分为六组，具体如下。[3]

（一）公民训练组

目标在养成有国家精神，明了世界大势的公民。包含本国史、本国地理、世界史地概要、社会学、最近世界概况，占全学程的15%。

（二）普通科学组

注重于普通科学及人生必需之技能。包含科学入门、应用科学、生物学、应用数学、簿记。占15%。

1　张沪.张宗麟幼儿教育论集［M］.长沙：湖南教育出版社，1985：437—438.

2　同上：254.

3　同上：56—57.

（三）语文组

含国文、国语、英文（此科非必要）。占10%。

（四）艺术组

图画、手工、烹饪、家事学、音乐。占15%。

（五）普通教育组

含教育学、教育心理、教育史、普通教学法。占10%。

（六）专门教育组

含幼稚教育概论、儿童心理、儿童保育法、幼稚园各科教学法、幼稚园各科教材讨论、幼稚园实习、幼稚教育之历史及其最新趋势、小学低年级教学法。占35%。

张宗麟曾经在晓庄学校采用艺友制培养乡村幼稚教师，他主张幼稚师范学校的教学方法应是"从做上教，从做上学，不能以为读了一二本教育书就算学会做教师，更不能只在师范学校的课室内传授书本知识，就算是师范教育的全部"[1]。因此，他认为除了综合的幼稚园实习外，教师也要教学生在有关课程的教学中实地去做。所以他认为，幼稚师范学校附设幼稚园极为重要，如果附设幼稚园规模不敷实习，应特约本区幼稚园，作为实习场所。[2]

张宗麟还指出，幼稚教师在学校中获得的仅仅是普通的训练和今后学术研究的方法，在儿童心理和幼稚教育的新知学理日新一日的时代，只有随时修养，跟上时代的潮流，才能不断进步。在品行上要保持求学时代的朴素和诚笃，做儿童的表率。在知识上应抱多读书主义，每月规定出阅读书刊的最低限度。可通过组织和参加当地幼稚教育俱乐部、研究

1　张沪.张宗麟幼儿教育论集［M］.长沙：湖南教育出版社，1985：79.

2　同上：254.

会的途径交流幼稚教育的最新动态、个人心得等。暑期可参加暑校的学习，提高自己的业务水平。另外，要始终保持对幼稚教育事业的热情，不因婚嫁、家庭的关系中辍自己的事业。[1]

思考题

1. 评述陈鹤琴关于家庭教育的基本原则。

2. 评述陈鹤琴的《我们的主张》。

3. "活教育"理论对幼儿教育有何指导价值？

4. 概述张雪门幼儿教育思想的基本内容。

5. 评述张雪门关于幼儿教育目标的主张。

6. 概述张宗麟幼儿教育思想的基本内容。

7. 评述张宗麟关于幼稚园应有男性教师的观点。

---

1 张沪.张宗麟幼儿教育论集［M］.长沙：湖南教育出版社，1985：57—58.

第十一章　中国共产党领导下的革命根据地的
幼儿教育

从 1927 年第一次国共合作破裂到 1949 年中华人民共和国成立期间，中国共产党先后开辟了农村革命根据地、抗日根据地和范围广泛的解放区。这些地区的幼儿教育是在特定的政治、经济、文化状况以及战争的客观环境中发展起来的。它坚持为革命战争和发展生产服务，为劳动人民群众及其子女服务的方针，为中国共产党夺取民族战争和全国革命的胜利作出了巨大的贡献。同时，它着力探索新民主主义的教育发展道路，尝试建立与之相应的幼儿教育模式，积累了经验，锻炼了队伍，为新中国成立后社会主义学前教育制度的建立作了充分的铺垫。

第一节　发展幼儿教育事业的背景和政策

一、解放广大妇女，投身革命战争和发展生产

在革命根据地发展的各个阶段，为了保证革命事业的顺利进行，为战争准备充分的物质和精神力量，中国共产党一直注意发挥妇女的作用，

动员和吸收广大妇女直接和间接地投入到战争和生产中来，或参加学习以提高政治思想觉悟和文化知识水平。

1922年《中国共产党第二次全国代表大会宣言》中就明确指出："废除一切束缚女子的法律，女子在政治上、经济上、社会上、教育上一律享受平等权利。"[1] 第一次国共合作时期，1924年1月，经改组后的中国国民党召开了第一次全国代表大会，大会宣言中也明确指出："于法律上、经济上、教育上、社会上确认男女平等之原则，助进女权之发展。"[2] 这些都成为根据地妇女工作的指导方针。

在根据地和解放区，广大农村妇女也和男子一样分得了土地。妇女分得的土地，妇女享有独立的经营与支配权。女工也是工人阶级的一部分，和男工一样有参加工会等组织并在其中任职的权利，有按劳取酬的权利，在工种和工作时间上还会得到特殊照顾。在机关和部队中，还有许多女干部、女军人等。广大妇女成为活跃于生产、政治、军事、文化教育等广泛社会生活领域的一支生力军。

为了真正实现男女平等，充分调动广大妇女的革命热情和积极性，必须把她们从繁重的育儿负担中解脱出来，将年幼的儿童组织到社会性的幼儿教育机构中去。

二、抚育革命后代，收养战争难童

从江西农村革命根据地时期开始，就存在大量父母都在参加工作的儿童。特别是抗日战争爆发后，在边区原来人口密度并不高的城镇里，也集中了成千上万抗日将士及其家属，以及为抗日救国从各地来的工作干

---

1 中共中央党史和文献研究院，中央档案馆.中国共产党重要文献汇编［M］.北京：人民出版社，2022：229.

2 孙中山.孙中山选集（下）［M］.北京：人民出版社，2011：621.

部，儿童的数目更急剧增加。有的父母上了前线，有的从事于日夜不停的紧张的抗战工作，无暇照顾自己的子女。更有一些儿童，他们永远地失去了自己的亲人，成为烈士的遗孤。这些儿童最初一般寄养在农村老乡的家里，由于各种原因，他们得不到良好的抚育，过着营养不良的生活。这样的儿童在边区特别多，据1938年估计，总数在2万人左右。对这些儿童实施集体托管教育，一方面是优恤革命后代，另一方面也是对儿童进行集体主义教育，让儿童了解前辈工作的意义和目的，培养红色新一代。

抗日战争时期，随着战区的扩大，边区也出现了大批亟待收容的难童，他们大多是从战区抢救出来的，有的已无家可归，有的是难民的子女。为了不让这些进入边区的儿童再颠沛、流浪，为了保护中华民族的幼小后代、培植民族的希望和未来，也是为了有组织地训练一批儿童，让他们也成为抗战的一部分有生力量，必须建立相应的机构对他们进行保育。根据1941年的一次统计，仅延安一地，各种需要保育的儿童就达1 904人（包括烈士遗孤和前方将士子女），其中已进入保育院的只有586名，其余有495名分散在八路军后方勤务部范围内，有385名在政府范围内，有438名在中央范围内。在这1 904名儿童中，1岁半以下的占19%，5岁以下占47%，这些情况对边区幼儿教育机构的发展提出了新要求。[1]

三、发展幼儿教育的方针政策

为了发展根据地的幼儿教育事业，中国共产党和根据地政府先后制定了一系列关于幼儿教育的方针政策。1927年9月，在农村革命根据地建立前夕，中国共产党在《江西省革命委员会行动政纲》中就明文规定：

1　中国学前教育史编写组.中国学前教育史资料选［M］.北京：人民教育出版社，1989：397.

"建立一般未达入学年龄的机关（如儿童养育院、幼稚园等），以利增进社会教育和为解放妇女的目的。"[1]1932年5月，湘鄂赣省苏维埃政府在其颁布的学制训令中，规定3至7岁的孩子入幼稚园是普通教育的一部分，并要求根据实际情况为3岁以下的婴幼儿设立保育院。[2]

1934年2月，中华苏维埃政府人民内务委员部颁行了革命根据地第一个关于幼儿教育的专门法规——《托儿所组织条例》。[3]该条例第一条规定："组织托儿所的目的是为着要改善家庭的生活，使托儿所来代替妇女担负婴儿的一部分教养的责任，使每个劳动妇女可以尽可能的来参加生产及苏维埃各方面的工作，并且使小孩子能够得到更好的教育与照顾，在集体的生活中养成共产儿童的生活习惯。"[4]《托儿所组织条例》以下各条分别对儿童入托的条件、组织方法和规模、保育人员的选任和职责、环境与设备、儿童在所时间、管理监督办法等作了较详细的规定。这一条例成为土地革命战争时期指导根据地幼儿教育发展的纲领性文件，它指明了托儿所的服务对象是广大工农大众及其子女，并确立了艰苦奋斗、勤俭节约、民办公助的办所方针。

抗日战争时期，边区的幼儿教育是包含在内容广泛的儿童保育工作之内的。

边区保育工作的方针是针对干部和群众两个不同的层次采取两种不同的保育措施。

第一，针对干部子女，实行公育制度。凡抗战将士及一切机关工作人员的子弟，一律由政府抚育，以便使家长们都能专心致力于抗战事业，提高他们的工作热忱和效率。方法有集中和分散两种。所谓集中，是指

---

1 江西财经学院经济研究所，江西省档案馆，福建省档案馆.闽浙赣革命根据地财政经济史料选编[M].厦门：厦门大学出版社，1988：3.

2 3 李剑萍.中国现代教育问题史论（修订本）[M].北京：人民出版社，2011：104.

4 中国学前教育史编写组.中国学前教育史资料选[M].北京：人民教育出版社，1989：364—365.

中国幼儿教育史

集中到边区政府所办的保育院、幼稚园、托儿所等机构中统一教养，经费由边区政府统一负责。所谓分散，是指各机关自办的儿童教养机构，规模一般较小，保育本机关工作人员的子女，经费由本机关设法补助，其实也是集中。

第二，针对一般群众，政府组织经过培训的工作人员，深入民间，对群众宣传并实施科学接生、产前产后保健、婴幼儿保健和教育等，最大限度地为广大群众及其子女谋福利。

为了保证以上方针的落实，边区政府建立了相应的行政机构。1941年1月陕甘宁边区政府《关于保育儿童的决定》中规定：在边区民政厅设保育科；各县市政府第一科内，添设保育科员一人；区乡政府内，添设保育员一人（暂由乡妇联兼任）。民政厅保育科的设置于当年3月完成并开始工作。1942年因边区机构调整，保育科改设于卫生处，县、区、乡各级设置也作了相应调整。[1]

解放战争开始后，为了适应新的形势，发展幼儿教育事业有了更高的要求。1946年5月，中央儿童保育委员会成立宗旨中明确指出："总结革命根据地成立以来的保教工作经验，筹备保育训练班，研究国内外的保育理论，与热心儿童保育事业的团体和个人发展联系，向其它解放区推广儿童保育事业。"[2]反映了中国共产党和根据地政府对新形势下幼儿教育工作的认识和准备。

在不同历史时期，毛泽东、周恩来、朱德等老一辈无产阶级革命家都十分关心边区儿童的成长和幼儿教育事业的发展。如在陕甘宁边区战时儿童保育院成立时，毛泽东即题词"好好保育儿童"。朱德、林伯渠、徐特立等也分别题词："耐心地培养小孩子""新战士在孕育中""保证儿童身心平

1　中国学前教育史编写组.中国学前教育史资料选［M］.北京：人民教育出版社，1989：379—384.

2　唐淑，钟昭华.中国学前教育史［M］.北京：人民教育出版社，1993：159.

均发育"。也正是由于他们的关心，革命根据地的幼儿教育事业才能蓬勃发展，出色地完成了为革命战争和生产服务以及培养革命后代的任务。

第二节 幼儿教育机构的建立及其基本类型

一、幼儿教育机构的建立

1934 年 2 月《托儿所组织条例》颁布之前，江西瑞金下州区下州村就试办了"上屋子"和"下屋子"两个托儿所。当时，这两个托儿所共收了 43 个幼儿，其中红军家属的子女 33 个。《托儿所组织条例》颁布后，各类组织，特别是妇女组织作了广泛的宣传，一时掀起兴办托儿所之风。1934 年 3 月 8 日，《红色中华》还载有《托儿曲》一首。

> 劳动妇女真热心，
> 拿起锄头去春耕，
> 儿女送给托儿所，
> 集中力量为了革命战争。
> 托儿所，革命的家庭，
> 在这里，创造着新生的人类，
> 在这里，养育着将来的主人。
> 从集体的生活中锻炼红色的童婴，
> 为了新的文化新的世界而斗争！

到 1934 年 4 月，江西兴国、瑞金两县就创设托儿所 249 所，其中兴国达 227 所，受到《红色中华》的登报表扬。1934 年 7 月，瑞金县为了发动广大妇女参加秋收生产，决定建立920个托儿所，使全县每个乡都普遍设立。[1] 设立的托儿所主要有两种类型。一类是长期托儿所，大多是收红军家属子女。另一类是季节性托儿所，一般在春耕、夏收夏种、秋收等农忙季节开办，为广大妇女参加生产创造条件。

二、幼儿教育机构的基本类型

抗日战争和解放战争时期，根据地幼儿教育主要面向军队将士和机关工作人员子女，办理形式灵活多样。当时幼儿教育机构的类型主要有以下几种。

（一）寄宿制托幼机构

寄宿制托幼机构一般设立在边区政府所在地和比较稳固的后方根据地，招收对象为前方将士子女、烈士遗孤和后方干部子女，也有部分难童。由边区政府主办，费用由政府负担，也接受中国福利基金会和国际友好人士及其他慈善机构的资助。各项条件都比较优越，房屋也相对宽敞，设备比较齐全，制度比较严格，教师的思想、文化和专业水平也比较高。如陕甘宁边区的第一保育院、延安第二保育院等。在解放战争时期，随着解放区的不断扩大，各解放区也先后建立类似的托幼机构，其中以东北解放最早，因而设立得最多。[2]

（二）机关日间托儿所

机关日间托儿所由党政机关、工厂、学校、部队等单位根据需要

1 中国学前教育史编写组.中国学前教育史资料选［M］.北京：人民教育出版社，1989：366—368.
2 同上：402—435.

办理，规模较小，设备简单。一般设在单位内部，收本单位员工的子女。经费由单位自理，也可向外界募捐，其余由儿童家长补贴。非特殊情况只招收 3 岁以下的儿童。儿童随母亲上班入托，下班接回。所内保育等工作人员一般是专职的，享受与其他工作人员的同等待遇。当时的中央党校、中央组织部、延安鲁迅艺术学院、十八集团军留守处部队、印刷厂等都办起了这样的托儿所。解放战争时期这类托儿所更多。

（三）母亲变工托儿所

母亲变工托儿所是由保育委员会的倡议，各机关、学校、工厂的母亲们通过商量自发组织起来的托育机构，设备简陋，目的在解决母亲们工作和照顾孩子的矛盾。所谓变工，是指所内保育人员由入托儿童的母亲轮流担任，一般没有专职保育人员。如中国女子大学、边区银行、中央党校三部、中招所、被服厂都办有此类托儿所。

以边区银行托儿所为例，该托儿所就设在本机关内，有儿童 65 名，均系本行职工子女，其中 1 岁以下者 21 人，1 岁至 3 岁者 33 人，3 岁以上者 11 人，所内无保姆，均由母亲自育。所内经费，除按儿童年龄由政府发给规定数目的米、麦子及奶费肉食外，并由该行按月补助 2 000 元，以改善儿童的营养条件。因为缺乏保姆，按日轮流抽调 4 个母亲出来负责管理，这 4 个母亲当日暂停工作，专门照顾儿童的伙食、睡眠、游戏教育等。儿童白天入托，晚上领回。[1]

（四）小学附设幼稚班（园）

小学附设幼稚班（园）专为接近入小学年龄的五六岁儿童所办。哥

1　中国学前教育史编写组.中国学前教育史资料选［M］.北京：人民教育出版社，1989：438—439.

哥、姐姐上学时可以顺带他们进幼稚班（园），省去大人每天接送。儿童受完一年到一年半的学龄前教育后可以正式进入小学学习。这类幼儿教育机构有小学预备班的性质，说它是幼稚园与小学衔接的一种尝试也未尝不可。根据地的幼教机构针对三四岁以前儿童的较多，这种形式幼教机构的出现一定程度上也弥补了该年龄段教养机构不足的缺陷。举办过这种形式幼稚班（园）的有陕甘宁边区米脂、绥德分区的三所小学及清涧城关完小、延安完小等学校。其中如延安完小，当时任延安大学教育系副主任、我国现代幼儿教育家张宗麟把他在南京鼓楼试验的单元教学法介绍进来，对改进幼稚园的教学起了重大作用。[1]

（五）时分时合型托儿所

时分时合型托儿所主要建立在不稳定的根据地和解放区，入托对象也主要是在这类地区工作和从事对敌斗争人员的子女。在局势稳定时，将孩子集中起来进行教养。当敌情紧急而转移困难时，儿童和工作人员则三三两两地化装隐蔽在老百姓家中，或当作他们收养的孩子，或说是亲戚家的孩子。托儿所负责人和工作人员则经常化装成卖货的货郎或亲戚，到老百姓家中去探望孩子、检查工作、送保育费和伙食费等。这类托儿所流动性大，管理困难，也带有很大的危险性，是战争环境下一种不得已的应敌措施。这类托儿所在晋、冀、鲁、豫等根据地最多。

整体上说，根据地幼儿教育机构多为适应战争形势因时制宜、因地制宜地创办起来的，主要目的是减轻广大劳动妇女的育儿负担，解除她们的后顾之忧。保教方针是保育为主，教育为辅。一般办理原则是从简节约、互帮互助、民办公助。形式灵活多样。

---

1 中国学前教育史编写组.中国学前教育史资料选［M］.北京：人民教育出版社，1989：450—452.

第三节　陕甘宁边区第一保育院

　　土地革命时期是中国共产党领导下革命根据地幼儿教育事业的初创期，而抗日战争和解放战争时期是其兴盛期，出现了一批比较著名的幼儿教育机构，如延安第二保育院、洛杉矶托儿所等，而陕甘宁边区第一保育院是它们的代表。陕甘宁边区第一保育院（又称延安第一保育院），1938年建立，是抗日战争和解放战争时期革命根据地最著名的幼儿教养机构之一，它在长期发展过程中形成了系统的保育方针、内容、原则方法，建立了较为全面的管理制度，是革命根据地幼儿教育的典范，因此这里列单节重点介绍。

一、概况

　　"卢沟桥事变"以后，边区许多青年男女离别亲人，奔赴抗日的最前线，他们将自己的子女留在了后方。随着战区的扩大，也有不少难童流入边区。1938年7月，战时儿童保育会陕甘宁边区分会成立，不久即决定在边区设立一所能容纳600人的儿童保育院，收容教养流入边区的难童和边区抗属子女。于是，1938年9月，边区儿童保育院宣告成立，它便是边区第一保育院。

　　第一保育院坐落在延安城北，有平列成一直线的50孔石窑，构造美观。全院分成乳儿部、婴儿部、幼稚部、小学部。教职员中受过高等教育和师范教育的达三分之二以上，其余一般也是中学、艺专等学校毕业，层次较高。第一保育院在解放战争时期因受战争形势的影响转移，但没有间断过。它是中华人民共和国成立后西安第一保育院的前身。

　　第一保育院一般按年龄和心智发展情况分班。出生后到2岁半编入乳儿班，2岁半到4岁为婴儿班，4足岁以上则为幼稚班，幼稚班孩子再按具体情形分在一组、二组、三组、四组等各组，便于保育人员管理。

第一保育院从一开始就提出，不仅要抚育儿童成为一个胖胖的强壮的健康娃娃，而且也要教育儿童成为一个聪明活泼和懂事的具有正确思想观念的好娃娃。1943年，第一保育院曾提出这样的教育目的："增进孩子的身心健康和快乐，培养其优良的习惯和行动，使成为抗战建国中优良的小国民。"[1]1948年，随着形势的变化，第一保育院又提出了新的目标：锻炼儿童革命的观点与作风，培养儿童活泼愉快的心情、健康坚实的体格，陶冶勇敢老实的个性，增进儿童智识训练，手脑并用，使之成为未来中国健全的主人公。[2]

二、思想品德教育

（一）思想品德教育的基本内容

第一保育院确定思想品德教育的基本内容如下。

> 教育儿童了解父母参加革命的苦心，并继承其艰苦奋斗的精神；
> 教育儿童认识中国革命的敌人，并培养其对敌人仇恨的心理；
> 教育儿童热爱劳动、敬爱劳动人民，并特别关心帮助劳苦群众；
> 培养吃苦耐劳、勇于自我批评的精神；
> 启发儿童养成团结友爱、互助互让的优良作风；
> 启发儿童学习自己管理自己的能力，并关心团体利益。

在上述内容中特别突出以下两个方面。

第一，树立儿童的集体观念与革命的阶级观念。儿童到了保育院后，

---

1 2 中国学前教育史编写组.中国学前教育史资料选［M］.北京：人民教育出版社，1989：403.

在集体的生活里，渐渐地树立其集体观念，使他们从小就养成有事大家做，有饭大家吃的良好习惯。第一保育院对儿童革命的阶级观念之培养也相当重视，通过讲故事、看画报等各种方式来激励儿童仇恨敌人、热爱群众的感情。

第二，培养重视劳动和热爱劳动人民的劳动观念和群众观念。让儿童知道一切东西来之不易，懂得米、麦、油、盐、布匹、棉花是哪里来的。带他们到田野里去参观劳动人民的辛勤耕作、抚育庄稼的情形；带他们到工厂作坊去看毛驴推磨磨面、机子织布的劳动过程，进而教育他们爱护衣服、鞋袜及用具，并让他们做些适合于身体发展水平的劳动，如挖苦菜，拣地软（一种地上野生的菌类植物），挖小蒜等。夏收、秋收时，可让他们帮助老乡拣麦穗等。

（二）思想品德教育的基本方法

第一，从母爱出发进行情感教育。每个保育工作者对待儿童，其态度要极其慈爱温和，怀着慈母似的心情，从生活上、健康上处处关心儿童，使其感到保育院是个温暖的大家庭。保姆们与儿童建立了深厚的感情，以感情的启发和渐次的诱导，来渗透教育内容，收到良好的效果，使儿童对保育院生活感到十分留恋。

第二，与实际相结合进行生活教育。通过儿童的实际体验给予其启示与教育。幼儿教师的教育指导活动，决不只局限于教室内，大部分时间要深入儿童生活的各个方面。

第三，多采用间接的暗示，并经常给予鼓励和表扬。只要发现儿童有进步，哪怕是微小的，也给予适当的鼓励，使其由暗示而起反应，由模仿而去行动。比如有一个孩子很脏，教师不能说："那么脏，快去擦掉！"应指另一个整洁的孩子来鼓励大家说："你们看，威威的脸蛋最干净了！"

第四，采用积极的指导，避免消极的限制。使儿童从积极的方面去努力，这样可以减少孩子犯错误的机会。在不至于发生危险的情况下，不要干涉儿童的兴趣和行动，"不许做这个""不许玩那个"，制裁儿童是不可能改变其不良习惯的。对于儿童的不当行为，应想法转移他们的兴趣，让他们朝积极的方面发展。

第五，树立榜样，以优带劣。用培养和鼓励模范儿童的办法来影响大家，这不仅可以鼓励模范儿童本人，而且可以刺激全体。通过模范儿童的模范行为来刺激全体小朋友模仿，发动模范儿童和顽童交朋友，来帮助顽童，给他们讲道理，这样有好些孩子在好孩子的影响下转变了。

第六，用比赛的方法激励儿童。因为儿童的好胜心很强，根据这一心理，第一保育院组织大家比赛。在比赛中大家便积极起来了。

第七，研究、了解儿童的心理，区别对待不同情况的儿童。通过各种方法掌握和了解儿童的心理。在边区成长的儿童，经过第一保育院几年的集体生活陶冶，心理上除有好奇心、好问、好动、爱模仿、好叫人夸、直率、富有想象力等外，一般地都胆大、勇敢，不畏缩害羞；活泼合群，不孤僻散漫；大公无私，很少私有观念；倔强讲理，富有反抗性。

针对有特殊情况的儿童采用相应的管教方法。比如，对于常哭的儿童，调查其身体有无疾病，观察在何种情形下最爱哭，然后给予个别谈话劝导；对于不好动和胆小的儿童，多带他们玩，培养他们的兴趣；对于说谎的儿童，研究其说谎动机，除满足其正当要求外，举例说明说谎的害处；对于顽皮的儿童，找正当工作给他们做，表扬他们的成绩和进步，不要在公众场合对其进行打击，应晓之以理；对于低能与生理及心理病态儿童，多谈话、帮助和引导，不过高地要求他们，以免他们办不到而灰心，也可以布置容易使他们获得成功的环境，帮助其在工作中发展智慧。

三、知识技能的培养

提倡生活教育，让儿童在生活中掌握一定的知识技能。教材的内容应是儿童日常生活中所接触到或体验到的事物，范围十分广泛，包括自然、社会、卫生等多方面。

（一）教学活动的组织

教学活动的组织主要根据两个原则。

第一，实行单元教学。如以"棉花"做中心主题（即一个单元），就领儿童去观察棉花的形状，农民种棉的情形及弹花、纺线、织布和缝衣服的过程，并互相比赛，看谁的衣服最耐穿、最干净。最后与惜物节省等品质相联系，以达到教育的目的。单元内有唱歌、游戏、故事、剪贴、观察等活动形式，和主题紧密结合。每个中心教学单元进行的时间约是两到三个星期，每研究完一个单元后，都要进行一次复习、测验，看看儿童接受了多少，提出了一些什么问题。结束一个单元后，再进行第二个。如 1946 年上半年安排的中心单元见表 9。

表 9　1946 年上半年儿童常识教育中心内容一览表[1]

中心单元	教　学　目　的	儿童活动纪要
新年	使孩子们知道长了一岁，应更多地懂事情，爱学习。	扭秧歌、贺年、开同乐会、演戏。
春来了	让儿童知道春天的自然界为什么那样生气勃勃，再讲到春耕、秋收。	春节联欢，野外观察。
敬爱师长	培养儿童孝敬父母，敬爱师长，讲礼貌的优良习惯。	做请客游戏，让儿童谈师长爱他的情形。

1　中国学前教育史编写组 . 中国学前教育史资料选［M］. 北京：人民教育出版社，1989：410.

中心单元	教 学 目 的	儿童活动纪要
手的用处	从手的卫生，讲到手的用处，启示儿童爱劳动、勤做事的习惯。	每人做一个手工。
羊	使儿童明了羊的生活和功用。	看羊群、挤羊奶。
儿童节	勉励小朋友，学做好孩子，将来都是好公民。	选举模范儿童，开会表彰，举行比赛。
苍蝇和传染病	使大家了解苍蝇的危害而讲卫生。	拍灭苍蝇。
蜂和蚁	用蜂和蚁团结和谐之集体生活的故事，暗示儿童合群的美德。	观察蜂窝、蚂蚁打洞。
蜘蛛	拿蜘蛛织网百折不挠的精神来陶冶儿童勇敢有为、胆大果毅的个性。	观察蜘蛛织网，每人种一株花，天天浇水。
奇怪的天空	研究天空的变化，知道日、月、地球、云、雨、雷电、空气等的知识。	观察天空，教员领导做各种实验。
飞机来了	使儿童了解飞机能飞的道理及防空常识。	观察飞机模型，演习防空。

第二，系统性与儿童兴趣相结合。一方面要注意儿童个性的发展，培养具有特殊爱好的天才儿童，对他们的活动爱好给予保护与发挥的机会；另一方面也注意儿童之平均发展，使其对每一个问题，每一类课程，都有基本的爱好与重视。对于2岁至4岁的儿童，因其生活经验是片段的，兴趣极易变换，如果仅以计划的内容进行教学，很可能无法引起其兴趣。但较大一点的儿童，求知欲很旺盛，他们要求教员给他们讲有系统的、对一个事物的整个概念。因此，教育的计划性程度就加重了。所以，在教学工作的实施过程中，计划性与儿童的兴趣是相结合的。

（二）教学方法

1.直观教学法

直观教学法是用实际事物教育儿童，使儿童获得明确观念的一种教学法。一般多着重触觉，但是听觉、味觉、视觉、嗅觉等，也是重要部分。如教学单元为"兔子"，即可让儿童仔细观察兔子的形态。值得注意的是，当儿童注视兔子时，教师应把握时间，简单地指出兔子的特征，如长耳朵、短尾巴和三瓣嘴等，使儿童获得明确的了解。

2. 比较教学法

比较教学法能使儿童对所学的东西认识得格外准确，印象格外深刻，记忆格外持久。如某周的中心活动中，教学单元是"鸭子"，就可以用鸡和鸭子来比较。凡是相似的事物，最好采取这种方法。

3. "三化"教学法

"三化"教学法指教学故事化、教学游戏化、教学歌曲化。故事是适合儿童学习心理的。第一保育院根据教学单元，采用故事形式，编成教材，进行教育，很能调动儿童的积极性，引起学习的兴趣。在幼儿期，游戏占儿童生活的重要部分，不但可以锻炼筋骨，健全肌肉，培养儿童自治互助、友爱团结等品质，也可以启发其创造力及敢说敢做的勇气。歌曲可以陶冶儿童的性情，调剂儿童的生活。因此，第一保育院将教材编为歌曲，配合进行教育。如表达为人民服务的歌："吃的人民的米，穿的人民的衣，努力为人民做好事，才不负人民的意。"表达团结友爱的歌："保育院，我的家……小兄弟、小姐妹，一同玩，一同耍，不骂人，不打架，相亲相爱如一家。"

（三）智能与技能标准

儿童在保育院生活的时间是从2周岁到6周岁的四年左右。入小学前，儿童智慧与生活技能的教育，要求达到一定的标准。比如，知识方面：识别农作物60种，动物40种，颜色12种，形状12种；会单独表演唱歌，发表心里的话，讲简单的故事和指挥唱歌；能从1数到100，并能心算3+5=8等简单加法；识字50个，并会写自己的名字；对各种常识发生兴趣，简单地知道太阳、月、雨、雪、苏联；知道吃、穿、用的东西是谁创造的。运动技能方面，会上下滑梯、打秋千、跳绳、拍皮球等。

四、卫生保健

（一）环境卫生

第一保育院在延安时，院址设在郊外，地方宽敞，空气新鲜，很重视卫生建设。院舍房屋每天打扫，厕所与饭堂隔开较远的距离，有暗道及防蝇设备，经常洒石灰水打扫。禁止随地抛果皮纸屑。饮用水洁净等。

（二）预防措施

1. 建立隔离制度

为了避免疾病传染，发现周边有传染病时，常进行隔离。新孩子入院时，也进行隔离。孩子中如有病者，便立即进行隔离。院内设有隔离室和病房。地点在僻静处，挑选负责耐心的保姆。

2. 定期打预防针

每年给孩子注射霍乱、伤寒、副伤寒疫苗一次；隔年给孩子种牛痘一次。

（三）健康测验检查制度

每半月检查五官一次（小儿科医生负责）；每季度进行儿童全身健康检查一次，量身高，测体重，查五官，听诊心肺，查四肢及扁桃腺、女孩阴道分泌涂片等等。

（四）会客制度和规则

星期天和假日上午9点至11点、下午2点至4点为儿童会见家长的时间，其他时间非特殊情况一律不会见。会客人应持有机关介绍信，到收发室登记并接受消毒后方可进入。会客不能影响儿童吃饭、午睡等。会客人带给儿童的零食一律交值班招待人员，以养成儿童正常的饮食习惯。会客人不得在院内串玩等。

（五）儿童的卫生保健

1. 洗澡

天气冷时，每星期洗澡两次并换衣。

2. 消毒

所有衣物，每星期用蒸汽法消毒一次，以免互相传染疾病，被褥每星期晒一次。

3. 锻炼

每天早餐后9点至10点晒太阳一小时，并坚持早操、户外活动、体育锻炼。

4. 诊察

每日早晚试体温一次，各保育员在下午2点前必须考察每个儿童的大小便次数、多少等。

5. 饮水

每天喝四次开水。

（六）伙食标准

以每个儿童每个月为单位，伙食标准如下。

鸡1只、肉4斤、油1斤半、鸡蛋30个（鸡蛋多时，超过30个）、菜30斤、水果和枣子。

饭菜谱见表10及表11。[1]

1　中国学前教育史编写组. 中国学前教育史资料选 ［M］. 北京：人民教育出版社，1989：417—418.

　　　　　　　　　　　　　　　　　　　　中国幼儿教育史

表 10　婴儿班饭谱

星期	早饭（六点）	点心（十点半）	午饭（十二点）	点心（十四点）	晚饭（十八点）
一	肉丝炒菜丝		羊肉丁煮胡萝卜丁		面片
二	鸡丁炒萝卜丝		菠菜川丸子		面条
三	肝片菠菜汤		糖包子大米稀饭		挂面
四	肉丝炒菜丝	水果	菜花卷鸡蛋粉条汤	点心	大米豆稀饭
五	鸡蛋炒豆腐		洋白菜焖丸子		面条
六	鸡丁炒萝卜丁		肉包子豆稀饭		和和饭
日	肝片炒菠菜		西红柿炒鸡蛋		挂面

表 11　幼稚班孩子饭谱

星期	早饭（八点）	点心（十点半）	午饭（十二点）	点心（十四点）	晚饭（十八点）
一	肉丝炒萝卜丝		菠菜川丸子		面片
二	炒肝子白菜		羊肉胡萝卜		面条
三	萝卜炒鸡块		糖包子绿豆稀饭		豆稀饭
四	回锅肉白菜	水果	菜花卷鸡蛋粉条汤	点心	挂面
五	大葱炒豆腐		红焖肉加白菜		和和饭
六	萝卜煮饭		肉包子豆稀饭		面条
日	回锅肉		西红柿炒鸡蛋		挂面

另外，为有消化不良等特殊情况的儿童配有特殊的饭菜谱。

五、保育工作制度和保教人员的培养

第一保育院实施保教合一制度，即保育员和教养员紧密配合，又有明确分工。在此基础上进一步发展为保、教、卫三位一体的制度。要求保育员、教师和医生明确分工，各负其责。保育员的任务主要是从儿童生活管理方面保证儿童的健康，所以无论日夜，保育员均须值班，从儿童的生活中去防止其患病，并了解其健康状况、生活习惯及智力发展。教师的任务主要是从教育中养成儿童生活的良好习惯，并开发其心智。医生与护理员的任务主要是为儿童积极预防并治疗疾病。他们必须经常提供预防儿童疾病的方法，并为儿童检查与治疗疾病，同时经常地关心厨房与饮食的卫生，定期进行检查。

这三种工作，虽各有专责，但是三者之间有着密切的联系，密切配合，共同完成任务。

对保教人员，特别是保姆的教育一时一刻都不放松。就教育的方式讲，有个别的、集体的。集体方面又可采用上课、开会等方式。就内容讲，可分政治思想的、业务的、文化的。

政治思想教育方面，每周上政治课一次，由指导员负责，讲一般的中国革命的基本问题，帮助树立为人民服务的人生观。组织读报，坚定革命胜利的信心，并进行"三查"活动、土改学习、政策学习等，进行批评与自我批评，确定立功奖励制度。

文化教育方面，每星期上课两次，着重国语应用文，写日记，写黑板报稿子，读报纸及通俗读物，并加强自然科学之普通常识教育。

保育业务教育方面，每周上一次业务课，讲初步的保育卫生和儿童教育方法等问题。另外，每半月一次的班务会也是业务学习的时机。[1]

中国共产党领导下革命根据地的幼儿教育是新民主主义教育的重要组成部分，在极端困难的战争条件下，它逐步从萌芽开始发展并形成一定规模。尽管在制度化程度方面不如国民党统治区的幼儿教育，但它能注

---

1 本节内容参考：中国学前教育史编写组．中国学前教育史资料选［M］．北京：人民教育出版社，1989：402—423．

意吸取其中的有益形式、方法和制度，并赋予适合革命根据地政权性质和战争需要的内容。革命根据地的幼儿教育在长期实践中积累了许多宝贵的经验，如：坚持为工农大众服务的方向，坚持为革命战争和发展生产服务的方针，根据政治和经济条件因时因地制宜、多种形式灵活办学的原则，均为新中国成立后兴办幼儿教育所吸取。因此，中国共产党领导下的革命根据地的幼儿教育是新中国幼儿教育事业的重要基础。

思考题

1. 革命根据地幼儿教育发展的基本原因有哪些？

2. 概述革命根据地幼儿教育的主要形式和特点。

3. 评述陕甘宁边区第一保育院思想品德教育的内容和原则。

4. 分析中心制课程模式在陕甘宁边区第一保育院课程的组织和教学中的影响。

参考书目

乔卫平，程培杰.中国古代幼儿教育史［M］.合肥：安徽教育出版社，
　　1989.

李定开.中国学前教育［M］.重庆：西南师范大学出版社，1990.

何晓夏.简明中国学前教育史［M］.北京：北京师范大学出版社，1990.

赵忠心.中国家教之道［M］.南宁：广西科学技术出版社，1991.

唐彦生，隋玉梁.家教大典［M］.北京：蓝天出版社，1991.

唐淑，钟昭华.中国学前教育史［M］.北京：人民教育出版社，1993.

陈汉才.中国古代幼儿教育史［M］.广州：广东高等教育出版社，1996.

马镛.中国家庭教育史［M］.长沙：湖南教育出版社，1997.

中国学前教育史编写组.中国学前教育史资料选［M］.北京：人民教育
　　出版社，1989.

孙培青.中国教育史［M］.上海：华东师范大学出版社，1992.

江万秀，李春秋.中国德育思想史［M］.长沙：湖南教育出版社，1992.

雷良波，等.中国女子教育史［M］.武汉：武汉出版社，1993.

孟宪承，等.中国古代教育史资料［M］.北京：人民教育出版社，1961.

孟宪承.中国古代教育文选［M］.北京：人民教育出版社，1979.

陈学恂.中国近代教育文选［M］.北京：人民教育出版社，1983.

华东师范大学教育系.中国现代教育文选［M］.北京：人民教育出版社
　　1989.

李楚材.帝国主义侵华教育史资料——教会教育［M］.北京：教育科学

出版社，1987.

朱有瓛.中国近代学制史料（第一辑至第四辑）［M］.上海：华东师范大学
    出版社，1986—1993.

高平叔.蔡元培教育文选［M］.北京：人民教育出版社，1980.

中央教育科学研究所.鲁迅论教育［M］.北京：教育科学出版社，1986.

戴自俺，龚思雪.陶行知幼儿教育的理论与实践［M］.成都：四川教育
    出版社，1987.

北京市教育科学研究所.陈鹤琴全集（第一卷至第六卷）［M］.南京：江
    苏教育出版社，1987—1992.

张沪.张宗麟幼儿教育论集［M］.长沙：湖南教育出版社，1985.

戴自俺.张雪门幼儿教育文集［M］.北京：北京少年儿童出版社，1994.

刘向.古列女传［M］.北京：中华书局，1985.

贾谊.新书校注［M］.阎振益，钟夏，校注.北京：中华书局，2000.

王充.论衡［M］.北京：中华书局，1979.

颜之推.颜氏家训集解［M］.王利器，集解.上海：上海古籍出版社，
    1980.

吴兢.贞观政要［M］.上海：上海古籍出版社，1978.

司马光.温公家范［M］.天津：天津古籍出版社，1995.

曾国藩.曾国藩家书［M］.钟叔河，校点.长沙：湖南大学出版社，
    1989.

曾国藩.曾国藩家书家训［M］.天津：天津市古籍书店，1991.

康有为.大同书［M］.沈阳：辽宁人民出版社，1994.

宋书功.中国古代房室养生集要［M］.北京：中国医药科技出版社，
    1991.

陈驹.传统少儿蒙读新编［M］.南宁：广西教育出版社，广西人民出版
    社，1992.

陈驹.传统童稚蒙读新编［M］.南宁：广西教育出版社，广西人民出版社，1992.

杨杰.家范·家训［M］.海口：海南出版社，1992.

喻岳衡.历代名人家训［M］.长沙：岳麓书社，1991.

尚诗公.中国历代家训大观［M］.上海：文汇出版社，1992.

包东波.中国历代名人家训精粹［M］.合肥：安徽文艺出版社，1991.

郑其龙，等.家庭教育学［M］.长沙：湖南教育出版社，1984.

赵忠心.家庭教育［M］.北京：中央广播电视大学出版社，1989.

黄毓.家庭教育［M］.台北：台北五南图书出版公司，1988.

黄人颂.学前教育学［M］.北京：人民教育出版社，1989.

黄人颂.学前教育学参考资料［M］.北京：人民教育出版社，1991.

王伦信.陈鹤琴教育思想研究［M］.沈阳：辽宁教育出版社，1995.

后 记

　　这本《中国幼儿教育史》教材编写于 20 世纪 90 年代末。当时，上海市教育委员会为了提升全市幼儿园在职教师的学历水平，实施了全市范围的幼儿园教师进修成人高等师范专科学前教育专业计划，这本教材就是"中国幼儿教育史"课程的配套教材。

　　教材编写之际，正逢世纪之交，"面向现代化，面向世界，面向未来"成为编写的指导思想，编写的目的是全面提升幼儿园教师的思想政治、职业道德、专业知识、教育理论水平和教育教学研究能力，由此造就一支能够适应 21 世纪基础教育改革与发展需要的新型幼儿园师资队伍。

　　要将本教材编成一种什么样的教材是我们认真思考的问题。在学前教育专业课程体系中，中国幼儿教育史是一门教育专业基础课，这门课程又属于历史学科，这就决定了本教材（也是本课程）在专业训练方面的基本定位：其一，为学前教育专业的后续学习打下一些基础，包括知识、理论和方法等方面的基础；其二，提供与其他专业学习有所不同的训练，主要是历史研究和思维的训练，即形成正确的历史观，懂得用联系的、发展的观点看问题，了解历史学习和研究的具体方法，熟悉基本的历史文献等。依据这样的认识，编成了《中国幼儿教育史》。

　　有关这门课程和教材的名称，通常可以看到两大类情况，即称为"学前教育史"和"幼儿教育史"，而以前者为多。我们则是采用后者，理由是："学前教育"是一个近代概念，来自西方，是随着"学龄"概念的形成而出现的。在中国传统社会，严格地说并不存在"学龄"概念，也就不会有"学龄前"概念，用"学前教育"概念来表达中国传统社会中相应的教育阶段，似乎有些勉为其难。于是就用了"幼儿教育"的概念，以便符合中国教育的历史实际，且能涵盖古今。

本教材全书正文，绪论之外，共十一章，实际上分为古代与近现代两部分，古代六章，近现代五章。根据对中国幼儿教育历史的理解和教材编写的需要，古代部分主要采用专题形式，从第一章至第四章，顺序阐述幼儿从出生到成长的教育问题，普通民众家庭的孩童多循此过程接受早期教育；第五章阐述古代幼儿教育的特殊部分，即宫廷贵族幼儿教育，展现优越的教育条件之下的幼儿教育；第六章专门介绍古代幼儿教育中一个独特的方面——幼儿游戏。近现代部分采用编年与专题相结合的形式，第七章、第八章、第九章以编年形式，分三个历史时期阐述以西方模式为主导的幼儿教育在中国建立的过程；第十章集中论述民国时期幼儿教育家有关幼儿教育的思想与实践；第十一章则专门阐述中国共产党领导下根据地的幼儿教育。

本教材有一条贯穿始终的线索，就是注意体现幼儿教育的中国道路。古代部分注意凸显中华民族的幼儿教育传统的形成与发展，注意揭示其基本内涵；近现代部分注意凸显中国引进和移植西方近现代幼儿教育体制并进行中国化探索的过程，注意揭示其基本历程。教材的主旨、内容及其结构，在探索和实现中国式教育现代化的当今，仍然觉得没有过时。

本书由杜成宪撰写绪论、第一章至第六章，王伦信撰写第七章至第十一章。在编写中吸取了大量学术界同行的研究成果，对此，深致谢忱！

杜成宪　王伦信

于 2023 年 9 月

图书在版编目（CIP）数据

中国幼儿教育史 / 杜成宪，王伦信著. — 上海：上海教育出版社，2024.3
ISBN 978-7-5720-2532-7

Ⅰ.①中… Ⅱ.①杜… ②王… Ⅲ.①学前教育－教育史－中国 Ⅳ.①G619.29

中国国家版本馆CIP数据核字(2024)第048892号

策　　划　董　洪
责任编辑　钦一敏
书籍设计　闻人印画工作室

中国幼儿教育史
杜成宪　王伦信　著

出版发行　上海教育出版社有限公司
官　　网　www.seph.com.cn
地　　址　上海市闵行区号景路159弄C座
邮　　编　201101
印　　刷　上海龙腾印务有限公司
开　　本　700×1000　1/16　印张21.5　插页2
字　　数　278千字
版　　次　2024年3月第1版
印　　次　2024年6月第1次印刷
书　　号　ISBN 978-7-5720-2532-7/G·2225
定　　价　78.00 元

如发现质量问题，读者可向本社调换　电话：021-64373213